大清一秘

绍兴师爷汪辉祖的官场之道

穆良城 ◆ 著

江苏人民出版社

图书在版编目（CIP）数据

大清一秘 / 穆良城著 . -- 南京：江苏人民出版社，
2015.2
ISBN 978-7-214-15026-4

Ⅰ.①大… Ⅱ.①穆… Ⅲ.①汪辉祖（1731～1807）
—传记 Ⅳ.①K827=49

中国版本图书馆 CIP 数据核字（2015）第 039775 号

书　　　　名	大清一秘
著　　　者	穆良城
责 任 编 辑	朱　超
装 帧 设 计	华　夏
版 式 设 计	张文艺
出 版 发 行	凤凰出版传媒股份有限公司
	江苏人民出版社
出版社地址	南京市湖南路1号A楼，邮编：210009
出版社网址	http://www.book-wind.com
	http://jsrmcbs.tmall.com
经　　　销	凤凰出版传媒股份有限公司
印　　　刷	北京中印联印务有限公司
开　　　本	718毫米×1000毫米 1/16
印　　　张	13.5
字　　　数	160千字
版　　　次	2015年6月第1版　2015年6月第1次印刷
标 准 书 号	ISBN978-7-214-15026-4
定　　　价	35.00元

前言

　　明清两代是幕友（俗称师爷）群体的活跃期，上至总督、巡抚，下至州县主官，几乎没有不聘请师爷的。师爷队伍中最负盛名者，乃是妇孺皆知的绍兴师爷。其中最具代表性的一流人物，是乾隆、嘉庆时期的浙江绍兴府萧山县人——汪辉祖。

　　汪辉祖，字焕曾，号龙庄，是清朝最具影响力与传奇色彩的一代名幕。后人之所以把他视为官场楷模主要有三个原因：

　　其一，汪辉祖一生辅佐了不少官员，始终正直清廉，擅长决断疑难案件，无论是为人品德还是业务能力，在同行中都是出类拔萃的。

　　其二，他在从政期间写下诸多经典的官箴著作，晚清时期的幕友几乎人手一册汪龙庄先生所写的《佐治药言》与《学治臆说》。

　　其三，他先从幕，再做官，最后辞官归乡成了治学名儒，其人生历程符合儒家"立德、立功、立言"的三不朽标准，堪称官吏与师爷的榜样。

　　谚云：梅花香自苦寒来。大清一秘汪辉祖的成长经历，也堪称一部励志大片。

　　由于父亲早逝，一家八口的生计皆由其生母徐氏和庶母王氏承担。汪辉祖三岁时才能走路，是个体弱多病的药罐子。在两位母亲的呵护与督导下，少年汪辉祖自立自强，发愤读书，修得一肚子好学问。

　　然而科举之路步步艰辛。汪辉祖虽学富五车，但屡试不第。随着全家的经济压力越来越大，汪辉祖选择了当时常见的"以幕养学"的谋生办法。

　　当时过高的人口密度与并不优越的工商环境，促使绍兴人纷纷到外乡发展。绍兴的文化教育事业发达，几乎每个乡村都设有私塾。尽管科举兴盛，但有限的录取名额让竞争异常激烈，这使得绍兴每年都有大量科考落榜生。为了维持生计，这些落第书生往往选择游佐官府，做个管司法诉讼的刑名师爷或者管财政的钱谷师爷。他们一边协助幕主处理政事，一边参加科举考试，期盼着有朝一日能上榜，成为真正的朝廷命官。

乾隆十七年（1752年），王宗闵出任江苏松江府金山县令。此人正是汪辉祖的岳父。汪辉祖应岳父之邀入幕，执掌书记，开始了长达三十余年的师爷生涯。

汪辉祖可能缺乏考试运——他从乾隆十一年通过童子试后，应考了九次乡试，直到乾隆三十三年乡试才考中第三名举人。此后，汪辉祖又参加了四次礼部组织的会试。当考中进士时，他已经46岁了。

比起科场经历的曲折，汪辉祖在从幕期间的表现可谓风生水起，可圈可点。

汪辉祖学识广博，帮助历届幕主处置了不少疑难问题。乾隆时沿海各省流行一种叫"宽永通宝"的铜钱。这种铜钱并非清朝官方铸钱，于是乾隆皇帝下令严查此钱源头。谁知满朝文武竟然没人知道此钱来历。

当时汪辉祖正在苏松常镇太粮储道台衙门做师爷。他得知此事后，代替江苏巡抚庄有恭草拟了一份奏疏，指出"宽永通宝"是东南商民与日本交易时流入的日本铜钱。这件事让汪辉祖一时声名鹊起。

在从幕期间，汪辉祖主要担任刑名师爷。他执法廉平，爱民省事，颇有美誉。在处置狱讼时，汪辉祖非常注意调查案件真相，审理案件从来都是运用技巧取胜，坚持不对嫌犯动刑。儒家"引经决狱"的法律思想，被汪辉祖发扬光大。他在审判时往往设法为无辜之人脱罪，甚至对情有可原的重犯也慎用死刑。据其著作《佐治药言》载，汪辉祖做刑名师爷二十六年，只判了六个人死刑。

清朝吏治在乾隆后期走向腐败。汪辉祖亲历了乾隆前期政治清明的年代，对吏治腐化深恶痛绝。他一边佐幕，一边参与科举，一边总结幕学，试图改变官场的不良风气。最难能可贵的是，汪辉祖无论是从幕还是自己做官，都坚持公正廉明的处事原则。以他对大清律例的熟悉程度，若像其他师爷、胥吏那样徇私舞弊，必定会做得滴水不漏。然而，刑名师爷汪辉祖却勇当业界良心，为了司法公正，不惜得罪同僚甚至幕主。

有一回，汪辉祖发现案情疑点，重新查证，找出了真相。然而他草拟的判词却被幕主屡屡否决，因为幕主担心翻案会影响自己的政绩考核。但汪辉祖据理力争，宁肯辞去刑名师爷的职务，也要坚持翻案，最终迫使幕主不得不接受翻案意见。由于这件事，时人送了他一个外号叫"汪七驳"。

汪辉祖交游谨慎，从不参与宴席应酬。他作风节俭，常用旧纸办公，油灯只留一条灯芯，冬天也不让人生炉火。但他非常注意维护百姓的利益。

经过不懈努力，汪辉祖终于通过科举考试，完成了从幕友到官员的转变。这在师爷行当中，并不是一件容易的事。大部分师爷一辈子都只是别人的幕僚。不巧的是，汪辉祖做官之时的朝政远不如他初入幕业时那般清明，但汪辉祖没有被大环境腐蚀，依然洁身自好，勤政爱民。

担任宁远知县时，汪辉祖发现宁远县卖的是淮盐。淮盐不但常常缺货，价格也比广东的粤盐高出八倍。当地民众迫于生计，不得不偷买广东的私盐。朝廷派兵稽查时，汪辉祖冒着被问罪的风险，一面为民请命，一面下令取消零盐之禁。所幸，总督毕沅赞赏其义举，才挺过这一关。

由于汪辉祖常有善政，所以官声颇佳。于是，总督命湖南州县官员皆以他为榜样。

出色的政绩与优秀的人品让汪辉祖深受上司赏识。上司数次想调他到富庶地区任职，但他淡泊名利，只想在偏僻贫困之地造福百姓。后来，汪辉祖调任道州知州，却因意外之伤未能及时赴任，被朝廷以迁延规避之罪革职。宁远百姓与官场师友们得知后，都为他感到惋惜。但他心态豁达，顺势回归故里，远离官场是非。

此后许多地方大员都开出重金邀请其入幕，均遭到汪辉祖婉言谢绝。汪辉祖深感幕道日下、吏治不清，于是将多年为幕做官的经验整理成册，写下《学治佐证》《佐治药言》《续佐治药言》《学治臆说》《学治续说》等官箴。

清朝学者洪亮吉称赞道："计君一生，在家为孝子，入幕为名流，服官为循吏，归里后复为醇儒"，他的评价代表了当时社会各界对汪辉祖的看法。

古人最推崇"智圆行方"的处世之道。汪辉祖耿直做人，敢于据理力争，是典型的品行端方之人。入幕入仕期间，他事上驭下讲究方式方法，注意情理法的结合，圆通智术堪称一绝。与此同时，这位大清一秘还为后世留下了宝贵的思想财富。

后世之人若能以龙庄先生为楷模，借鉴其为人做事的智慧，善莫大焉。

目录

第一章 清心为治本
——择幕求官的律己之心

一. 治无成局，清心为本 / 2

二. 欲行其志者，不可不立品 / 6

三. 能辨吉凶者，不行非分之举 / 9

四. 俭用以范家 / 12

五. 广交游而不滥交游 / 16

第二章 良仕择主而事
——入幕事主的恭上之学

一. 佐人以为治，入幕宜谨慎 / 23

二. 就馆宜慎，不合则去 / 26

三. 尽心事主，做事办案勿分畛域 / 29

四. 忠言直谏，报德莫如尽言 / 32

五. 读书贵致用，公事当精熟 / 36

六. 称职在于勤 / 39

七. 宾主各有本分 / 42

第三章 **刚柔并济达而不过**
——官场沉浮的中庸之道

一. 刚柔并济，不徒恃其勇 / 49

二. 喜功躁进难立身 / 52

三. 达而不过，为人做事当恰如其分 / 55

四. 进退不可游移 / 58

五. 沉浮皆安命，去馆勿使人指摘 / 61

第四章 **廉必生威无欲则刚**
—— 以身作则的驭下之术

一. 为幕之要，约束书吏 / 67

二. 事上接下，以身作则谨身勤政 / 70

三. 用人不疑，但慎听亲信之言 / 73

四. 任用老成吏役，厚遇性真之人 / 77

五. 礼贤下士，慎选长随 / 80

第五章 **审慎公允清平刚正**
——身居官位的廉明之意

一. 清廉自律，不受幕主人情 / 87

二. 贪字近乎贫，婪字近乎焚 / 90

三. 谨慎不苟，唯明察而已 / 94

四. 公事不宜迁就，宁失馆而不负心 / 97

五. 不知俗情，理事难廉平 / 101

〔第六章〕 **慎独修身推诚至朕**
　　——君子役物的修身之要

　　一．利不如名，不以穷通贫富为意 / 107

　　二．修身正己，莫论他人是非 / 110

　　三．以学养生，读书方可明理 / 114

　　四．君子役物，小人役于物 / 117

〔第七章〕 **法理不外人情**
　　——做事判案的律法准则

　　一．调处息事，勿轻引成案 / 123

　　二．爱民省事，减少株累 / 126

　　三．审理案件求慎求公，则犯自输服 / 129

　　四．涉讼两造，矜恤周至 / 133

　　五．法贵准情，务求平衡 / 137

〔第八章〕 **水可载舟亦可覆舟**
　　——以民为本的治民思想

　　一．勇做不负民心的"父母官" / 142

　　二．保富安民是为治要道 / 146

　　三．举事以不让百姓破家为限 / 149

　　四．治以亲民为要，分当与民一体 / 153

第九章 **人治法治并举**
——综合为上的吏治观点

一. 惩恶去弊，整顿恶习，恢复清明吏治 / 159

二. 大刹贪风，惩贪奖廉以此为鉴 / 162

三. 治吏而不治民 / 166

四. 综合为上，人治与法治并举 / 169

第十章 **修德以为先**
——天道宿命的哲学观念

一. 天道宿命，源于自身行为 / 176

二. 为善去恶，作恶多端者终有因果报应 / 181

三. 守身为大，夕惕若厉 / 185

四. 事亲至孝，百善以孝为先 / 189

五. 齐家需从妇女起 / 193

六. 女秉一心，以节为重 / 198

第 一 章

清心为治本

——择幕求官的律己之心

治无成局，清心为本

欲行其志者，不可不立品

能辨吉凶者，不行非分之举

俭用以范家

广交游而不滥交游

"信"乃为政之基，从幕之本。

从某种意义上说，社会是由信用构成的。人们通过货币交换商品，是因为承认了货币的信用力。日常的生产生活也处于各种信用体系中。例如出现不良消费记录的话，用户可能会被运营商列入信用黑名单，不再为其提供普通用户可以享受的服务。

道德伦理堪称古今中外最重要的信用体系之一。品行优良者能得到社会更多的信赖，得到更多的发展机会。至少在社会秩序正常时是如此。

古人特别强调道德教化，试图把人们培养成信用良好的有德君子。但遗憾的是，无论社会宣扬的主旋律价值观如何，实践效果与指导思想难免有所偏离。即便是能把孔孟经典倒背如流的读书人，最后也未必能成为合乎儒家规范的君子。

幕业就职者多为落第书生，正因如此，这个群体鱼龙混杂。而事实上，师爷的地位与作用十分特殊，更需要正确的职业道德观来约束。

汪辉祖深刻地认识到只有取信于主官，才能直言进谏。想让主官听从自己的计策，首先得让对方不怀疑自己的一言一行。他坚信做人要以清心为本。唯有律己立品之人，才能彻底获得主官推心置腹的信任。

而汪辉祖强调清心律己不光出于求职就业的需要，也是为个人立身树立一个标杆。每次择幕就馆之前，他首先以严于律己的品行取信于人。而每次辞职去馆之后，他也继续保持清心律己。于是乎，一代名幕在官场上的口碑就此树立。

一. 治无成局，清心为本

读书人考科举是为了进入仕途，然后施展治国理民的抱负。汪辉祖也是读书人出身，自然怀着完全相同的儒者理想，但他也深知做个名垂青史的好官绝非易事。许多失足官员在最初也有一番雄心壮志，但在官场这口大染缸待久了，初心和良心往往都被染得漆黑无比。勿要为官，为官必贪，这种观念深入人心。

尽管明知官场是口大染缸，但汪辉祖依然以入仕为目标。因为他很清楚，官场越是不尽如人意，越是需要清正廉明之人挺身而出。从事幕业不仅仅是为了衣食生计，更是为了造福一方百姓贡献自己的一份力量。

当时有句谚语："官断十条路。"地方行政长官的权力比较集中，同时履行多种职能，可以从各方面轻易断绝小民的活路。佐治主官的师爷也有同样的破坏能力。权力集中导致公务繁重，再加上清朝官员的理事技能整体偏低，地方官只能把许多具体事务委托给心腹师爷全权负责，自己只做个盖印的甩手掌柜。

师爷虽非正式职官，却常常替幕主审理案件、制作公文、管理印章，手中的实权不可小觑。汪辉祖有感于权力对人心的侵蚀，时刻提醒自己立心一定要正。

《佐治药言》中有言："操三寸管，臆揣官事，得失半焉，所争者公私之别而已。公则无心之过，终为舆论所宽，私则循理之获，亦为天谴所及，故立心不可不正……正心乃为人之本，心正而其术斯端。此言操存有素。临事又以公私之别。敬慎之至也，勿误认有事方正其心以辞害意。"

为幕之人代替主官手执权柄，为公为私全在一念之间。再老练的师爷也有出纰漏的时候，但只要平时一心为公，舆论也会宽恕你的无心之过。那些以权谋私的人即使办事滴水不漏，但天网恢恢、报应不爽，就算不为公法所诛，也迟早会遭到天谴。所以，公门中人不能不端正自己的心思。心思端正才能以公正的态度处置政务。而不以私心妨害公理，也就不会落得个赃官恶吏的骂名。

汪辉祖这番话说得虽无干云豪气，却也实在得很。务实，一直是他最主要的优点。

在那个"万般皆下品，唯有读书高"的时代，"眼高手低缺真才"是读书人普遍的毛病。儒家教义博大精深、提纲挈领，可是四书五经诞生的年代太过遥远，书中的常识早已与清代社会生活脱节。别的不说，五经中的《礼记》是汉朝儒家学者考证的西周礼仪（其实更多是经过春秋战国改革的礼仪），但异族入主中原形成的大清王朝，从上到下都有自己的一套礼仪风俗。也就是说，作为科考必读书目之一的《礼记》，在当时完全没有操作的可行性。

如此一来，考上科举的读书人未必真的有治国之能。少数佼佼者能在翰林院的庶常馆获得三年学习政务的机会。他们在完成学习后要经过"散馆"考试。如果文辞不工整或满文不及格就不能"留馆"，要么补授他职，要么放到外地做知县。科举出身的地方州县官员虽然满腹经纶，但学习的东西基本脱离基层实务。

由于清朝地方官员普遍不长于政事，难免会出现一些事与愿违的"惠政"，落得个费力不讨好的下场。在这个背景下，汪辉祖自然不会生出"平治天下舍我其谁"的大儒豪情。

在汪辉祖眼中，做人"立心端正"比"才华横溢"更为根本。这种理念的源头来自北宋名臣司马光的人才观。司马光在《资治通鉴》中指出：德才兼备者为圣人，无德无才者为愚人，德胜于才者为君子，才胜于德者为小人。后世儒者的人才观受他的影响颇深。

按照清朝世俗的主流观念，世人愿意宽容"有德无才"的君子，但恐惧并憎恶"有才无德"的小人。因为，君子只是好心办坏事，若能得到有才贤良辅佐，肯定能为百姓带来福利。小人则不然，才华越出色越能把"官断十条路"这句谚语发挥得淋漓尽致，而且小人不会找君子辅佐，只会与其他小人蛇鼠一窝，鱼肉百姓。

所以，汪辉祖特别强调做人做官应当先正心，树立一颗勤政爱民的公心，否则，就不堪为经世致用的儒者。

孔孟之道，仁政为本。仁政之要，首在爱民。尽管古时候没有"为人民服务"的口号，但宋朝大儒张载也把"为生民立命"视为儒者四大终极追求之一（其余三个分别是"为天地立心""为往圣继绝学""为万世开太平"）。许多儒门书生除了圣贤书之外，一不知经济民生，二不懂带兵打仗。故而世人常常讥讽道："百无一用是书生！"可是，两汉之后的治国能臣，鲜有不学孔孟之道者。儒家学问虽不涉及军政司法与科学技术，但在其仁政观念指导下，人们却可以更好地将这些实用学问用于造福百姓上。

汪辉祖曾经在《学治臆说》中指出："治无成局，以为治者为准，能以爱人之实心，发为爱人之实政，则生人而当谓之仁，杀人而当亦谓之仁。不然，姑息者养奸，刚愎者任性，邀誉者势必徇人，引嫌者惟知有我，意之不诚治于何有？若心地先未光明，则治术总归涂饰。有假爱人之名而滋厉民之弊者，恶在其为民父母也。故治以实心为要，尤以清心为本。"

时代一直在变，古今政策迥异。而且每个地域有自己独特的民生情势，没有万世不易、放之四海而皆准的万能治理模式可用。主政之人必须因时因地安排政事。法无定法，治无成局，只要效果好，就是治理有方。

在汪辉祖看来，能以仁爱之心对待百姓，能推行惠民政策，就是治理有方。儒家仁政讲究"生人"，即顺应民心，给予百姓希望得到的东西，舍弃百姓反感的东西。这也是孔孟先师主张以教化为主、少用刑罚的根本原因。

汪辉祖一方面继承了这种观念，另一方面又在此基础上提出"杀人而当亦谓之仁"的观点。这里的"杀人"当然不是对平民百姓滥用刑罚，而是指用刑罚杀死违法作恶的歹人。

通常来说，仁政的一大要义是忠恕，是宽赦犯罪的百姓，给他们重新做人的机会。但这个美好的理想，屡屡被残酷的社会现实粉碎。汪辉祖办案无数，见过许多地棍滋扰善良百姓。他担任刑名师爷时极少判处罪犯极刑，不过对于该重罚甚至该杀之人，他也绝不姑息。刑杀恶人，除暴安良，这对守法百姓来说也是仁政。

但是，无论"生人"还是"杀人"，为官为幕者都应本着一颗公正的仁义之心。那种姑息迁就的态度会助长奸恶之徒的气焰，万万不可取；而内心刚愎自用之人会任性作为，迟早伤及百姓；贪图名誉之人会为了沽名钓誉而贪赃枉法；避嫌之人自私自利，毫无责任心，不会为民着想。

汪辉祖认为这几种人对治理地方毫无益处。他们内心都不光明磊落，所做之事不过是冒充政绩的面子工程罢了。打着爱护百姓的名义做出危害百姓利益的事，这样的官员不堪为地方父母官。

清朝一代名臣，嘉庆朝首辅、太子太傅、东阁大学士王杰对汪辉祖有极高的评价："子尝谓，子孙不以能文得官为贤，唯愿以知廉耻、明道义为贤，穷通知有命在，读书不为利禄，则出处俱可自信。年兄（指汪辉祖）与愚可谓同志者。"

王杰是乾隆二十六年的状元郎，历任多个要职。他为官清廉，耿直刚正，曾参与审理大清第一巨贪和珅的案件。连他都把汪辉祖视为同道中人，可见汪辉祖的人品有多高洁。

王杰一方面很器重汪辉祖，另一方面又尊重其个人选择。汪辉祖辞官归故里时，不少朝廷要员想高薪聘请他做师爷，但他全都婉拒。王杰十分赞同其做法。

纵观汪辉祖的一生，始终贯彻着清心为本的做人思想。他不仅在做师爷时保持着清廉公正之心，成为正式的朝廷命官后也谨守着"为生民立命"的从政初心。可见，王杰对他的赞誉恰如其分。

二. 欲行其志者，不可不立品

老天最爱磨人才。汪辉祖年幼丧父，家境十分贫寒，考试运也不太好。为谋全家生计，他选择了落第读书人最常从事的工作——给地方官员做师爷。

当师爷有三个好处：其一，师爷的脩金（薪水）比较高，可以让全家衣食无忧；其二，师爷的任务是代替主官处置具体公务，可以锻炼出科举考试所不能提供的执政技能；其三，师爷是主官的左右手，通过主官能积攒官场人脉，若是有朝一日有幸做官，也有政界朋友照应。当然，得到这三个好处的前提是能被聘为师爷。

在过了最初的求职关后，从幕的士人还要面临同行的挑战。

在制度设计上，清朝地方官手中抓了各种权力。相应的，各类公务也随之变得繁多起来。前面提到，清朝官员的整体理政能力比之前朝代的官员下降不少。所以他们不得不依赖各种胥吏和幕友（师爷）来分担繁重的公务。

胥吏与师爷不是一个层级，不构成与汪辉祖的竞争关系。但主官往往会聘请好几个幕友来充实自己的幕府，根据各自的能力和人品来分配具体工作。在各种师爷岗位中，执掌司法狱讼的刑名师爷和负责赋税转输的钱谷师爷待遇最高、事权最重，也最得幕主信赖。因此，想要让幕主对自己言听计从，就必须比其他同僚表现得更加优秀。

总而言之，从事幕业的第一个任务就是取得幕主的信任，让他把自己安排到重要岗位上，不光是为了那多少不等的脩金，更是为了能让自己平生所学得以尽情发挥。汪辉祖对这一点有着十分清醒的认识，但他的思路不同于以曲意逢迎为手段的所谓"官场之道"，而是反其道而行之——主张以诚信品行赢得幕主的青睐。

汪辉祖的《佐治药言》中有言："信而后谏，惟友亦然。欲主人之必用吾言，必先使主人之不疑吾行，为主人忠谋，大要顾名而不计利。凡与主人相依及效用于主人者，率惟利是视不得遂其所欲。往往易为媒孽。其势既孤，其闲易生，稍不自检，毁谤从之，故欲行吾志者，不可不立品。立品是幕道之本，下文素位自洁俭用慎交皆其条目，而尤重自洁。俭是立品之本，品立而后能尽心尽言。"

开头的"信而后谏"，用到了《论语·子张》中的一段典故。对于孔夫子的高足，儒家西河学派创始人卜子夏曾经说过："君子信而后劳其民；未信，则以为厉己也。信而后谏；未信，则以为谤己也。"

卜子夏的意思是说：君子应该先树立信用，然后再任用百姓做事；假如没能取信于民就行动，百姓就会觉得自己被虐待了。君子应当先取得君主的信任，然后再提出谏言；假如还没取信于君主就行动，君主会觉得自己遭到了诽谤。

汪辉祖的"立品"说，不仅是立世修身的警语哲言，也是为幕之道的真知灼见。

大家都知道对待朋友要讲诚信。假如失信的话，友谊也就到头了。师爷又称"幕友"，以此可见幕主并不是把师爷当成奴仆，而是当成共同谋事的师友。在社会各界眼中，师爷的形象大体上是圆滑、刻薄、精明、斤斤计较的负面形象。但汪辉祖非常明白，玩弄小聪明是末流做派，只有信用度够高的师爷才能成为幕主的心腹。师爷不光要把幕主当成上司来尊敬，还应该与之诚意相交。这样双方合作才能更加融洽，事业才走得更远。

师爷的主要工作方式是向幕主献计献策，经过商量，幕主同意之后再全权执行已定计策。因此，师爷的价值大小，主要反映在幕主采纳意见的多少。

但凡做师爷的人，都生就一副装满谋略的头脑。要想在竞争中胜出，除了让计策比同僚更高明外，最关键的还是"立信立品"。汪辉祖总结的诀窍是只考虑名节而不必计较那些得失利益。

从某种意义上说，师爷与幕主，甚至人与人之间，都是以利益为纽带的交易关系。幕主需要师爷的知识技能，而师爷需要幕主发放的脩金。一个供应银两，一个贩卖计谋，所谓各取所需。所以，投奔幕主的师爷多为"以幕养学"之人，总会或多或少有牟利之心。为了谋求幕主信任，他们会绞尽脑汁宣示忠诚，什么溜须拍马的事情都做得出来。这种"会来事，会做人"的师爷，也的確容易讨得幕主欢心，一时之间顺风顺水。

然而，以交易相结交者，必定会因交易破裂而散伙。那些唯利是图的师爷一旦发现不能达成愿望，就会与幕主心生隔阂，甚至做出一些有损幕主声望的事情。最终东窗事发，宾主两败俱伤。

汪辉祖主张"顾名而不计利"，指的就是爱惜名誉，不要迷失在追逐蝇头小利的歧路上。因为师爷与幕主是一体共生的合作关系，一损俱损，一荣俱荣。幕主的不检点会牵涉到师爷的前途安危，而师爷的胡作非为也会让幕主面临牢狱之灾。所以，一名优秀的师爷平时就该树立良好的品行，取信于幕主，忠诚地为其谋划计策，该提意见时绝不曲意逢迎。这样做符合双方的长远利益。

古人奉行"学而优则仕"的官本位思想。就实而论，古代的农工商文教体等实业不如当代发达，除了做官施政之外，也没有太多布惠于民的好手段。故而读书人削尖了脑袋想挤进仕途，哪怕是以幕友之类的特殊形式"曲线救国"，也要栖身于衙门之中。

假如抛开具体的职务身份来说，科举出身的朝廷命官与科场失利的幕友，都是被儒家孔孟之道熏陶出来的知识分子，都以施展执政治国的抱负为最高人生追求。这也是众多落第士人甘愿从事幕业的重要原因之一。

悲观地说，就算一辈子考不上科举，有经世济民志向的读书人还可以辅佐一位廉明的主官，在青史留下一页美名。例如北宋著名清官能臣包青天身边那位机智博学的公孙策师爷，就是这种社会思潮下诞生的文学形象。

汪辉祖从幕多年，却告诫人们不要轻易为幕。这毕竟不是入仕正途。尽管汪辉祖更多地把幕业视为养学的饭碗，但他也并未因此荒疏对幕主的辅佐，甚至比那些决定终身以幕为业的师爷更加勤勉尽责。

"欲行吾志者，不可不立品"，汪辉祖十分看重这点。何为幕友之品？食人之禄，忠人之事，以信用佐治，以诚意相交，公事不迁就，私托不接受。

乾隆朝前期的一流名臣，东阁大学士陈宏谋在《在官法戒录》中说，主官与胥吏的理想关系是——"共事公门，朝夕相对，有朋友之谊，即当有体恤之情"。陈宏谋在各方面对汪辉祖影响很深，也包括这个理念。只不过，陈宏谋讲的是主官与胥吏，而汪辉祖将其引申为主官与师爷的理想关系。

佐治政务的师爷，虽然称呼主官为主人，但并不是真正附庸于主官的奴仆。奴仆没有选择主人的自由，而师爷可以"良禽择木而栖"。明清师爷的性质,有点像先秦时代的门客。按照春秋战国士人的主流价值观,门客事主君以忠诚,主君事门客以英明。这是一种双向选择所形成的盟友关系。故而主君与门客相敬如宾,亲密如友,在庙堂与沙场之上共进退。譬如著名的晋国刺客豫让,在中行氏、范氏家里当门客时表现平平,却能一而再,再而三地舍命替智伯报仇。理由无他,智伯拿他当心腹之士对待而已。

清朝人不似先秦人那般崇尚节烈敢死的价值观,而是更在乎个人利益得失,所以很难形成那种背靠背的、朝着共同理想携手奋斗的盟友关系。

汪辉祖的为幕之道没有完全照搬春秋大义,却又比寻常幕友更为真诚。他明白只有与幕主建立长期互信机制,才能最大限度地发挥自己的佐治才能。为了实现这个目标,他终身律己立品,在幕业中打出了忠信敬事、精明干练的品牌。若非如此,汪辉祖也不会成为人人争相效仿的一代幕学大师。

三. 能辨吉凶者,不行非分之举

趋吉避凶是人的天性。哪怕是悍不畏死的猛士,也不可能愿意天天活在凶劫中。人们烧香拜佛放河灯,无非是祈求一个吉利的好兆头。无论这个世界的主流价值观如何变化,祈福的方式如何调整,吉凶观念都牢牢地占据了我们的头脑。

变幻莫测的未来,让人充满了不确定感与不安全感。古代人对自然规律与社会规律的认识不如今人深刻,往往通过占卜算卦来卜问吉凶。据史书记载,上至天子,下至万民,都会为大事占卜吉凶,并以此作为决策依据。例如周武王发动灭商之战前曾经占卜战事吉凶,结果却是不吉。就在诸侯群臣打算放弃之时,姜太公一脚踩碎占卜的龟甲,力排众议进兵朝歌,这才让周军赢得了关键的牧野之战。

汪辉祖作为一个饱学鸿儒,自然也颇懂吉凶祸福之类的神秘文化知识。他本人也常常求神算命卜问吉凶,一来增加心中底气,二来也是想了解上天给自己定下了何种"宿命"。也就是说,对于当时所有人都信奉的风水问题,汪辉祖同样也非常重视。

按照传统观念，墓地风水的好坏与子孙的祸福是直接挂钩的。古代社会把偷坟掘墓定为重罪的原因之一，就是认为这种犯罪行为会祸及墓主全家甚至子孙后代。汪辉祖曾多次为亲族成员选择墓地，并买下一块吉地做汪氏族人的公墓。

与普通官民相比，汪辉祖的吉凶观有一定的灵活性。

他信奉天道鬼神的理由，正如道家创始人老聃所说："人之所畏，不可不畏。"秦朝官府培训吏员的教材中就有辨识吉凶用的《日书》（战国版《老黄历》）。清朝虽然不再拿这类书籍做社会风俗的教材，但官吏们在执政时也依然顺应根深蒂固的古老民俗。汪辉祖和普通人一样烧香拜佛选墓地，也不乏幕友体察民情风俗以便施治的考量。

然而，老聃在《道德经》中还说过另一句话："以道莅天下，其鬼不神。非其鬼不神，其神不伤人。非其神不伤人，圣人亦不伤人。"可见，老聃不否定鬼神存在，但坚持"以道莅天下"的态度。也就是说，在吉凶问题上，"道"高于"鬼神"。而大儒汪辉祖也是这样看的。

什么是"道"？这个字在诸子百家中有着不同的含义。汪辉祖选择的是儒者之道，学而优则仕，修身齐家经世理民。官场多险恶，宿命有吉凶，但这一切都不能阻止他迎难而上，施展自己的远大抱负。

成事在天，谋事在人。按照古代神秘文化学派的观点，"命"是上天注定的，"运"却是可以自己把握的。通过辨认吉凶，避开凶厄，把握福祉，就能积累更多的好运，弥补"命"的不足。

汪辉祖算命后得知自己"运利于水"，所以在从事幕业的数十年中一直没离开江浙等带"水"的地方。他甚至认为，在湖南宁远做官顺利，是因为宁远古称"冷道"（两点水），后来调任到与"水"不挂钩的道州就不走运了。

尽管对"运利于水"的说法深信不疑，但汪辉祖无论为幕还是做官，都没有靠占卜问卦来处置公务。在他看来，真正的吉凶不在风水，而在于人事。特别是公门中事，求神算命可以预知天命吉凶，但只有律己立品才能真正趋吉避凶。此外，大丈夫为所当为，以道义公理为本，不因吉凶祸福而犹疑。

汪辉祖在《学治臆说》中指出："趋吉避凶，理也。公而忘私，不当存趋避之见，惟贪酷殃民，业业胝矿职，及险诈险谋，因而获罪者，咎由自取。外是则皆命为之矣。然福善过淫，天有显道，以约失鲜至觉不罹大庆，恣行威福之人，幸保今名，百无二三。不败则已，败必不止发黜。能辨吉凶者，为吾分之所当为，而不为吾分之所不当为。自符吉兆而远凶机，趋避之道，如是而已。"

趋吉避凶是万世不易的道理，没有谁喜欢凶兆和劫数。然而为官之人担负着一方安危，应当以公事为重，忘却私意，不该存在什么趋吉避凶的念头……汪辉祖一上来就把趋吉避凶的观念当成负面因素来批评，是不是对官员过于苛刻了呢？

一点也不算苛刻。权力越大，责任越大。地方长官与幕友接触辨识吉凶的学问，是为了掌握民情，更好地治理社会，当然不可存趋吉避凶之念。老百姓出门办事可以挑选个黄道吉日，碰上"诸事不宜"就索性躲在家里避开凶兆，但是官府却不可以这样做。古代官府行政与司法不分，百姓上诉告状，官员和幕友若是以今日"不宜诉讼"为由拒绝受理，分明是渎职之举。

此外，为官任事面对的社会情况非常复杂。官吏若有太多趋吉避凶的心思，就会有意回避那些费时费力却利泽百世的惠民措施，也不会认真处置繁琐曲折的民间纠纷。如此一来，官府就会沦为只收赋税不干事的寄生机构，除了给老百姓增加负担外，完全无法履行公共治理职能。而这也恰恰是吏治整风的重点打击对象。

正因为如此，平时也去占卜算命的汪辉祖力倡官员要公而忘私，为了履行职责不惧任何凶险。在他看来，这既是执政之人的本分，也是佐治之人的义务。

当然，汪辉祖也不是要求公门中人完全远离吉凶。当时有一句民谚叫作："刑名吃儿孙饭"。在清朝人看来，常人多做善事，可以为子孙后代积累阴功，而刑名幕友主持阴气沉沉的刑杀之事，会损伤不少阴德。这就是说，刑名治狱之人不但无法为后世积德，反而提前消耗了子孙的福报。这种观念导致许多读书人对刑名师爷的职位敬而远之，就连汪辉祖也不大赞同族人子弟从事幕业，尤其是主持刑罚的刑名师爷。

不过话说回来，汪辉祖认为官吏的吉凶观应当以人事为本。具体而言就是，律己立品，洁身自好，遵纪守法。能把人事做好，哪怕是刑名师爷也能补回一些自己的福报，最起码不会遭致恶报。

老百姓通常觉得衙门里面尽是黑幕。官员贪婪残酷，胥吏压榨百姓，为了捞钱可以使出五花八门的阴谋诡计，为了满足贪欲可以逼得百姓倾家荡产。汪辉祖断定这些赃官污吏就算不被朝廷法办，也会遭到上天报应，最终落得个咎由自取的下场。

天网恢恢，疏而不失。行善积德之家，必定会获得更多福祉，纵然不是大吉大利，至少也能消灾渡劫；为非作恶之家，必定会招致更多凶劫，纵然能得意一时，也逃不过天道轮回。

那些奸恶之徒，平时骄奢淫逸，多行暴虐，却想靠占卜算命趋吉避凶，保全一个好名声。这样的奸恶之人能成功的一百个里面也不过两三个。他们所做的坏事一旦败露，只怕不光要被罢官免职，说不定还会殃及家人和子孙后代。

既然如此，那什么才是正确的趋吉避凶方法呢？

真正擅长辨别吉凶的人，知道什么是该做的本分之事，什么是不能做的非分之事。本分之事勤快去做，非分之事切莫涉足。能做到这两点，自己的言行举止就能符合赏善罚恶的天道。顺应天道之人，自然能得到上天庇佑。在汪辉祖眼中，真正的趋吉避凶之道并不玄虚，不过是立品守正，勿做非分之事罢了。

事实上，汪辉祖是个善于趋吉避凶的人。他的吉凶观表面上顺从天道宿命论与因果报应说，实际上处处以"人事"为本，立足于人们平时的所作所为。

虽然在古人眼中每个人的天道宿命是固定的，无法逃脱，但"运势"是可以通过努力而改变的。在某种程度上，多灾多难的"命"也可以靠修德积善所带来的"好运"来弥补。反之，大富大贵的"命"也可能为作歹损阴德而招致的"厄运"所抵消。

赃官污吏和地棍恶霸也有吉凶观念，只不过他们趋吉避凶的手段不是律己行善，而是一面胡作非为，一面烧香拜佛，弄得好像神佛都是"收人贿赂，替人舞弊"的腐败分子。这种做法在汪辉祖看来，恰恰与天道背道而驰，真正亵渎了无处不在的神明，反而会招致祸端。因此，他始终律己立品，修德守节，最终平安走过了自己丰富多彩的一生，为时人与后人树立了不朽的榜样。

四．俭用以范家

《大学》讲的内容不是古代高等院校制度，而是儒者的人生进阶路线图：格物——致知——诚意——正心——修身——齐家——治国——平天下。可以说，所有的古代读书人都是沿着这一条人生进阶规划图前进的。只不过，能治国平天下的人少之又少，许多人甚至连修身齐家都做不好。

为幕之人以学问计策换取主官发放的脩金。他们的收入在读书阶层中比较高。再加上久居官场，社会关系复杂，幕友往往向往风雅奢华的享乐生活。这在汪辉祖看来，并不是什么可取之事。

汪辉祖的《佐治药言》中有言："古也有志俭以养廉，吾辈游幕之士，家果素封，必不忍去父母离妻子，寄人篱下。卖文之钱，事畜资焉。或乃强效豪华，任情挥霍，炫裘马，美行滕，已失寒士本色。甚且嬖优童，狎娼妓，一咽之费，赏亦数金，分其余赀，以供家用，嗷嗷待哺，置若罔闻。"

假如汪辉祖活在今天，把这一段话以长微博形式发出，想必转发、评论、点赞的人会有很多。特别是那些生活不得志的落第读书人。

静以修身，俭以养德。古代的贤能是这样教诲子孙修身齐家的。想要躬行其志向，就得先树立良好的人品口碑。口碑好了，主官才会信任你，聘用你，对你言听计从。立品贵在律己，律己先得清心，清心首在节俭。倘若沉溺于纸醉金迷的奢华生活，心思必然不能保持清静，行为难免放荡不羁，律己立品也就无从谈起。

寻常幕友的生活观念是赚了钱就花，以及时行乐为最高。汪辉祖始终铭记自己是"以幕养学"，而不是"以幕养奢"。他对幕友的角色与处境，有着极为清醒的认识。

读书人靠做幕僚维持生计，虽然能得到不少脩金，但职业并不算非常风光。选择从事幕业的人，几乎都没有任何家庭背景，也没有丰厚的家财。这意味着他们无法通过举荐、恩荫、捐纳、军功等途径做官，唯有科举一道可走。偏偏科举又受挫，才不得不辞别父母妻儿，跟随幕主在公门谋生。说穿了，这也是一种寄人篱下的生活。

幕友通过贩卖计谋来赚高工资，若是平时勤俭节约，把银两积蓄起来，也可以积累一笔较为宽裕的家财。这笔家财养活全家没问题，也能为自己参加下次科举提供所需经费。

虽然在汪辉祖看来，勤俭节约是治家的正道，但并非所有的幕友都这样认为。

汪辉祖辅佐过多位幕主，大部分同事都是不知俭用范家的享乐主义者。他们的脩金未必比汪辉祖高多少，却效法豪富的奢靡生活，肆意挥霍钱财，经常炫耀自己买下的裘衣和良马。更有不懂洁身自好的人，招养优童，猥狎娼妓，放纵淫乐。他们越是摆出挥金如土的富豪做派，就越是偏离寒门士子的本色。

吃一次豪华酒席，光是打赏小费就要花掉好几两银子。而汪辉祖最初在松江金山县做书启师爷时，一年的脩金为三十六两银子。你看，吃一次豪华酒席，就抵得上县政府书启师爷一两个月的工资。若是隔三差五地高消费，很快就会把钱花光的。

让汪辉祖非常鄙夷的是，那些乱花银子享乐的幕友对自己家人反而非常抠门。吃喝玩乐之后，才把剩下的钱用于供应家人生活。特别是那种花天酒地的人，家里往往有嗷嗷待哺的小儿。对家人的生活置若罔闻，可谓无情无义。这样德行败坏的家伙，又怎能不被熟知底细的故交鄙视呢？

也许有人会说私生活是个人自由，与公事无关。但汪辉祖久处公门，对此另有看法。

他在《佐治药言》中严肃地指出："当其得意之时，业为职者所鄙。或一朝失馆，典质不足，继以称贷，负累既重，受恩渐多。得馆之后，情牵势绊，欲洁其守，终难自主，习与性成，身败名裂。故吾辈丧检，非尽本怀；欲葆吾真，先宜崇俭。"

由俭入奢易，由奢入俭却是难之又难。人一旦过惯了奢华的生活，就会食髓知味，难以抽身。当经济收入不足以维持奢靡时，他们不会省吃俭用，反而会选择靠着典当抵押过日子。假如家里穷到连能够典当的东西都没有了，他们就只能靠借债度日。长此以往，重债压身，同时接受他人的恩惠也越来越多。

这种人在幕府找到工作后，必然被人情牵累。债主会挟恩要求回报，迫使他们以权谋私。到那个时候，他们就算想痛改前非，坚持操守，也早已无能为力了。且不说长期的恶习难以纠正，就算能纠正，也难逃身败名裂的下场。

根据汪辉祖的总结，奢侈作风至少有两大害处：

其一，奢靡的家风背离了儒门士子应有的为人准则，少不了被亲友们鄙夷。

其二，一旦失去经济来源，就不得不以借债典当度日。债务像滚雪球一样增多，他人的恩惠也累积如山。假如有朝一日重新被聘为师爷，不免碍于人情世故，难以据实断事、秉公执法。

于私受制于人、遭人唾弃，于公不能坚持原则、施展抱负。

汪辉祖认为人的悲剧源于平时生活的不检点。若想保持自己的真实本色，挺直腰板做人，必须发扬勤俭节约的家风。他在《佐治药言》中说："古人云：人之于财，常患其来处少，而不知其病在去处多。每见小席脩微，尚堪仰事俯畜，而千金大多幕，反多支纳。甚或有困窘败检者，正患去处之病耳，故欲洁和必先俭用，合下条看。"

理财持家无非是把握好开源与节流两关。汪辉祖发现那些脩金不高的师爷足以养活父母妻子，反倒是脩金上千的大牌师爷因支出过多而陷于困窘。他由衷感慨道，读书人若是自己不保持节俭，就不足以做全家的表率。

汪辉祖还在《佐治药言》中说："身自不俭，断不能范家。家之不俭，必至于累身，寒士课徒，数月之脩少止数金，多亦不过数十金，家之人，目其艰，是以节啬。相佐游幕之士，月脩或至数十金，积数月寄归，则为数较多，家之人以其得之易也，其初不甚爱惜，其后或至浪费，得馆仅足以济失馆，必至于亏，谚所谓搁笔穷也，故必使家之人皆知来处不易，而后可以相率于俭，彼不自爱者，其来更易，故其耗更速，非惟人事，盖天道矣。"

在儒家理念中，修身是齐家的基础，齐家是读书人最初级的功业。假如自己都奢靡享乐，根本不可能让家人学会勤俭节约。家庭生活若不节俭，最终会累及到自身。

没有背景的穷书生办学馆教学生，几个月辛苦下来也不过能挣几两银子，最多也不过几十两银子。家人目睹赚钱之艰辛，所以在平时花费时也就特别省吃俭用。

而那些在幕府佐治的读书人，收入状况比教书之人要好得多。每月的脩金就能达到几十两，积累几个月，寄回家的钱财也就比较多了。家人只知道来钱多，却不知这钱赚得辛苦，所以用起来没有节制，铺张浪费。到头来，幕友在府中的劳动收入基本上都被家人花光了，甚至可能会陷入亏损。这正如俗话所说的"放下笔就穷"（搁笔穷）。

因此，必须让全家所有成员都明白挣钱的艰辛。唯有如此，家里人才能领悟到勤俭持家的重要性。那些不懂勤俭节约的人，钱来得容易，去得更轻松，不光是个人咎由自取，大概也符合上天的法则吧！

需要指出的是，汪辉祖提倡的节俭与吝啬有很大区别。他在《双节堂庸训》中说："俭，美德也。俗以吝啬当之，误矣。省所当省曰俭；不宜省而省，谓之吝啬。顾吝与啬又有辨。《道德经》'治人事天莫若啬'注云，'啬者，有余不尽用之意。吝，则鄙矣。'俭之为弊，虽或流于吝，然与其奢也，宁俭。治家者不可不知。"

该节约的地方节约，这叫作节俭。不该省钱的也省钱，这叫作吝啬。"吝"与"啬"也有区别。啬是指有节余而不用完；吝则是真正的抠门。节俭若是超过必要的度，就会沦为"吝"。不过，汪辉祖认为不能因此而否定节俭。

由于终身保持俭用的习惯，汪辉祖的家道渐渐殷实起来。他从幕多年，不乱花一文钱，虽未发大财，积蓄却也足够养活全家，甚至为族人慷慨解囊。汪氏族人中，凡是绝后之人，汪辉祖都出资为其购买墓地。嘉庆皇帝于即位元年（1796年）颁布恩诏，命地方推荐"孝廉方正"。萧山乡绅十余人上书举荐汪辉祖为"孝廉方正"，罗列了其十四项德行，其中就包括"关爱亲族"。

在清朝，只有新君登基之时才会举孝廉方正，由此可见，这是清代士人莫大的荣誉。当时的萧山县令方于泗、绍兴知府高三畏、浙江督学阮元等人都表示赞同。此事本已是板上钉钉，然而，汪辉祖出于种种考虑，还是婉拒了众乡亲的好意。尽管如此，他的高风亮节依然让萧山县官民引以为傲。

俭用足以范家，此言诚不欺也。

五. 广交游而不滥交游

人际关系在人们日常生活中占有至关重要的地位。特别是在现代职场中，处理人际关系的能力往往被视为员工最重要的能力之一。对于从幕之人来说，人际关系的重要性不亚于肚子里的学问。人脉不通，就馆困难。这是所有幕友的共识。事实上，想做师爷这一行并不容易，第一道坎就是幕业人脉。

就算你不认识汪辉祖，最起码也应该听说过"绍兴师爷"。纵观清代幕业，做师爷的未必全是绍兴人，但"无绍不成幕"的民谚足以说明绍兴人对这一特殊行业的强大主宰力。其实早在明朝，绍兴人就以精通幕学而闻名于朝廷的六部各院。幕学多由世家传承或以师带徒的方式延续，绍兴同乡自然有机会获得冠绝诸省的幕学技能。绍兴人还特别讲究同乡帮衬，通过拉帮结派几乎把其他地方的读书人排挤出了幕业。由此可见，"绍兴师爷"之威名正是来自于同乡交游、相互帮衬。说得不雅一些就是地域小圈子扎堆。

作为绍兴师爷中的第一流人物，汪辉祖也很清楚交游对打通人脉的好处。若能得到绍兴老乡会的推荐，读书人就有更多的就馆机会。然而，他在主张"广交游"的同时，还主张"慎交游"。

汪辉祖在《佐治药言》中说："广交游，通声气，亦觅馆一法。然大不可恃。得一知己，可以不憾。同心之友，何能易得。往往交太滥，致有不能自立之势，又不若轻便自守者转得自全。且善善恶恶直道在人，苟律己无愧，即素不相识之人，亦未尝不为引荐，况交多则费多，力亦恐有不暇给乎。交而曰慎，择损益也，滥交不惟多费，且恐或累声名。"

广交朋友，互通声气，这也是读书人寻找就馆机会的一种常见手段。但是，汪辉祖说此法不一定都可靠。

人生得一知己，就可以无憾了。然而志趣相投、同心同德的益友，怎么可能轻易找到呢？可如果交友太过泛滥，致使自己无法独立自主，倒不如做个固执己见、闭塞于一个小圈子的人，这样反而更能保全自己。

世间万事，过犹不及。古人非常重视交友之道。什么样的朋友可以结交，什么样的朋友该绝交，都有一套完整的经验。例如南华真人庄周有言："君子之交淡若水，小人之交甘若醴；君子淡以亲，小人甘以绝。"《礼记·表记》中也有这样的言论："故君子之接如水，小人之接如醴；君子淡以成，小人甘以坏。"

君子之交淡如水，平时保留各自的生活空间，需要帮助的时候则仗义出手。表面上看起来关系疏远，实际上情义深厚。而小人整天黏在一起，看起来亲密无间，但一碰到事情就作鸟兽散。所以，古人推崇"淡以亲"的"君子之交"，而不赞成那种只求表面亲切的立足于利害计较的人际关系。

从幕之人广交游，通声气，是为了寻找一份好差事，带有强烈的功利主义色彩。而汪辉祖则更倾向于交几个志同道合的知心朋友，其他人脉没必要过多扩展。与其因交游太滥而失去了自己的人格独立性，不如"孤僻"一点，保持自己的本色不受干扰。

对于如何与他人搞好关系，汪辉祖也有自己独到的认识——律己立品，行善积德，自然讨人喜欢，自然有人愿意帮助你。

除了少数三观不正者，绝大多数人都喜欢善良之辈，厌恶奸恶之徒。按照天道轮回的原理，做好人有好报，做恶人有恶报。选择做善人还是做恶人，全凭一己之念。假如平时严于律己，不做亏心事，那么就算是素不相识的路人遇见了你，又何尝不想引荐你入馆呢？

积善之人，自有人助。光是广交游而不做善事，那么知名度虽然高，他人却未必会愿意举荐你入馆做师爷。绍兴老乡会重视乡谊不假，却也不会随便向官场举荐没有操守的同乡，以免连累整个绍兴幕友群体。所以说，广交游不如结善缘。

况且，按照上述的俭用原则，应当尽量少把工资花在无谓的人际应酬上。读书人交游越多，应酬所花费的钱财也越多。每个人的时间和钱财都有限，恐怕无力承担过多的交游吧！花费多了，自己家负担重；花费少了，别人又会说你不够朋友。所以说，交游应当慎重，千万要选择合适的人作为结交对象。滥交朋友不光花钱如流水，恐怕还会令自己落得个不好的名声。如此一来，反而不能打通人脉，顺利就馆。

就馆之后，是否应该多和官场同僚结为死党呢？不，汪辉祖认为没有这个必要，甚至也不主张攀龙附凤、巴结上司。

他在《佐治药言》中说："登高之呼，其响四应。吾辈声名所系，原不能不藉当道诸公齿牙奖借。然彼有相赏之实，自能说项。如攀援依附，事终无补，非必其人自挟资自大也，即甚虚怀下士而公务殷繁，势不能悬榻倒履，司阍者又多不能仰体主人之意，怀利投谒，徒为若辈轻薄，甚无谓也……总之彼须用我，自能求我，我若求彼，转归无用，故吾道以自立为主。自立是敦品励学，求其在我。"

如果站在高处振臂一呼，响应你的人就会从四面八方赶来。那些达官贵人好比是高台，只要给师爷点个赞，师爷在官场上的声誉就会顿时响亮起来。这就是为什么许多幕友极力依附幕主的根本原因。

汪辉祖认为理是如此，但却没必要这么做。他更相信勤勉刻苦才是最好的升迁之道，攀龙附凤反而不好。

假如你的实际表现能与权贵之人的赞誉相符合，自然能在政坛得到更好的名声。若是直接去攀援依附这些权贵之人，实际上对自己帮助不太多。

此话怎讲？身份显贵之人大多眼高过顶，目中无人，他们往往对比自己地位低的人比较蔑视。当然，也有不因身份尊贵而托大的有识之士。不过，官府公务繁忙得很，纵然招聘了几个幕僚辅佐，工作依然很紧张。即使他们的确有礼贤下士的情怀，也会因为太忙而没法抽时间接见士子。

春秋战国时期处处弥漫着"敬士"之风，一个外邦来的寒门士子可以直接向国君或权臣游说献策，看门的仆役大都会通报主君。游说者的运气好的话，可以被拜为客卿，运气坏的也能得一笔路费赞助。

但大清朝不是春秋战国，寒门士子想要游说显贵，他们的仆役门人未必能放行。这些仆役大多不能体察主人的敬贤礼士之心，生就一副狗仗人势的嘴脸。那些读书人带着名片请求拜见主人时，往往遭到这些宵小之辈的轻薄与羞辱。

在汪辉祖看来，读书人拿着名片四处求人收留，实在是有失水准的无谓之举。他认为：那些头面人物真打算用人时，自然会来邀请我们；我们若是主动拜见，反而容易做无用功。由此可见，汪辉祖的处世之道以自立为主，巴结朋党、攀龙附凤绝非他的作风。

历史证明，脾气耿直的汪辉祖没有在官场受阻，反而越混越受欢迎。一方面，他的业务能力实在是出类拔萃，特别是做刑名师爷时，审案明察秋毫，论罪兼顾情理法；另一方面，汪辉祖洁身自好，律己立品，始终保持极高的诚信度与人格独立性。当时许多从幕之人以钻营求发达，以攀龙附凤为能事，这让以自立为本的汪辉祖在口碑与才能上可谓鹤立鸡群，自然比那些滥交游的攀附者更能进入朝廷大官的法眼。

第二章

良仕择主而事

——入幕事主的恭上之学

佐人以为治，入幕宜谨慎

就馆宜慎，不合则去

尽心事主，做事办案勿分畛域

忠言直谏，报德莫如尽言

读书贵致用，公事当精熟

称职在于勤

宾主各有本分

在人际关系中最重要的是处理好与上司之间的关系。俗话说：官大一级压死人。自从官僚制度诞生以来，主官就有罢免属吏的权限。吏员的升贬基本上都要由主官的意志决定。在政治清明的时代，主官升贬属吏必须符合律令要求并要走完严格的法定程序。倘若不幸遇到政治昏暗的时代，主官就会无视法制，肆意妄为。因此，属吏们常常对主官阿谀逢迎，多方行贿，以求获得一个保护伞，方便自己以权谋私。

胥吏奉行奴性十足的恭上之学，是因为其对官场有高度的依附性。而师爷的情况不同。

如果说胥吏是长官的爪牙，那么师爷就是长官的心腹。师爷不是正式的朝廷命官，与幕主是雇佣关系，而非完全依附于幕主的仆从，在官场的自由度也略高于胥吏。最起码，胥吏不能选择自己的长官，而师爷可以自由选择给谁当文胆智囊。从这个意义上说，师爷的事上之道可以不卑不亢，不需要违背良心道义替贪官恶吏背书。

可令人遗憾的是，那些常伴主官左右的师爷们，也往往与胥吏们拥有同样的价值观。不少师爷为虎作伥，与幕主沆瀣一气、危害一方。这也是当时社会各界认为做师爷（特别是刑名师爷）有损阴德的主要原因。

不与他们同流合污就没饭吃吗？汪辉祖给出的答案是否定的。他从幕多年，始终正直坦荡，恭敬事上而不抛弃原则。按照世俗观念，这样的人注定要被官场"逆淘汰"。然而，事实却恰恰相反，汪辉祖不但没有像诸多正直吏员或幕友那样被埋没，反而在官场如鱼得水，屡屡受到上司器重。"劣币驱逐良币"的格雷欣法则并没在他身上生效。其中奥妙在于汪辉祖那一套独特的恭上之学。

一. 佐人以为治，入幕宜谨慎

汪辉祖从幕三十四年之久，先后辅佐幕主十六人，兢兢业业，多有善政，也得罪了不少人。他毕生致力于推广幕学，弘扬为吏正道。这与清朝吏治的大环境息息相关。

清朝地方官的来源有多种途径，科举是最主要的入仕渠道，军功、保举、恩荫、捐纳也是清朝官员的重要来源。然而，通过科场层层拼杀出来的官员，一心只读圣贤书，摆弄八股文，满肚子诗文，却普遍缺乏最基本的执政技能。科举考试的题目从儒家《四书五经》中出，考试内容既不包括法律政令，也不涉及经济理财，所以，文化素养较高的科举出身的官员往往不具备实务能力。而从其他途径入仕的官员，文化素养较低，更加玩不转千头万绪的地方政务。

清代地方行政制度的特点，催生了以"绍兴师爷"为代表的幕业。因此，清朝司、道、府、州、县各级衙门，无不聘用师爷协助理政。由于地方官大多不通律令与财务，辅政的师爷几乎成为地方行政中最重要的人物之一。特别是刑名师爷与钱谷师爷，在师爷行当里堪称最重要的两大岗位。

长期从事幕业的汪辉祖非常重视对幕学的研究，他认为幕友是官员的左膀右臂，其使命是"佐人为治"。汪辉祖的朋友邵晋涵也曾指出：大清吏治靠的是幕宾（师爷）、书吏、随从三类人，官员实际上是坐拥虚名。

师爷"佐治"具体表现在以下三方面：

其一，补充幕主缺乏执政技能的缺陷。

清朝是马背上取天下，在很长一段时间里，满族官员不熟悉汉文化，更不精通公文律令。而那些科举入仕的官员，早年专心于读书科考，对国情民生与公文律令同样陌生。此外，清朝加强了任职回避制度，候选官员不得在原籍任职，只能在五百里以外的地方补缺，空降到外地的官吏人生地不熟的，根本无从开展工作。

清朝地方官权力比较集中，政、军、财、司法等工作都管。如此繁重的工作，哪怕是精通实务的能臣也不得不启用群吏协助工作，更何况那些只知孔孟不通政事的官员呢？如此一来，世代钻研刑名文书、官场经验丰富的师爷就有了用武之地。

师爷大多出生于当地，或者在当地侍奉过几任官员，他们深知风土人情与地方弊政，无论是打理日常政务，还是制定新政方略，都是一把好手。无论哪种背景出身的官员，都需要这些政务专家来替自己处置公务，否则，地方官府根本无法正常运作起来。

其二，纠正幕主的决策错误。

汪辉祖在《佐治药言》中写道："谚云：官断十条路，幕之制事亦如之。操三寸管，臆揣官事，得失半焉，所争者公私之别而已。公则无心之过，终为舆论所宽，私则循理之获，亦为天谴所及，故立心不可不正。"

这段话的大意是：遇到模糊的案情，官员断案的选择就有很多种，让刑名师爷来负责断案也是一样。在这种情况下，断案的准确性可能得失参半。引起争论的是公心与私心的差别。如果用心公正，就算断错了案，也是无心之过，会被社会舆论宽容对待；假如包藏私心，就算歪打正着办对了案，也必遭天谴。所以，佐治之人的用心不能不正。

由于官员大多不熟悉大清律例，或者出于私心，或者限于能力，可能会制造一些冤假错案，这时候就需要用心公正且业务精熟的师爷来纠正幕主的错误。对下保护无辜百姓的合法权益，对上避免幕主因错断冤案而遭受刑罚。汪辉祖脾气亢直，责任心强，屡次为了一桩案子据理力争，甚至不惜反驳上司批复。时人戏称他为"汪七驳"，却又尊其为决狱"神君"。

其三，帮助幕主督察群吏的不法行为。

如前所述，清朝吏治是靠幕宾、书吏、随从三类人实际操持的，因此，吏治腐败问题有时候不是长官贪赃枉法，而是众书吏勾结地方豪强恶霸所致。正所谓清官难逃滑吏之手，清正廉明的长官因业务能力局限不得不依赖一群书吏施政，如此一来，群吏就可以利用授权欺上瞒下，蒙蔽长官的视听。为了督察群吏，官员往往会借助师爷的力量。

汪辉祖说："幕友之为道，所以佐官而检吏也。"做师爷的不光要"佐官"，还要能"检吏"。与地方空降的长官不同，师爷大多是本地人或者是在本地居住已久之人，社会关系无孔不入，且刑名钱粮一干事务无所不精，书吏们既不能把师爷架空，也不能在业务上糊弄师爷，可以说，师爷是群吏的天敌。因此，替幕主约束及督导书吏，也是师爷的一项重要职能。

从某种意义上说，"康乾盛世"离不开师爷们的贡献，甚至在后来的"同治中兴"中，湘军领袖曾国藩等名臣，也少不了师爷们的鼎力支持。

既然师爷这个职业如此重要，那么有志经世济民安天下的读书人是否应该将幕业作为奋斗目标呢？

研究幕学最深的汪辉祖，恰恰并不赞成读书人从事幕业。他在幕学名著《佐治药言》中公然写道："勿轻令人习幕。"汪辉祖亲自撰写幕学文章，从事幕业多年，却又不赞成后辈读书人研习幕学。他没有人格分裂，其观点反而更符合当时的主流态度。

汪辉祖在《佐治药言》中有这样的言论"吾辈以图名本就，转而治生。惟习幕一途与读书为近，故从事者多。然幕中数席，唯刑名、钱谷岁脩较厚。余则不过百金内外，或止四五十金者，一经入幕，便无他途可谋，而幕脩之外，又分毫无可取益。"

汪辉祖回忆了自己的经历：他原本是想通过科举考试做个有编制的朝廷命官，但最终迫于生计，不得不通过从事幕业来谋生。在他看来，三百六十行里唯有幕业这条路与读书最为接近，故而很多科考不顺的读书人从事幕业。在那个年代，做教书先生（童子师）的年收入不过百金，而幕业收入要多出许多，特别是刑名师爷和钱谷师爷。

由此可见，汪辉祖选择从事幕业，不是出于个人理想，完全是为现实所迫的结果。他走的是当时常见的"以幕养学"路线。在多年幕友生涯中，汪辉祖并没有完全放弃科举考试，一边处置案件，一边苦读经书。最终他达成心愿，从替朝廷命官打下手的师爷变成了真正的朝廷命官。

汪辉祖并不提倡读书人以幕业为终身奋斗目标，他在《佐治药言》中很明白地说道："故亲友之从余习幕者，余必先察其才识，如不足以造就刑钱，则四五月之内即令归习他务。盖课徒可以进业，贸易可以生财。作幕二字，不知误尽几许才人。量而后入择术者，不可不自审也。未成者可改则改，已业者得休便休。"

凡是亲友中有想学习幕学的人，汪辉祖必定先考察其才能见识。假如其人缺乏成为刑名师爷或钱谷师爷的资质，那么他会在四五个月内就令对方改学其他内容。去当童子师教书可以增长学问，经商做贸易可以发财。在汪辉祖看来，有才之人没必要一辈子从事幕业，那样会耽误自己的广阔前途；学幕未成之人，可以另谋出路的就另谋出路；如果已经入幕，那么有机会退出就退出吧!

汪辉祖的这种矛盾心态，在绍兴师爷群体中并不罕见。因为在科举制时代，师爷无论多么受幕主器重，毕竟不是有编制的国家公务员，更像是朝廷命官的门客、附庸。按照儒家"学而优则仕"的入世精神，考上正式官员才是读书人的正经出路，幕业终究是剑走偏锋的不入流职业。

尽管如此，汪辉祖依然潜心钻研为幕之学。一方面，囊括各种执政技能的幕学是他日后为官领政的立身之本；另一方面，汪辉祖希望通过传播幕学来改善大清的吏治环境，因为清朝官员的政绩在很大程度上取决于师爷的能力与人品。

二. 就馆宜慎，不合则去

清朝并无正规的幕学培训机构，读书人主要跟着前辈师爷或从幕的亲友来进修幕学。师爷的工作场所通称"幕馆"或"馆地"，因此，从事幕业又被时人唤作"就馆"，师爷不再侍奉幕主即为"失馆"。

科举不易，入幕也难。尽管师爷是官员聘用的私人助理，不受编制限制，但岗位规模并不足以满足广大落第书生的就业需求。

汪辉祖说："剧者需才至十余人，简者或以二三人兼之，其事各有所司，而刑名、钱谷实总其要。官之考成倚之，民之身家属之。"官员根据各部门工作需要来聘用师爷，就算是一人一岗，最多也只能招十几个人。更普遍的情况是，聘请两三位师爷来兼管几类事务。

由于岗位供应有限，所以师爷之间的就业竞争十分激烈。在各类师爷中，专业性最强、职能最为关键的刑名师爷与钱谷师爷，可以说是各单位抢着要的宝贝，一旦有哪位刑名师爷或钱谷师爷"失馆"，其他地方官府会争相将其揽入府中。而其他类型的师爷，专业含金量不高，所以就业率很低。

清朝幕业有行帮建立的关系网，入了行帮的幕友可以得到更多的就业机会。师爷主要是通过师友、亲戚、同乡等人的引荐来"就馆"，这种就业方式在当时被称之为"荐馆"。

虽然汪辉祖入幕也是走这条路子，但他并不因幕友就业难度高而轻易就馆。入幕有风险，就馆宜慎重。

汪辉祖在《佐治药言》中这样说："幕宾之作善作不善，各视乎其所主。宾利主之修，主利宾之才，一其初本以利交。第主宾相得，未有不道义亲者。薰莸强合必不可久。与其急不暇择，所主非人，席不暖而违去之，不若于未就之前先为慎重。则彼我负心，目无掣肘之患。愈久而愈固，异己者亦不得而闲之。"

在汪辉祖看来，选择一个贤明的官员做幕主，是从事幕业最重要的一步。假如主官勤政爱民奉公守法，那么师爷就可以施展所学、行善积德；相反如果主官贪赃枉法残虐百姓，师爷也将堕落成为虎作伥的小人。汪辉祖一生正直廉明，最痛恨幕业败类，因此，他特别强调从幕之人应当慎择幕主，不要轻易就馆。

山西临汾人王亶望，曾任浙江巡抚。当时的浙江布政使是汪辉祖曾经辅佐过的孙西林。孙西林邀请好友汪辉祖再次入幕辅佐自己，却遭到汪辉祖的婉拒。

汪辉祖放弃就馆的原因很简单——与王亶望不好相处。

王亶望是乾隆朝的一个大贪官，贪污罪行之严重，仅次于大清第一贪官和珅。而孙西林却为人刚正，与王亶望势同水火。假如汪辉祖同意就馆，按照过去那样刚正不阿的态度辅佐好友，孙西林肯定会在仕途受挫；但是劝好友对王亶望虚与委蛇，又不符合自己的幕学之道。于是，汪辉祖只好婉拒好友的邀请。

果然，没过几年，王亶望因贪污罪被朝廷处斩，许多官吏被连坐斩首，早做回避的汪辉祖未受牵连。

乾隆二十七年，汪辉祖因处理陶世侃案得当而名声大噪。钱塘、嘉兴、海盐、平湖等县的县令纷纷向他发来聘书。经过认真思考后，汪辉祖最终选择了平湖县令刘国煊做幕主。

刘国煊素有贤明之誉，不仅为人清廉正直，而且意志坚定，不为非议所动。汪辉祖在多年从幕生涯中，主要担任负责断狱查案的刑名师爷，最需要的就是刘国煊这种类型的主官。事实证明，他的选择非常正确——在刘国煊的支持下他办了不少疑难案件，为自己、也为幕主博得了一时美名。

汪辉祖一生就馆最慎。不是自己认为值得辅佐的幕主，就不会就馆应聘。

一旦入幕，则兢兢业业，绝无半途割席之事。

良禽择木而栖固然理想，可要是师爷与幕主无法配合默契，又该如何是好？

汪辉祖给同行的建议是"不合则去"！

汪辉祖在《佐治药言》中说："公事公言，其可以理争者，言犹易尽，彼方欲济其私，而吾持之以公，鲜有不龃龉者……且宾之与主，非有势分之临也。合则留，吾固无负于人，不合则去，吾且无疚于巴。如争之以去就，而彼终不悟，是诚不可与为善者也。吾又何所爱焉。故欲尽言，非易退不可。此条专指主宾共一事，意见过异者而言。或遇荒不恤，或加耗太甚，及故出入人重罪之类，反复言之而不听，则去之可耳，若寻常公事，一时议论不合，不妨从容计较。"

师爷是官员聘用的助理人员，却又不是真正意义上的从属。准确地说，两者是主人与宾客的关系，而不是主人与随从的关系。师爷的职业道德中没有"唯主是从"这一条，恰恰相反，汪辉祖认为做师爷的应该公事公言，不当掺杂私心，更不能曲意逢迎幕主的私欲。

汪辉祖从幕多年，大多在州县官府就馆。州县官员是大清最基层的行政干部，直接与老百姓打交道。朝廷的司法断狱是否公平，钱粮征收是否合理，主要看州县官员的作为。而州县官员往往依赖刑名师爷和钱谷师爷处理这些基本公务，特别是主持刑狱之事的刑名师爷，稍有错判就可能造成人命关天的冤案。

尽管走上了"以幕养学"的道路，但汪辉祖并没有因此成为衣食囚徒，而是致力于协助幕主平冤纠讹。每回查案，无不上依大清律例，下顺人情义理。有些腐败的幕主可能会以权谋私，要求刑名师爷利用律法漏洞罗织罪名、屈打成招，但汪辉祖始终坚持引经决狱、公平执法。在他看来，一个有职业操守的师爷必然会与利欲熏心的主官产生龃龉。

合则留，不合则去。留则同舟共济，鼎力相助；去则好自为之，求个问心无愧。这是儒家孔孟先师的做法，也是汪辉祖的信条。

从理想的角度说，幕主若是不能采纳师爷的忠直之言，也就失去了辅佐的价值；从现实的角度说，幕主私欲太重，势必会贪赃枉法。作为有良心的读书人，师爷不应该助纣为虐，更要当心惹火烧身。

当然，汪辉祖也不主张师爷动辄请辞。

主官和师爷在工作中碰到摩擦是常见的事。一言不合就出走，既没风度，也难成大事。该如何做呢？汪辉祖的建议是：遇到主官出现明显差错或判罚不公时，师爷应该据理力争，倘若反复谏言不被采纳，就可以"不合而去"了；如果只是在无关大是大非的日常事务上意见相左，就算谁也说服不了谁，也不必太过计较，求同存异，继续保持合作关系即可。

由于师爷隐于幕后的职业特征，致使其功业大小往往与幕主的政绩直接挂钩。幕主是个贤能的清官，师爷也自然能成为官场中受人尊敬的"名幕"先生；要是幕主不贤能，那么师爷肯定会牵连受累。这就是为什么汪辉祖极力倡导"就馆宜慎，不合则去"的道理。

此外，官员的俸禄来自民众上缴的赋税，而师爷的修金是官员从俸禄中划拨的，从经济的角度看，两者构成了一个利益共同体。故而，贪官与恶幕沆瀣一气、鱼肉百姓之事，在乾隆朝后期屡见不鲜。汪辉祖亲历了乾隆朝吏治由清明到衰败的全过程，他痛恨那些为了修金而坐视赃官虐民的幕友。

为了实现自己的职业理想，汪辉祖一面选择贤吏为自己的幕主，精心辅佐他，一面参与科举考试，争取让自己有朝一日能成为州县主官，以便为整肃大清吏治尽一份绵薄之力。难能可贵的是，无论扮演哪种角色，他那颗赤诚之心永远不动摇，可以说，这才是大清一秘汪辉祖备受时人推崇的根本原因。

三. 尽心事主，做事办案勿分畛域

选定一位贤吏做幕主之后，师爷的就馆生涯也就正式开始了。师爷佐治幕主，应当以什么为本？在汪辉祖眼中，"尽心事主"是为幕之本。如果连这一条都做不到，就不要来侮辱"幕友"这一关系到大清政治正常运转的职业。

"慎重就馆"是为了避免遭遇品行不端且缺乏发展前途的幕主，"不合则去"是为了避免被刚愎自用或贪赃枉法的幕主牵连。然而，一旦选定了效力对象，师爷就应该尽心尽责地辅佐幕主，这是从幕人员必须遵守的职业道德。

汪辉祖在《佐治药言》中说："士人不得以身出治，而佐人为治，势非得已。然岁修所入，实分官俸，亦在官之禄也。食人之食而谋之不忠，天岂有以福之？且官与幕客，非尽乡里之戚，非有亲故之欢，厚廪而宾礼之，什佰于乡里亲故，谓职守之所系，倚为左右手也。而视其主人之休戚，漠然无所与于其心，纵无天谴，其免人谪乎？故佐治以尽心为本。"

这段话的主要意思是：幕友的脩金是从幕主的官俸中分出来的，拿人家的薪水，就要忠于人家的事业。幕友是幕主的左膀右臂，二者理应休戚与共，不尽心尽力工作的话，就算老天不惩罚，也难免遭人贬谪。所以说，幕友佐治当以尽心事主为根本。

汪祖辉提倡"尽心事主"的理念，在很大程度上是为了挽救当时幕道衰落的社会风气。

前面说过，清朝的地方行政实际上被师爷、胥吏、随从三类人所把持，受聘于幕主的师爷，同时履行监督胥吏们的职能。可是随着乾隆朝后期吏治走向腐败，师爷、主官、胥吏往往勾结在一起，欺上瞒下，无恶不作。幕学贬值，幕风日下，幕道已衰。为幕三十余年的汪辉祖对此痛心不已，他在《学治臆说》中追忆往昔，大发感慨："为之主者敬事惟命，礼貌衰，论议忤，辄辞去。偶有一二不自重之人，群焉指目而讪笑之，未有唯阿从事者。至余三十七八时犹然，已而稍稍委蛇，又数年，以守正为迂阔矣。江河日下，砥柱为难。甚至苟且关说，狼狈党援，端方之操，什无二三。"

当初汪祖辉从幕之时，官场风气还没坏。大家都很敬业很讲原则，没有人阿谀奉承自己的幕主，偶尔有一两位不自重的幕友，也会被同行耻笑。但是到了后面，官风已经变坏，恪守正道的幕友反而沦为少数派，被众人嘲讽为迂阔不知变通之人。渐渐的，操行端方的师爷已经不足十分之二三。

"幕道难矣！"汪辉祖由衷感叹道。幕道之难，一在精通律例、钱谷等专业技能，二在能坚持佐治之人所应有的职业操守。

嘉庆元年（1796年），汪辉祖一生最尊重的知交师友，东阁大学士王杰说："今日幕道日非，恐不能造就人才。"这也是汪辉祖毕生研究并推广幕道的重要原因。

乾隆嘉庆年间的幕道衰落，主要表现为三点：

其一，师爷们做事缺少责任感，工作不尽心。

其二，贪污受贿，阿谀奉承，与主官同流合污。

其三，专业技能素养大大下降，才力不足以理政治民。

汪辉祖在《梦痕录余》一书中指出："近见入幕者，不必衡品，不必课学，律义可不解，例文可不读……累官累民，动辄流毒。论者或疑其有欲，余独愍其无知。"

官府对入幕之人的考核松弛，导致许多刑名师爷的业务水平太差。由于科举只考儒家学问，与刑名关系最大的法家学说往往被科举出身的官员丢弃一旁。大清的司法水平如何，在很大程度上取决于审案官员聘请的师爷所具备的能力，假如连刑名师爷都对大清律例判词不熟悉，那地方司法差不多要完蛋了。

汪辉祖认为，师爷业务能力差的根本原因，在于不能"尽心"。他在《佐治药言》中指出："心尽于事必竭所知所能，权宜重轻，顾此虑彼，挽救其已著，消弭于未然，如后之检更、省事、息讼、求生、体察俗情、随几杜弊诸条皆是也。首揭尽心二字，乃此书之大纲，吾道之实济。"

只有尽心事主的人，才会充分发挥自己的本领，想幕主之所想，急官府之所急。只有具备高度的责任感，幕友才会认真研读大清律例，仔细审查每一个案件，时刻注意提醒幕主不要出错。倘若为幕不尽心的话，师爷肚子里再有学问，也只会荒疏政务，既会使百姓蒙冤受屈，又会让幕主遭到台谏弹劾。佐治之人最大的失败，莫过于此。

尽心事主的重要表现之一，就是在办事时勿分畛域。

汪辉祖在《佐治药言》中这样说："州县幕友其名有五，曰刑名，曰钱谷，曰书记，曰挂号，曰征比……直须以官事为己事，无分畛域。知无不言，言无不尽，而后可。"

按照职能划分，州县的师爷通常有五大类。一是刑名师爷，二是钱谷师爷，三是书记师爷，四是挂号师爷，五是征比师爷。其中最重要的是刑名师爷和钱谷师爷。由于分工不同，所以各类师爷难免会产生一些本位主义思想。只管自己眼前一片，完全不理会其他的官事。

就实而论，畛域之见（本位主义）是官僚政治的一大弊病。各部门以职能分工不同为借口，相互踢皮球。结果官府的职能形同虚设，官吏们沦为混吃等死的寄生虫。

汪辉祖在《佐治药言》中有这样的言论："盖宅门以内，职分两项，而宅门以外，官止一人。"虽然在内部，政府各部门是有分工的，但在对外时，政府是一个整体。一个人的谋略再高明，也抵不过两个人加起来的智慧。假如以事不关己为由，坐视隐患变大，或者以自己专司为由，拒绝接受旁人的任何意见，都不是奉公敬业的行为。

汪辉祖非常反对这种工作态度，他认为办事"无分畛域"才是正确的为幕之道。把官府公事当成自己的事，不要抱有畛域之见。发现问题就说，知无不言，言无不尽，为主官乃至整个衙门分忧解难，佐治之人，理当如此。

汪辉祖是个说到做到的人。他最初从事幕业的动机是"以幕养学"，但入幕后，他的主要目标转变为尽心辅佐贤吏，维护一方司法公正。从事幕业三十余年，汪辉祖断案无数，甚至曾经因为据理力争而被幕友们排挤，但他自始至终秉承尽心的原则，做事不分畛域。

也正因为如此，汪辉祖才能成为一代名幕。每次辞别旧幕主，都会马上受到各地方官府的热情邀请。坚持原则的人有时候比较孤独，但这份宝贵的职业操守，恰恰提升了他的核心竞争力，从而使他赢得更多更好的就业机会。汪辉祖的经历雄辩地证明了其幕学思想的价值。

如果发现分外之事存在问题，可能影响整个大局，那就知无不言、言无不尽。但是身为局外之人，说话不能颐指气使，不可让人颜面尽失，否则不但起不到提建议的效果，反而会与人结仇。

"行贵方，智贵圆。"汪辉祖在力倡"尽心事主"和"做事勿分畛域"的同时，也提出了妥善进言的具体策略。他在《佐治药言》中说："特舍己从人其权在我。而以局外之人效千虑之得，则或宜委婉或宜径直，须视当局者之性情而善用之。否则贤智先人，转易激成乖剌耳。此是忠告善道之法。人情喜曲恶直，总以委婉为佳。"

师爷应当根据当局者的性情特点来调整谈话方式。有时委婉的方式比较妥当，有时应该直截了当，但要记住自己是给他人提忠告，而不是为了嘲讽刺激对方。根据人之常情，汪辉祖认为谏言还是以委婉的方式为妙。

四．忠言直谏，报德莫如尽言

做事勿分畛域，知无不言。尽心事主，言无不尽。在汪辉祖的幕学思想中，"尽言"与"尽心"是一体的，唯尽心者能尽言，唯尽言者可称尽心。

需要注意的是，汪辉祖的"尽心"说，绝不是那种通过揣摩主人心意而投其所好的钻营之术。他并不主张师爷绝对服从幕主的意志，否则，师爷和仆从没什么两样。师爷既是幕主的助理，也是座上宾客。幕主待师爷以厚礼，师爷事幕主以忠敬，这种互动关系才符合汪辉祖的自我定位。

自古以来，忠言直谏都是一个高难度的技术活。

针对这一点，汪辉祖在《佐治药言》中说："尽心云者，非构主人之意而左右之也。凡居官者，其至亲骨肉未必尽明事理，而从仆胥吏类皆颐指气使，无论利害所关，若辈不能进言，即有效忠者，或能言之，而人微言轻，必不能劝其倾听。甚且逢彼之怒，谴责随之。"

做官的人大多有官脾气，对仆从和胥吏往往颐指气使，而且他们未必都明白事理，让其他人很难直言进谏。身份卑微之人可能忠心耿耿，也愿意直言进谏，奈何人微言轻，忠告未必进得了为官者的耳朵，若是碰上官员心情不好时，更会遭到一阵斥责。而师爷由于身份地位特殊，往往最受幕主信赖，也最利于向幕主进谏。

汪辉祖说："惟幕友居宾师之分，其事之委折既了然于心、复礼与相抗，可以剀切陈词，能辩论明确，自有导源回澜之力。放必尽心之，欲言而后为能尽其心。"

师爷是幕主的座上宾，还同时扮演着业务指导老师的角色，这使得师爷能在礼仪上与主官分庭抗礼。由于具体操持政务，师爷往往最清楚争议的来龙去脉和是非曲直，他们提出的意见，幕主不能不认真听取。而且只要道理讲得通透，幕主就会被说服，改变之前的错误决定。由此可见，师爷有力挽狂澜的能力，只要他们尽心敬业，就能为幕主弥补各种潜在的过失和错漏。

在汪辉祖看来，师爷和主官的关系首先是一种利益关系。师爷从主官那里获得脩金养家糊口，主官则借助师爷的才干来建功立业，双方可谓互惠互利，共创功名。但是，师爷和主官又不仅仅存在利益关系，双方在互利的基础上，还以道义结交，视彼此为同心同德的合作伙伴。

从幕的师爷往往是科举不第的读书人，朝廷命官聘用他们为幕友，一方面解决了其经济困难，另一方面也给予了他们较高的礼遇。换言之，主官在经济上与精神上都对师爷有着"知遇之恩"。

如何回报这份"知遇之恩"，不同的人有不同的看法。有的师爷从此唯幕主马首是瞻，奉行愚忠的理念，幕主干非法勾当，师爷也甘做帮凶。汪辉祖把这种人视为幕业败类。

"报德莫如尽言",这是汪辉祖的信条。不因忠人之事而泯灭是非曲直,反而以幕友的身份建议幕主恪守人间正道,汪辉祖就是这样一个理想主义者。

怎样才称得上是"尽言"?汪辉祖在《佐治药言》中给出了一个定义:"如遇地方有利,当兴,有弊,当革,刑罚不平,催征苛急,与夫弭盗、救荒、劝学、除暴皆须通盘熟筹,忠告善适,傅见诸施行为,一方作福。此之谓能尽言。"

这段话的意思是:遇上该做的利国利民之事时,应该进言;遇上必须革除的社会时弊时,大胆进言;刑罚不公平,百姓有冤屈时,果断进言;催征赋税过于苛急,增加百姓负担时,必须进言。总之,凡是涉及一方政事的,例如防盗、救灾、办学、除暴等事务,师爷一定要全部了如指掌,并能给幕主提出周全的应对方案,否则,一对不起自己从小苦读的圣贤之书,二对不起天地良心,三对不起百姓的期待,四对不起支付脩金的幕主。报德莫如尽言,佐治首长的秘书助理们都应该牢牢记住汪辉祖的这句话。

从本质上说,汪辉祖的"尽言"观念不仅是幕友的职业操守,也是提高执政能力的必要修行。

古谚有云:公门之中好修行。古人把政府机关称为公门是有道理的。政府监管着三百六十行的秩序,先天具有公共属性,虽然君主制时代的政府是帝王专制的爪牙,在实际操作中官吏徇私枉法之事很多,但按照历朝历代主旋律的说法,政府就是管理各种社会经济事务的"公门"。

从理论上说,为政施治第一原则就是公私分明。但"公门"之人手中握有权力,很容易被心中贪欲吞噬,沦为鱼肉百姓的赃官恶吏,这种情况在历朝历代屡见不鲜。一政之善,功德广大;一政之恶,为害无穷。因此,为政施治不可以不审慎,不能不奉公去私。

汪辉祖久经官场,对公门积弊洞若观火。他认为师爷有必要为澄清吏治贡献一份力量。虽然师爷没有权力直接改变主官的决定,但应该做到随时随事尽心尽言。公门之中好修行,安世济民就是最大的修行。特别是在时人普遍认为从事刑名工作有损"阴德"的舆论环境下,对幕主尽心尽言,纠错政、平冤狱,却是师爷修行功德、争取子孙福报的最佳途径。

"尽言",光是敢于直言还远远不够,善于抓住有利时机,运用合适的方式提意见,才符合汪辉祖的标准。

汪辉祖在《学治臆说》中说："官以利民省事为心，非有异于幕也。然幕据理法心可径行，官兼情势，心难直遂。民之情，可以诉官，而官往往不易转达于上官。纳于口者，不能尽呈所言；怵于威者，又恐逢彼之怒。略涉瞻徇，便多迁就。此处能于心无负，方见平日立身功效。"

为民谋利，俭省政事，是主官与师爷执政的共同出发点。两者的区别在于：师爷只要按照律法和良心办事就足够了，而主官不得不考虑方方面面的复杂情势，很难按照自己的本心来办事。

老百姓可以向官府反映情况，而官员向上级转达民情却非易事。不善言辞者很难充分表述自己的意见；对权威心存恐惧之人，又会担心自己恰好碰到上司发怒的时候而不敢轻易进言。无论怎样，结果都是不能做到"尽言"。

在向上级转达民情的时候要先试探上司的口气，观察其情绪如何。假如上司正在气头上，情绪激动，就一带而过（因为他们此时不具备冷静思考的能力），待到上司情绪平和之时，就把百姓的情况尽数道出。

想做到这点并不容易。在讲究尊卑的年代，汪辉祖能与上司坦然相对，不卑不亢，无愧于心，除了平时修行严格、读书历练够多、学问技能功底扎实、能提出中肯的对策这些原因之外，更重要的一点是，他没有把自己当成幕主的奴仆，而是保持着自己人格的独立性。佐治主官尽心尽言，提建议时讲究方式方法，但对上司不阿谀，不欺瞒，这才是正确的从幕之道。

国家律法是统一的，但如何援引律法处置政务，则是千个人有千条道。主官与师爷所处的位置不同，学问底子也有差异，对某件事务的看法可能存在分歧。而寻常幕友出于明哲保身的考虑，大多当面不提异议，却往往在背后腹诽不已。

汪辉祖认为这并不符合幕友"尽言"之道。

在他看来，幕友有意见应该当面向主官提，只是语气要委婉，别太刺人。假如确有道理，措辞妥当，主官也会听从谏言，同僚也会转而支持。那些当面不敢谏言，却在背地里说怪话的人，既不足以交友，也不足以事上。而且他们的话被人传出时，肯定会被添油加醋，反而更容易触怒别人。所以说，与其背后议论纷纷，不如当面尽言婉诤。

五． 读书贵致用，公事当精熟

汪辉祖在官场奋斗数十载，常常见到同僚们在工作闲暇时饮酒下棋，闲谈送日，偶有看书者，也是拿小说野史来消遣。在他看来，这些习惯对幕业没有任何益处，不如读书修身。

汪辉祖在《佐治药言》中有这样的言论："学古人官，非可责之幕友也。然幕友佐官为治，实与主人有议论参互之任，遇疑难大事，有必须引经以断者，非读书不可。"

在科举制时代，读书是为了考试，考试是为了做官。主官与师爷的一个本质区别就是，前者通过了国家统一组织的科举考试，而后者是落榜生。但这并不意味着师爷这碗饭随便能吃。因为师爷以佐治为天职，是幕主的个人助理兼专业顾问，他们经常要"引经决狱"，不熟读儒家经典，就根本完不成任务。

科举选官模式的一个重要弊病是，官员"学非所用，用非所学"，专业技能与岗位要求不对口：儒家的《四书五经》博大精深，却偏偏没有教人如何处置诉讼，如何发展农桑，如何均平徭赋；读书人的八股文章写得再好，也未必能写出一份严谨精当的公文；空谈圣贤大道，轻视实用技艺……这些都是儒家学派最主要的弱点。许多读书人深知这些不足，在熟读儒家经典之余，也广泛涉猎其他学问。

按照儒家以德治国的观念，礼义教化才是第一位的，刑狱之事只是辅助手段。然而在实际生活中，支持社会运转的恰恰是法律政令，而非空洞的礼义教化。

按照通常说法，古代王朝采取的是"表儒里法"的治理模式，只是每个朝代的"表儒里法"具体表现不同罢了。

在秦汉之时，官员是从文法吏中提拔的，法律政令基本功极其扎实。所以，秦汉时代没有出现真正意义上的幕业。大清的情况不同，官员往往能熟背孔孟之语，却不大精通大清律例。于是乎，"表儒"由主官来做，"里法"交给刑名师爷、钱谷师爷去操持，故而当时的人把进修幕学称之为"习法家言"。

从这个意义上说，大清的司法实际掌握在刑名师爷的手中，刑名师爷的业务水平高低，直接决定了大清法制状况的优劣。

乾隆后期到嘉庆年间，无论是朝中大学士，还是像汪辉祖这样的幕友，都在感叹"幕道日下"。比起品行的恶劣，更令人痛心疾首的是从幕之人不学无术，业务能力低下。

汪辉祖针对这一点，曾经在《梦痕录余》中抨击道："律义可不解，例文可不读……累官累民，动辄流毒。论者或疑其有欲，余独愍其无知。"有些从幕之人制造冤假错案，未必是私心太重，也可能是无知或无能所致。

汪辉祖与当时许多文人不同，其学术思想更重视经世致用。他曾经教导后学汤金钊"学必求其可用"。朝廷的法律政令和基本国策应该一一吃透，古今社会变迁的规律也要认真研究。至于那些寻章摘句的训诂之学，对经世济民没什么益处，此类书籍文章不妨少读。

为此，汪辉祖一直致力于总结经验，弘扬幕学，试图导正日趋衰败的幕业。他长期以幕养学，最重视学问的实用性，对同时代读书人不切实际的学风提出了尖锐的批评。

汪辉祖在《双节堂庸训》卷五《读书以有用为贵》中有言："所贵于读书者，期应世经务也。有等嗜古之士，于世务一无分晓，高谈往古，务为淹雅，不但任之以事，一无所济；至父母号寒，妻子叫饥，亦不一顾。不知通人云者，以通解情理，可以引经制事……否则迂阔而无当于经济，诵《诗》三百，虽多亦奚以为？世何赖此两脚书橱耶！"

这段话的主要意思是：读书就是为了经世致用的。有些好古的读书人对今世事务一窍不通，以言必称古代为风雅。就算授予职权，他们也根本做不来实事。看似满肚子学问，实际上连父母妻子的温饱都解决不了。此等迂阔腐儒读书再多，也不过是个百无一用的"两脚书橱"。

这番辛辣的吐槽，源于汪辉祖从幕多年目睹的官场现象。

有些官员不屑于读儒学之外的书，不加强业务学习，导致自己的实际执政能力迟迟没有进步。他们只能做个甩手掌柜，把一切公务都丢给师爷、胥吏、随从们打理，由于自己不通政事，也检查不出师爷、胥吏、随从们有没有弄虚作假。如此一来，主官看似落得轻松自在，实则沦为部下们的提线木偶，不仅会被下面的人玩得团团转，也迟早会被上司罢免。

主官不熟律例，可以聘请精通法律的专业人才做刑名师爷，而师爷自己要是不熟悉律例，且不说就业困难，就算有幕主聘用，也迟早会误大事。

那学幕之人应该怎样提高自己的文化素养呢？

汪辉祖在《梦痕录余》中指出："学必求其可用，凡朝廷大经大法，及古今事势异宜之故，皆须一一体究，勿以词章角胜。无益之书，不妨少读。"

对于从政之人而言，最基本的致用之学是本朝律例。法律涉及到社会生活的方方面面，土地、房宅、婚姻、债务、贼盗、人命、斗殴、欺诈、诉讼等内容无所不包。州县官员治理一方，主要是处置这些日常琐事，汪辉祖提倡官员和幕友都应该熟读大清律例，并在执法实践中融会贯通。

在当时，刑名师爷辅佐主官办理案件，常常要面对讼师（古代的律师）的诘难。讼师无不是能说会道且精熟律条之人，倘若主官的法学素养太差，很容易被讼师的诡辩带进沟里，错判案件。可如果连刑名师爷也业务不熟，不仅会被讼师牵着鼻子走，更无法弥补主官的技术短板。

除了熟读律例之外，师爷还应该读什么书呢？针对这一点汪辉祖认为："公事稍暇，当涉猎诸史，以广识议。"

执政以处置实事为重。朝廷律法案例虽然多如牛毛，但国情民生的复杂程度远远超过律例条文，因此，在不违反国家法令的前提下，官员和师爷必须要学会动脑筋妥善解决法律规定之外的疑难。

既然法无明文、案无先例，又如何判断是非曲直呢？汪辉祖总结道："凡意计不到之处，剖大疑，决大狱，史无不备。不必凿舟求剑，自可触类引申。"

中国历史源远流长，各种奇事奇案层出不穷，假如本朝律例缺乏准绳，那么从史书中寻找类似的案例做参考，是一个可行之法。作为师爷，在平时多读史书，储备厚实的学问功底，决狱之时才能如鱼得水，减少差错率。

读书人最初往往是理想主义者，受儒家"修身、齐家、治国、平天下"的人生观影响，有治理一方、造福百姓的远大志向，但是，志向不能当饭吃。假如没有才能打底，图治之心再坚忍不拔，也不过是志大才疏。才能平庸而心思正派的官员，往往被内外左右之人架空，最终要么同流合污，要么被排挤出局。

鉴于多年亲眼见证的种种教训，汪辉祖建议为官之人也要尽可能地多读律读书，不要过分依赖师爷、胥吏、随从的力量。主官自己擅长政事，才能赢得部下的敬重。师爷也会更加卖力佐治，尽心尽言，一展平生所学。

纵观汪辉祖的一生，从幕时间极长，真正做官的时间反而少，这主要是因为他很晚才通过科举考试。长期的就馆阅历，锤炼出其卓越的理政之才，尽管他在湖南执政时间不长，却得到了"湖南第一好官"的美名，朝野贤达也称赞其卓越才华与正直人品。可以说，正是因为在从幕期间精熟刑名、钱谷等实务，汪辉祖才脱颖而出的。

当其他师爷在游戏、放纵之时，汪辉祖却勤勉读律、广涉诸史，两者之间因此产生的差距，导致了不同的结果。总之，正是良好的学习习惯，造就了汪辉祖这位了不起的大清一秘。

六. 称职在于勤

在中国古代王朝中，清朝行政效率之低下也是有目共睹的。一方面，不少地方官吏醉心于权力场的争斗，精力完全不在公务上；另一方面，官场上下普遍弥漫着拖沓观望的不良风气，勤政敬业之人反倒被嘲笑为傻子。

公门中人吃着朝廷定期发放的俸禄，忙也是一天，拖也是一天，对生计全无影响，但百姓不同。百姓以农工商业为营生，一天不劳作就少了一天的收入，为了解决某事跑官府，倘若官吏办事懒散拖沓，岂不是耽误了人家的生计？

汪辉祖结合自己多年的办案经验，算了一笔账。

乡民起大早进县府办事，如果衙门在午前解决问题，他就可以回家了。假如官吏拖延到午后才解决问题，他就不得不在城里找旅馆住，这样，他不光少了一天的收入，还要搭上住店的费用。所以说，官吏要是稍微勤快一点，老百姓就不至于损失那么多经济利益。

除此之外，勤勉政事的另一个好处是便于上级督查工作。

问题一出现就即刻办理，事情头绪清楚，稽查起来也简易明了。假如积压政事，一天滞留一个待办事宜，两天就滞留了两件事，久而久之，积重难返，清理也更加困难。事情多到办不完，官吏势必会为了追求尽快解决而敷衍了事，那些狡猾的胥吏和讼师就会趁机浑水摸鱼，让吏治变得更加混乱不堪。

河中船只来来往往，有序而行，原本不会雍塞河道，可是假如有一条船滞留不去，很快就会挡住后面的船只，把河路堵得终日不通。处置政务也是一样。主官和幕友勤于办公，哪怕政事繁剧如山，也能及时解决，给自己留出更多闲暇。反之，倘若主官和幕友疏于政务，就算政事简单也会头绪杂乱，让人劳神费心。

汪辉祖在《佐治药言》中说："古云勤能补拙，又曰业精于勤，故才钝而勤，则于事无滞；才捷而勤，则所为必工，以孔子大圣犹敏于事，幕客学识有限，其敢怠忽乎哉？"

才能平平的勤快人，同样可以把事情处理得井井有条，假如才思敏捷而做事勤快，更是可以建大功、成大业。师爷的学问另说，最重要的是保持一个"勤"字，否则，就办理不好幕主的事务。

汪辉祖认为，怠政的危害比贪污和酷刑还严重。他对这种官场恶习非常痛恨，始终在自己的著述中倡导勤政作风。

怎样才能成为得民心的称职好官？对此汪辉祖在《佐治药言》中总结了四字口诀——"清、勤、慈、惠"，其中"勤"是根本中的根本。

勤政不光是为政品德问题，也是避免司法工作混乱的重要保障。汪辉祖说："兢兢焉，守绝一尘矣，而晏起昼寝，以至示期常改，审案不结，判稿迟留，批词濡滞，前后左右之人，皆足招摇滋事，势必不清，何慎之有？"

刑名师爷执掌刑狱，轻则涉及经济损失，重则关乎人命安危。有些官衙因为懒于政事，常常修改公示日期，审案也不及时结案，判词也不及时宣读，这就让那些试图钻法律空子左右案情的人有了活动的空间，司法不公现象也由此产生。因此，汪辉祖把勤政看作是衡量官吏是否称职的首要标准，在他看来，唯有勤勉做事之人，才能真正处置好政务。

历史上对官员的考核标准有很多，但归根到底，不离"才、德"二字。其中"德"主要指为官廉洁不贪，有忠孝操行。在儒家以德治为主旋律的思想中，清官就是好官，无论其政绩是否突出，办事是否快捷，都会被提拔升迁。

汪辉祖阅官无数，也曾接触过官品廉洁却处置不好政务的"好官"。这些"好官"未必真的毫无能力，只不过他们和大清朝多数官员一样，不得不依赖师爷和胥吏来办公，当个只会盖章的"甩手掌柜"。这样的"好官"看上去是"无为而治"，实际上却完全失去了对下属的控制，给师爷和胥吏创造了营私舞弊的条件。到头来，下属的不法之举被查出来，"好官"也被连带问责，那就连"盖章"的工作都没得做了。

如何避免这个教训？汪辉祖认为，关键还是在于一个"勤"字。做官应当自己的事情自己做，不要老是假手于人。

《学治臆说》中有言："事无巨细，权操在手，则人为我用。若胸无成见，听人主张，将用亲而亲官，用友而友官，用长随吏役，而长随吏役无一非官。人人有权，即人人做官，势必尾大不掉，官如傀儡。稍加约束，人转难堪，甚有挟其短长者矣。国人知有穰侯、华阳，而不知有王，速败之道也。故曰：官须自做。"

汪辉祖主张主官要牢牢把握决定权，否则，反而会被他人操控。假如胸无一策，事事听人主张，肯定会沦为他人的傀儡。为了避免主客颠倒，主官应当亲自操办政务。自己勤于政事，则胥吏百弊自然消除。

勤政并不是一件容易做到的事。清朝官场有很多繁文缛节，迎送应酬之事极多，大大干扰了衙门的日常工作。汪辉祖素来洁身自好，不参加这种与公务无关的活动。但主官出于种种原因，不得不为此分心。汪辉祖从幕期间常常劝主官应酬从简，提高办事效率，而他自己做官时，也主动申请在"简僻地区"工作，因为那种穷乡僻壤少有迎送应酬，更利于专心尽职。

无论是做师爷还是做县令，汪辉祖都兢兢业业，因为他很清楚，勤政不光影响政绩考核，还关系官吏乃至朝廷的政治信用。

《佐治药言》中有这样的言论："官能予人以信，人自帖服。吾辈佐官，须先要之于信。凡批发呈状，示审词讼，其日期早晚，俱有定准，则人可依期伺候，无废时失业之虑。期之速者，必致与人之诵，即克日稍缓，亦可不生怨言。第欲官能守信，必先幕不失信。盖官苟失信，幕可力尽。幕自失信，官或乐从。官之公事甚繁，偶尔偷安，便逾期刻，全在幕友随时劝勉。至于幕友不能克期，而官且援为口实，则它之不信，咎半在幕也。"

官员想得到治下百姓拥戴，就必须示人以诚。例如战国政治家商鞅为了推行变法，先徙木立信，方赢得了秦国百姓的支持。佐官为治的师爷，同样要树立起自己的政治信用。

刑名师爷审批法律公文与宣示讼词，都要遵循一个固定的日期，这样才能让人根据日期来办公。若能提前完成工作，自然能得到称颂，假如因故进展稍缓，只要合理说明情况，也不致招来埋怨。

汪辉祖认为，想要保护主官的政治信用，幕友自己首先要诚信做事。幕友讲究诚信，即便是主官失信了，也可以凭借自己的智慧力挽狂澜；假如幕友自己不讲信用，那么主官恐怕也不会在乎自己的信誉，因公务繁重难免心生倦怠，忍不住偶尔偷闲。官府上下这一松懈必定会导致公务逾期，引发一连串的不良反应。所以汪辉祖强调，幕友不仅要随时劝勉自己的幕主勤勉施政，更切忌连自己都荒疏懈怠。

比起官府失信，怠政对百姓的杀伤力更是巨大。特别是对不幸遭遇饥荒的灾民。

当时各地灾害频发，开仓赈济是各官府工作的重中之重。但懒散惯了的官吏们，往往延续着平时的怠惰恶习，公布开赈日期后又经常改动，搞得民怨沸腾。

汪辉祖对这种做法提出了尖锐批评："开赈既示日期，饥人四面将至，万不可改，致误民命。如示期本迟，而欲改早者，愈早愈妙。"

吃赈灾粮是饥民们唯一的生存希望。一旦得知开仓日期，四面八方的饥民都会聚集到官府。到那时候官府再说变更日期，只怕会生出民乱。所以，官府一旦贴出告示，万万不可再改动。假如实在要改的话，越早越好，不要等事到临头再改。这种人命关天的事，任何一个环节都不能拖沓。

总之，官员或幕友必须勤于政事，连勤政都做不到的人，不是称职的大清官吏。

七. 宾主各有本分

师爷并非幕主可以呼来喝去的附庸，而是幕主的佐臣与师友，双方的关系更接近战略合作伙伴。因此，师爷在幕府的地位很高，几乎可以说是仅次于幕主的第二号实权人物。

汪辉祖脾气比较硬，敢于据理力争驳回幕主的决定，甚至主张"就馆宜慎，不合则去"。在他看来，师友与幕主的人格是完全平等的。但与此同时，汪辉祖也特别强调对待幕主要恭敬，不能简慢忘形，事上也有正道可循。

汪辉祖以刚直著称，却也深知圆通处世的必要性，他说："获上是治民第一义，非承奉诡随之谓也。为下有分，恃才则傲，固宠则谄，皆取咎之道。"

与上司搞好关系，是打通职场的基本原则。官大一级压死人，没有上级的支持，为官治民寸步难行。但"获上"并不等于要阿谀奉承幕主，因为那样的话，还不如"不合而去"。汪辉祖的"为下有分"学说，讲究一个中庸之道。从幕之人既不能恃才傲物，当处处得罪人的刺头，也不能为了邀宠而谄媚无度，这两种做法都不会有好下场。

那正确的态度是什么呢？汪辉祖认为幕友佐治幕主应该注意以下几个方面：

其一，取信于上，以朴实自居，以诚信对待幕主。

如何在不拍马屁不行贿的前提下取得上司的信任呢？汪辉祖的答案是朴实做人，诚信做事，总之是不要欺瞒上司就对了。

汪辉祖的《学治续说》中有言："天下无受欺者，矧在上官，一言不实，为上官所疑。动辄得咎，无一而可。故遇事有难为及案多牵窒，宜积诚沥悃陈禀上官，自获周行之示。若诳语支吾，未有不获谴者。苍猾之名，宦途大忌。"

汪辉祖的这段话颇耐人寻味。当时许多胥吏和师爷一边拍马屁来博得上司的好感，一边瞒着上司做不法之事。正直的吏员往往被疏远，得不到上司的器重。然而，在这种劣币驱逐良币现象极为普遍的情况下，汪辉祖依然坚持"苍猾之名，宦途大忌"的观点。此举不单需要坚持正义的勇气，还需要洞察官场兴衰的智慧。

按照大清的体制，文化素质较低的胥吏，没有什么晋升空间，但文化水平较高的师爷，可以通过科举考试来争取正式做官的机会，也可以辅佐更高级别的官员，仕途出路还是比较广阔的。

师爷久经官场，熟悉政务，人脉广阔，就算科考不第，也会收到各地总督、巡抚等大官的聘书，但前提是其在幕业的口碑较佳。若是师爷欺骗幕主、中饱私囊，在业内落下了恶名，那么就不会再有官员愿意做冤大头了。

其二，直而不肆。向幕主请示时，态度应当不卑不亢，措辞也要注意方式方法。

师爷主要是通过献计献策的方式来佐治幕主，其中的关键在于能让对方采纳意见。两千余年前的战国法家学者韩非子曾经写过一篇《说难》，把游说主君的种种阻碍剖析得明白如画。"习法家言"的汪辉祖自然明白此中道理。他一生辅佐过十六位幕主，每位幕主的性格与价值观各不相同，对如何说服幕主，他有一套完善的对策。

汪辉祖的《梦痕录余》中有言："上官躁静不同，宽严亦异，要之理无不明，莫难于事。非笔墨可申，不得不为面请者，宜预先积诚，将案情委曲筹定，然后据实面陈。理直则气壮，气壮则辞达，必能动听。上官变色厉声，更当从容辩说，力期自伸其理，断不可游移唯诺，转为上官所轻，事致掣肘。遇委审事，尤不宜先请宪示，以致委蛇绌法。"

幕主的性格千差万别：有的急躁，有的安静，有的宽厚，有的严苛。所以幕友必须针对幕主的性格作风来选择合适的进言方式。但不管怎样，汪辉祖始终坚持三个原则：

一是据实禀报案情原委，以理法为凭据。因为道理硬正、有法可依，进言才能底气十足。底气十足，不恐不慌，才能把问题解释清楚，让幕主信服。

二是遇上幕主勃然大怒时，必须从容辩解，据理力争，不能胆怯游移，否则，幕主会看轻幕友的水平，不仅不听从其合理意见，还可能在日后的工作中暗暗掣肘。

三是遇到案件，不宜先请示幕主。倒不是汪辉祖恃才托大，而是审案治狱贵在公平，如果先请示幕主，自己断案时难免会受其私人意见干扰。因此，汪辉祖基本上是处理好案情后再向幕主汇报。

汪辉祖的进言之道已达内方外圆之境界，既能说服上司采纳，又不违背律法良心，也不让宾主之间产生龃龉。

其三，稳重立身，做事本分。

在今天，职场更推崇"会来事"的人。"会来事"意味着八面玲珑，善于投人所好，搞好人际关系，这类人特别能讨上司的欢心。而那些不会"来事"的勤勤恳恳工作的老黄牛型部下，大多被埋没终身，没有出人头地的机会。其实在汪辉祖所处的时代，官场流行的价值观也与此差不多，可是，汪辉祖却依然坚持走自己的道路，不迎合这种世俗观念。

汪辉祖在《学治臆说》中说："向稳处立身，办本分之事，用亦可，不用亦可，舍己徇人，断断不可。"

稳重为人，本分做事，保持自己的本色，这是汪辉祖在官场立身的信条，他极力反对那种"会来事"者舍弃自己本色迎合上司喜好的做法。

在寻常的幕友和胥吏看来，巴结上司是牟取更多利益的绿色通道，为了赢得上司青睐，放弃自我以迎合对方心意是必需手段。他们实际上已经把自己视为官员的附庸。汪辉祖的处世观则与他们不同。他从事幕业，一方面是为了"以幕养学"，另一方面也是为了辅佐幕主推行善政。他从来没把自己当成谁家的奴才，也从不认为幕主的人格比自己高一等。

这种自我定位的差异，决定了汪辉祖不可能一味巴结上司。用我也可，不用我也可。尊重我，愿意听我的计策，我就留下；不尊重我，不肯听从我的计策，我就离开。合则留，不合而去，问心无愧，本分为人。

其四，虚心为上，不贪功诿过，不恃宠而骄。

老话说得好："智者千虑，必有一失；愚者千虑，必有一得。"汪辉祖身为大清第一名幕，智慧不可谓不超群，然而，他却从不恃才倨傲。幕友的智慧不一定比主官优秀，但主官身在其位，考虑的利害问题很复杂，所以决策时不免会产生动摇。幕友（特别是刑名师爷）佐治以理法为立足点，不会被形势舆论扰乱心神，可以避免当局者迷的弊端。只有明确自己的职责所在，摆正自己的姿态，才能做一个优秀的佐治之人。

需要注意的是，虚心做人不是说什么时候都要退在人后，遇到当为之事时应当敢于挺身而出。虚心待事之人，不贪功诿过，不恃宠而骄。贪功诿过是责任心不强，恃宠而骄是修为太差，这两种不良风气都会影响师爷的佐幕工作。汪辉祖久经宦海，看过太多贪功诿过的胥吏与恃宠而骄的幕友，也听闻过不少主官被部下连带追责的情况，故而特意以此提醒后人。

其五，公私分明，公事不辞辛苦，私人尤不可为。

汪辉祖在《佐治药言》中说："幕客以力自食。名为佣书，日夕区书，皆吏胥之事。可官声之美恶系焉，民生之利害资焉，非与官民仅有宿缗，缀不可久居此席者。自视不可过高，高则气质用事，亦不可过卑，则休戚无关。一幕客耳，而曰，官声之美恶系焉，民生之利害资焉，居其位者，不为不重。抑思所系所资无非地方，敢掉以轻心乎？"

主官的政绩和名声好坏，州县的民生利害状况，不仅仅与官民自身有关，也与佐治主官的幕友脱离不了干系。汪辉祖认为，幕友虽然不是在编的正式官吏，但实际上居于施政治民的主要位置，责任重大，不可掉以轻心。因此，为幕佐治，不能自恃过高，也不能过于谦卑。自恃过高者刚愎自用，容易意气用事，到头来上折主官声威，下损百姓利益；而过于谦卑者起不到应有的佐治作用，会沦为吃闲饭的无用之辈。

那应该怎么做才好呢？汪辉祖认为关键在于公私分明。

汪辉祖在《学治臆说》中说："服官之义，唯上所使。上官以公事见委，艰苦皆不可辞，使我以私，必当自远。不特私事也，名为公事而行私意于其闲，一有迎合便失本心。为之愈熟，委之愈坚，其势必至丧检敧法。此当于受知之初，矢以朴诚，不知有私，惟知有公。上官以为不达权宜，便是立身高处。"

师爷作为幕主的心腹属员，应当为上司分忧。但要注意区分公事私事。上司交代的公事，无论多么艰辛困苦都要义不容辞地完成，可要是上司交办的是私人之事，师爷最好远远地回避。

总而言之，汪辉祖的事上之道讲究个不卑不亢，恪守本分，公私分明，该担负的职责不松懈，该回绝的事必须回绝。这不仅是为了保全自己的声誉，也是在替幕主着想。正因为汪辉祖办事干练、为人本分，在官场上留下了极好的口碑，所以他每次去馆离职都会收到各地官员的聘书。

第三章

刚柔并济达而不过

——官场沉浮的中庸之道

刚柔并济，不徒恃其勇

喜功躁进难立身

达而不过，为人做事当恰如其分

进退不可游移

沉浮皆安命，去馆勿使人指摘

中国传统文化的主干是儒家、道家、佛家，这三家本色都是偏柔的，哪怕是最强调积极入世的儒家，也以温良恭俭让的谦谦君子为理想人格模板。虽然"柔弱胜刚强"的理念可以说已经深入世人的骨髓，但毕竟人的性格千差万别，有的柔软过分而沦为懦弱，有的则暴躁无度控制不住刚戾的脾气。于是乎，先贤提出了中庸之道，以此作为人们为人处世的理想境界。

"中庸"是一个被长期误解的词。在这个竞争激烈的年代，人们最怕的就是表现平庸、碌碌无为。"中庸"被不少喜欢望文生义的职场讲师解读为保守、胆小、缺乏进取心、甘于平庸，但其真正的含义其实是为人做事不走极端，不背离情理法律，"执其两端而用中"。

在《中庸》中就提到了孔子的一段言论："君子中庸，小人反中庸。君子之中庸也，君子而时中；小人之反中庸也，小人而无忌惮也。"

君子因为恪守中庸之道，所以为人处世总能合乎分寸，刚柔相济，进退有节。而小人不在乎中庸之道，说话行事不知忌惮，容易失礼失节。

纯刚纯柔都不是中庸。尽管前人主张"贵柔"，却并不是让你放弃阳刚的品质。作风太刚硬则容易被折断，作风太柔弱则担负不起大事，刚柔并济才是王道，才符合过犹不及的中庸之道。举凡那些成大功立大业的伟人，无不具备刚柔并济的特质。遗憾的是，大部分伟人最终会偏离中庸之道，落得个晚景凄凉。正如《诗经》所言："靡不有初，鲜克有终。"

从汉唐到明清，中国人的国民性格越来越阴柔化，坚强不屈的阳刚本色几乎被委曲求全的处世哲学全面取代。在这种环境下，秉性正直的汪辉祖也不得不面临"逆淘汰"的风险，是屈从幕业陋习以换取官场前途，还是宁折不弯地坚持自己的本色？汪辉祖给出的答案是，遵循刚柔并济的中庸之道。

一. 刚柔并济，不徒恃其勇

受道家老子的影响，古代中国人大多以谦柔处下为做人的至高境界，但过分阴柔反而会失去做人的原则性。绍兴师爷给人们的刻板印象往往是圆滑狡黠，唯利是图，不讲究什么原则性。按照中国传统文化的主流观念，这是一种具有缺陷的人格，而刚柔并济才是理想人格。这也正是汪辉祖一生中不断追求的为人之道。

《学治臆说》中有言："立身制事，自有一定之理。催人是倚，势必苟同；以己为是，势必苟异。苟同者不免苟异。苟同者不免党随，苟异者必致过正。每两失之。惟酌于理所当然而不存人己之见，则无所处而不当。故可与君子同功，亦不妨为小人分谤。"

显然，这段话是从如何对待他人意见的角度来论述中庸之道的。

立身和做事都应该遵循"一定之理"，即通行于社会的某些基本原则。假如处处倚仗他人，就会犯"苟同"的错误，不分是非地附和他人主张；假如自以为是，则会犯"苟异"的错误，一味盲目反对他人观点，陷入矫枉过正的误区。

"苟同"和"苟异"都不是君子所为。汪辉祖认为，应该根据"一定之理"来斟酌世事，不该心存任何个人偏见，这样方能妥当地处理问题。

此外，为了更好地贯彻中庸之道，我们一方面要与君子共同享受功业荣耀，另一方面也不妨替小人分担少许诽谤。这样一来，既能保持自己的人格的独立性，又不至于显得过于孤傲，遭人嫉恨。

从整体上说，唐以前的官吏处事作风倾向于积极进取，为人本色以阳刚为主，阴柔为辅。宋代官吏的处事作风偏保守，为人本色的阴柔成分加重，但不乏阳刚的一面。待到清朝官吏，不仅处事作风偏保守，为人本色往往也过于阴柔。他们大多采取"苟同"的态度，不主张直言进谏。当然也有人故作"苟异"的姿态，以炫耀自己的与众不同。这些态度实际上偏离了中庸的本意。尽管大环境如此，但也有若干名臣良吏能做到刚柔并济，该谦柔时谦柔，该据理力争时据理力争。

在清朝名臣中，雍正时期的文华殿大学士兼军机大臣尹继善就是一位罕见的能吏。他的执政阅历极其丰富，在每一个岗位上都留下了善名，这与他刚柔并济的作风是分不开的。

尹继善刚过30岁就升迁为江苏巡抚，仕途可谓平步青云。但他却没有得意忘形，反而更加谦卑为怀，恪尽职守。尽管尹继善平素为人和蔼且办事练达，但在关键时刻又刚毅果决、坚定不移。

雍正皇帝曾下令决开江南的河坝，时任江南河道的尹继善认为这个决定不合理，而此时恰逢浙江总督李卫路过此地，要求尹继善奉命行事。李卫以勇于任事著称，主持过不少海塘修筑工程，深得雍正的信赖，他已向皇帝奏明此事可行。在这种情况下，一般人会放弃争论——反正出了问题也是按上司的错误命令办事，责任不算重——但尹继善却直接上书说李卫不懂河务，反复强调决开河坝的意见不靠谱。

这个举动可把尹继善的幕僚们给吓坏了——雍正皇帝以执法严厉、反腐坚决闻名于史，而李卫认准的事情就算是亲王反对都不买账。先是顶撞皇帝的亲信，又与皇帝争论，幕僚们都认为尹大人这次凶多吉少，甚至有人给自己悄悄找退路。

谁知雍正看完奏章后龙颜大悦，认为尹继善的意见很中肯，不仅采纳其谏言，还加封其为太子太保。说到底，雍正皇帝最反感贪官和庸吏，像尹继善这样廉洁奉公、实事求是、敢说真话的人，恰恰是他最欣赏的类型。就这样，平素谦柔待人的尹继善，凭借自己刚直果决的一面赢得了上司的青睐。

汪辉祖是明清师爷中罕见的脾气耿直之人。他在孝丰县民蒋氏行舟被劫案中发现了许多疑点，查明真相后，他力主为嫌犯盛大开脱死罪。这个意见在县衙引起轩然大波。众幕友和胥吏表示强烈反对，但汪辉祖顶住压力，坚持己见，再加上县令刘国煊的鼎力支持，终于使此案的正凶在两年后落网。

时人称汪辉祖为"汪七驳"，在调侃之余也不乏三分敬意。假如只有耿直强硬的话，汪辉祖在崇尚阴柔生存哲学的大清官场也不至于走那么远。无论为人如何刚正不阿，他在处置公务时都注意发扬弹性的一面。

汪辉祖的《佐治药言》中有这样的言论："谚云：一人之谋不敌两人之智。如以事非切己，坐视其失，而不置一词。或以己所专司不容旁人更参一解，皆非敬公之义也。特舍己从人，其权在我。而以局外之人效千虑之得，则或宜委婉或宜径直，须视当局者之性情而善用之。否则贤智先人，转易激成乖剌耳。此是忠告善道之法。人情喜曲恶直，总以委婉为佳。"

办事勿分畛域，说的是尽心尽责，不要搞本位主义的小圈子。虽然在衙门里大家分工不同，但对于外界来说都是公门中人，推诿责任、踢球扯皮的思想不要有，应当把官事都看作自己的事，该出手时就出手，该发声时就发声。

双拳难敌四手，一人的谋略再高也比不过两人协作的智慧。当时的官场陋习是"事不关己，高高挂起"，本职岗位之外的事，看着别人有过失也不置一词；而自己负责的事情，却不允许其他人插嘴，拒绝听从任何谏言。

在汪辉祖看来，这都不是敬重公事的态度。他对此有两点建议：其一，别人进言时，我们当以公心对待，择善而从，闻过而改；其二，自己办事时要超越畛域之见，该提醒的就不要闭嘴。同时，汪辉祖还特别强调，给人忠告的方式要根据对方的性格作风来进行：如果对方虚怀若谷，不妨直言快语、当头棒喝；假如对方脾气较大，不太听得进逆耳忠言，那就用委婉的语气巧妙谏之。喜欢委婉讨厌直肆是人之常情，因此，总体而言，提意见还是委婉一些比较妥当。

汪辉祖不仅在献计进言时注意刚柔并济，坚持原则性与灵活性的统一，在施政方面，他也主张不要太过刚硬，不要徒恃其勇。特别是对于喜欢出风头的人，汪辉祖并不赞成他们搞"新官上任三把火"式的"新政"。

汪辉祖在《学治臆说》中说："今人才识每每不若前人，前人所定章程总非率尔，不能深求其故，任意更张，则计划未周，必致隐贻后累。故旧制不可轻改。"

在汪辉祖看来，当时的人不如前人有才学见识。前人制定的一系列章程制度都是经过深思熟虑的，那些随随便便抛弃旧法的人，根本没有仔细探究前人创制的动机与原因。他们随意删改成熟的制度政策，却又不能提供周密详尽的计划，到头来，会给后来者留下新的隐患和弊端。因此，汪辉祖主张"旧制不可轻改"。

这番论调看似迂腐，实际上也切合当时的弊政。

尽管清代在鸦片战争以前既封闭又保守，举国上下的创新能力极度弱化，但地方官吏总想弄出点新花样来显示自己的能力，他们常常推翻前一代的政策，自己另搞一套玩法。拍脑袋决策容易，但让政府各部门与社会各界贯彻落实领导的"新思路"就复杂多了。再加上清朝地方官经常调来调去，各地缺乏一个长期稳定的发展战略，治理别提有多混乱了。这就是徒恃其勇乱作为导致的恶果。

汪辉祖佐治多年，熟知此弊害民颇深，故而主张以中庸之道老成谋国。

在《幕学举要》中有这样的说法："恃才敢作或以权术驭人者，有得亦不能无失。惟勤慎供职，事上接下，圆和坦白，不矜才炫能，方是颠扑不破。"

恃才放旷者不合群，容易得罪他人；以权术驾驭他人者，用心不诚，缺乏信用。这两种人也许可以做出一些政绩来，但不可避免会有过失。因此，汪辉祖取中道，凭借真才实学立身，但不摆出孤傲的姿态，也不以权术之心斡旋。对上对下，他都讲究个圆融平和、坦诚正直。

勤勉谨慎，内方外圆，以才立身而不以才自夸，方能颠扑不破，不仅能在官场平稳度日，而且终将得到上司的赏识。

二. 喜功躁进难立身

无论在哪个时代，"人往高处走"都是世人普遍的共识，特别是入仕的读书人，更加致力于获得光明的前途。按照清朝的官僚制度，胥吏是没有什么发展空间的，一辈子都不会被提拔；而师爷是主官聘用的私人助理，没有朝廷的正式编制，兴衰荣辱都得看主官的仕途命运如何。至于像汪辉祖这样"以幕养学"的"自考生"，已经在官场颇有好名声，只要能通过科考，就有希望得到众多高级官员的提点，前途无量。

单就被众多官员甚至大学士器重这一点来看，许多喜好攀附钻营的师爷或官吏，甚至都难以达到汪辉祖的成就。这倒不是说汪辉祖的奉承水平更高，恰恰相反，他那种不骄不躁的立身之道，是提高个人魅力指数的关键。

喜功躁进不是好作风，不仅容易犯错，也容易被人利用。汪辉祖对此洞若观火。

汪辉祖在《学治臆说》中说："且为上官者皆有知人之明，不强人以所难也。我不希恩，彼岂漫予之恩。以恩为饵，大率躁进者自取之。上官既投其所好，而欲拂上官之性，是谓无良。况由此而进，必无退理。凡所云云仍为安分者言之也。"

上级官员大多是有知人之明的。他们对属下的性格与能力都十分了解，不会强人所难地逼幕僚去做力有不逮的事。假如你不指望顶头上司给予恩惠，那么上司也不会吃饱了没事干去百般施恩于你。

官场是口大染缸，不少作风不正的主官都会设法把官场菜鸟拉下水，那些喜功躁进急于往上爬的人，就是他们收买的对象。既然上司满足了他们想要的东西，那么属吏办事也不敢违抗上司的私意，双方心照不宣打法律的擦边球，这大概就是人之天性吧！然而，以这种办法升迁的人，必定无法从官场上全身而退。

汪辉祖的这一番絮叨，无非是想告诫官员和幕友要洁身自好、安分守己、不要急功近利，否则会被不法官员一点一点带到沟里，一失足成千古恨。

喜功躁进的另一大坏处，就是可能制造重大事故，进而被朝廷查办，落得官丢身败的下场。

汪辉祖在《学治臆说》中说："纵不躁进，而有喜功之念，亦非所以自立。身膺民社，皆见过之，端无见功之处；克尽厥职分也，偶叨上官赞誉，扬扬得意，必将遇事求功，长坂之驰，终虞衔橛。"

有些官吏可能做人并不算太躁进，但内心充满了功业焦虑，总想做一番惊天动地的宏伟大业。拥有这种好大喜功心态的人，也很难在波诡云谲的官场中立身处世。

自古以来，"好大喜功"就不是一个好词。秦始皇好大喜功，秦朝二世而亡；汉武帝好大喜功，国家财力空虚；隋炀帝好大喜功，结果逼出了十八路反王……由于惨痛教训过多，"好大喜功"在中国传统文化的语境中和"面子工程"差不多是一个意思。古人抨击这种行为并不是反对人们建功立业治国平天下，而是主张量力而为，不要做超出民众承受能力的事。

汪辉祖认为，做官员的人身上担负着百姓的身家性命，应当保持惕厉自省的作风，经常检查自己施政有没有过失，而不能老是吹嘘自己的功劳。

这个主张是儒家修身之道在执政层次上的延伸。科举从《四书五经》中出题，就是为了让读书人树立儒家的三观，通过不断修身把自己塑造成正派君子，这样才配做吏民表率。官吏身在其位，就应当以恪尽职守为本分，做了好事也没必要为此沾沾自喜（这是他们该做的）。那些上司偶尔表扬一下就洋洋得意的人，遇到事情必然立功心切，到头来欲速而不达，反而有一朝倾覆的危险。

读书人初入政界，免不了有理想主义过剩的心态。他们会按照自己的想法推行新政，试图废除各种陋规，殊不知，这恰恰可能犯了喜功躁进的错误。

汪辉祖曾在《学治臆说》中指出："裁陋规，美举也。然官中公事廉俸所入，容有不敷支给之处。是以因俗制宜，取赢应用忽予汰革，目前自获廉名，迨用无所出，势复取给于民，且有变本而加厉者，长贪风开讼寡害将滋甚极之。陋规不能再复而公事棘手不自爱者，因之百方扣克，奸宄从而藉端，善良转难乐业。是谁之过欤？陋规之目，各处不同，唯吏役所供，万无受理，他若平余津贴之类，可就各地方情形斟酌调剂，去其太甚而已，不宜轻言革除。至署篆之员，详革陋规，是谓慷他人之慨心不可问，君子耻之。"

革除陈规陋习不好吗？这当然是一件很美好的善举，可是汪辉祖从幕之后却发现了陋规产生的根源——地方官府普遍存在财政困难。

清朝的赋税制度不够合理，正常的财税来源不足以支持府库，官吏的俸禄也很低。清朝体制不太重视组织生产建设，基本上是个收税机器，地方官想要做点事业，不容易申请到朝廷拨款，更多时候是借助地方乡绅富户的财力，这就产生了种种腐败现象与陈规陋习。与其说是人心贪婪导致了腐败陋习，不如说是财政"差钱"问题迫使地方官署不得不巧立名目来增加灰色收入，否则，他们就难以维持日常运作。再加上缺乏严格的监督机制，腐败陋习自然难以根治。

汪辉祖考虑到各种财政收入可能不够维持财政支出，所以，他主张要针对不同情况来采取相应的措施，反对一上来就急吼吼地一棍子打死。假如一阵风地淘汰陋规，主事者虽然暂时能获得一个清官的好名声，但等到费用支出越来越多，财政无力支付的时候，只能对老百姓加强搜刮，这就形成了新的赋税名目，反而进一步加重了百姓的负担。这样一来，官吏们就能从中牟取私利，诉讼的口子也会被打开，比废除陋规前的危害更大。更糟糕的是，官府取足财政收入后，新立的名目会继续保留下来，长此以往，赋敛积重难返。这就是明末思想家黄宗羲批判的"暴税"现象。

当然，汪辉祖并非替陋规辩护。他也主张废除那些极其可恶、害民甚深的陋规，只是这种除旧布新的公事非常难办：某些不自爱的人，可能趁机刁难攻讦；狡猾之徒也顺势浑水摸鱼；守法良民反而深受其害，不能安居乐业。倘若事情演变成这种状况，到底是陋规之错，还是盲目废除陋规之过，这就不好说了。

光批评不建设，不是汪辉祖的处世之道。他最后提出了自己的除弊思路——分类处理，谨慎裁除。

各地区的陈规陋习是不同的，其产生的根源也各异。应该在调查研究之后再做取舍。不过，有一个项目千万千万不要去触动——那就是吏役的俸禄薪水！按照清朝体制，胥吏永远没有上升的空间，永远拿着微薄的俸禄，永远要承担最多的工作。他们心里不平衡，故而滥用手中的事权牟取私利。可以说，清朝吏治腐败问题至少有一半与胥吏有关。假如触动他们的俸禄薪水，势必会导致其变本加厉地搜刮百姓，同时也可能设计报复主官。因此，汪辉祖主张参考全国各地的具体情况向吏役发放津贴之类的补助，但不要削减他们的薪水。

那些太过离谱的陋规应该果断抛弃，但剩下的就不宜随意全部革除。至于某些官员要求革除全部陋规，实际上是慷他人之慨，为自己沽名钓誉，其用心并非真正为民着想。故而汪辉祖不耻于这种喜功躁进博取清誉的做法。

三. 达而不过，为人做事当恰如其分

中庸之道，贵在分寸，不可不及，也不可太过。在古人眼中，圆通练达，一言一行恰如其分，不超出规矩和事理，这才是士人君子应有的境界。

俗话说得好，做人留一线，日后好见面。特别是公门中人执政理民，在不违反法律的前提下，不要把事情做得太绝。汪辉祖相信因果报应与鬼神之说，虽然担任刑名幕友多年，却又始终认为做这一行是损阴德的事。他担心假如办案用刑太严酷，做事过于辣手，会更加损害阴德，必遭鬼神降下的横祸。

汪辉祖这种处世观念，在很大程度上是受小时候亲历的一件事影响。他还特意把此事写入了《续佐治药言》。

与汪辉祖同村的丁君曾经在河南做事业。此人为制府田公所赏识。游幕十余年来，下重礼聘请他的人充满了庭院。汪辉祖十岁那年，丁君回归故里，拜访了汪辉祖的祖父。

汪老太爷问丁君为何能得到这样高的名气，丁君便列举了几件自己办成的

事。那时汪辉祖还是不懂事的幼童，无法理解这些事的意义，也忘了具体是什么事，但他清楚地记得祖父大人当时问丁君道："您这样处置是不是有点太过狠辣了？"丁君回答："假如我不这样辣手，那些事情就不容易解决了。"

丁君告辞后，汪辉祖的母亲端茶进来，汪老太爷对她说道："刚才听到丁某人的话了吗？虽然他有很多钱财，但是不值得我们羡慕。他行事手段太过毒辣残忍，人一旦手段残忍，行事就会变得刻薄寡恩，如此一来，恐怕造下了不少罪孽。这样的人难道能富贵持久吗？"

接着，汪老太爷又摸着汪辉祖的头问道："你清楚了其中道理没有？"

幼年的汪辉祖回答道："清楚了！"

汪老太爷点头："清楚就好。"

果然不出汪老太爷所料，还没过多久，丁君就死在了外出的路上。他的儿子当时只有十五六岁，却沾染上了酗酒和赌博的恶习，才短短六七年时间，丁君积蓄的万贯家业便被儿子挥霍一空，他的老婆也死了。家道中落，其子便离家出走，到处游荡，最后不知所终。汪辉祖曾经在馆联中写道"辣手须防人不堪"，其中含义便是已故的汪老爷子给他的训示。做人留一线，不要太辣手，否则反而会折损自己的福报。

除了祖父的家训外，良师益友的影响也使得汪辉祖进一步树立了"达而不过"的处事准则。

他在《佐治药言》中写道："余尚在胡公幕中，初读律书时，惴惴焉，恐不能习幕是虑。友人骆君炳文，端方港练，独严事之。尝语余曰：以子之才之识，为人佐治，所谓儒学医菜作齐者，非不能之患，正恐太能耳。余请其故，曰：衙门中事，可结便结。情节之无大关系者，不必深求。往往恃其明察，一丝不肯放过，则枝节横生，累人无已，是调已甚，圣贤之所戒也。余心识之，不敢忘。数十年来，觉受此语之益甚多。戒已甚不仅佐治宜然，处世待人成当取法。"

汪辉祖当初在胡文伯幕府中研习幕学时非常认真刻苦，总是担心自己学不好幕业技能。胡文伯的刑名师爷骆炳文为人端方，精明老练，精通幕府一切事务，与汪辉祖的交情很融洽，而汪辉祖也常常向他请教问题。

骆炳文见汪辉祖缺乏自信，便对他说："以你的才干与学识，不管是为人处事，还是佐治幕主，不管是当儒学、医师，还是学习种菜，都是绰绰有余。我不是担心你不能干，反而担心你太过能干了。"

汪辉祖听后忙问原因。骆炳文分析道："衙门里的公务，能了结的就了结掉，与案情关联不大的细节，就不要再去穷根究底了。有才华的人往往自恃聪明，不肯放过一丝一毫的细节问题，这就会让事情枝节横生，给他人带来无穷无尽的牵累。这样办事就是太过分了。圣贤也对此引以为鉴，十分谨慎。"

骆炳文的这段话与汪老太爷所说的大同小异，就是做人做事应当恰如其分，不要过火。刑名师爷负责侦办案件，久而久之会养成认真负责、计较细节的工作作风，对案情原委明察秋毫。但物极必反，人至察则无徒。有些官吏和幕僚办案过于苛察，抓住各种琐碎问题不放，结果把案情的波及面给扩大了，不仅增加了办公成本，还可能让涉案各方受到不必要的损失。勤快遭人怨，费力不讨好，说的就是这种情况。

良师益友的忠告让汪辉祖受益匪浅。他一直把骆炳文的这番话牢记于心，在数十年从政生涯中都注意"达而不过"的分寸。大是大非且人命关天的地方，汪辉祖不仅敢争，而且必争，务求公平执法，平冤昭雪；但对于那些无碍大局的细节，他就采取难得糊涂的态度，可结便结。

随着工作阅历的不断增长，汪辉祖对幕道的认识也越来越深刻。在他看来，从事幕业的一大原则就是中正平和。

汪辉祖在《佐治药言》中说："幕之为道，所贵持平，切忌才。矜才则气质用事，易入于僻。又患无才，无才则拘泥不通，多涉于暗，与僻俱不能为犯人着想则同，足以败事误人，而僻者尤甚。"

为幕之根本原则，贵在行事立论保持中正平和，不可以偏颇，更不该恃才傲物，眼高过顶。恃才倨傲之人，处置公务时就难免会意气用事，容易陷入褊狭险僻的误区。但与此同时，做师爷的又以缺乏才干为患事。因为缺乏才干，处置公务时就会拘泥不通，刚愎自用，不能做到权变通达，常常失之于暗昧无知。险僻之人和暗昧之人都不能为犯人设身处地着想，两种弊病都会败坏事情、耽误他人，但相比较而言，还是险僻这种缺点害人尤甚。

师爷是衙门工作的实际主持者，没有才能绝对不行——不然整个衙门都要乱成一锅粥。但有才能又刚愎自用的师爷，则无法满足幕业最重要的"持平"原则，容易犯前面所说的为人太苛察、做事太辣手的过失。

那应该怎样做才能实现"持平"呢？关键依然在于"达而不过，为人做事当恰如本分"这个准绳。

汪辉祖在《佐治药言》中指出："必也品节详明，德性坚定，事理通达，心气和平，方为全才，而实罕见。但闻者能进则明，僻者能退则正。进退之谓何？虚心与务学而已。"

想要避免险僻和暗昧无知这两种毛病，就必须让自己的人品和操守时刻保持光明正大，坚定不移地修炼高尚的道德情操，明白事理而通权达变，保持和平宁静的内心，这样才能做一个能力与品性俱佳的全才。当然，这样的全才十分罕见，绝非一般人能达到的水平。

不过，汪辉祖也表示并非没有改正这两种缺点的办法。暗昧无知者通过不断学习进取，就会明白事理；险僻而眼高过顶之人，若是能学会"退一步海阔天空"，就能向公正持平的境界靠近。

那么，这一进一退的操作诀窍又是什么呢？其实也不复杂。所谓的"退"就是虚怀若谷，认真听取他人的意见；所谓的"进"就是不断地努力学习，增长自己的知识和见闻。把这两个环节贯彻到底，就能逐渐达到中庸持平的境界。也唯有如此，才能让为人处世合乎事理、不逾规矩、顺应情俗，漂亮地处理好各种人与各种事。

四．进退不可游移

权位只是实现目标的手段，而非人生的终极目标，世上不知有多少读书人，因为记不住这一点而迷失了人生方向。他们汲汲于官禄权位，贪恋荣华富贵，为了这个意图而不择手段，贪赃枉法。然而，天网恢恢疏而不漏，这些人难逃国法制裁，最终必然会落得个身败名裂的下场。尽管如此，迷失于此道的读书人依然前赴后继。这让汪辉祖不由得感慨万分。

汪辉祖志向远大，却也非常务实。他考科举、做师爷，都是为了施政治民。虽说进入正式官员队伍是他的目标，但对于官位，汪辉祖看得很淡很轻。也正因为如此，他在做官之后几次放弃了升迁到经济发达地区的机会，即便是在被朝廷以迁延规避之罪革职后，他也心平气和地回到故里治学，全无半点戚戚之态。他的每一次抉择与其在著作中写下的经验总结如出一辙。

《学治臆说》中有言："仁而进，经也；不获已而思退，权也。志乎？进则尽职，以俟命。虽遇吹毛之求索，分不能辞。斩于退则知止而洁身。虽有破格之恩荣，义无可恋。故既明去就之界，当择一途自立。如游移不决，势必首鼠两端，进退失据。"

"学而优则仕"，有儒家祖师爷孔夫子金口玉言打底，儒门的徒子徒孙自然不会放弃进入仕途的努力。在奉行官本位的古代社会中，考取功名属于主流观念中最有上进心的职业生涯规划。而进入仕途后努力升迁，争取封侯拜相，也是大清朝全天下读书人梦寐以求的人生目标。尽管如此，大多数人却过不了科考的独木桥，跨不过官场的门槛，哪怕是跻身公门之人，也大多因种种掣肘而无法施展抱负，落得个心灰意冷，退意萌生的下场。然而在汪辉祖看来，退出官场也是权变之计。

你有入仕执政的坚定志向吗？有的话，那就积极进取、恪尽职守，一面不懈努力，一面耐心等待命运的转机，即使中途遭遇周围人吹毛求疵的指责，也要学会隐忍负重，不能放弃自己的职责。

士不可不弘毅，这就是读书人致力于建功立业的执着。自古以来，从基层小吏做到朝廷公卿的士人比比皆是，他们就是凭借这股坚忍不拔的意志，不断积累功劳，才终成大器的。

但人生有多条路，也不必绑死在从政一途。假如你的确对仕途升迁不抱任何希望了，那就要知道什么时候该停止脚步，保持洁身自好的优良习惯，选择恰当的机会急流勇退。如果选定了这条路，哪怕有一天遇到朝廷突然破格提拔这样的意外惊喜，你也应该对官场毫不留恋。

做人应当志向坚决。无论内心的真实愿望是哪一种，一旦明确自己将来何去何从，就要果断地走下去。假如你态度游移不定，迟迟定不了决心，势必会给周围人以首鼠两端的负面印象。届时，想前进也进不得，想撤退又退不出，最终只能陷入两难困境。

清朝雍正皇帝最赏识李卫、田文镜、鄂尔泰、尹继善四位大臣。这四位大臣中，田文镜能获得恩宠，就与绍兴师爷邬思道的襄助密不可分。

邬思道家里穷，腿有残疾，科考又不得意，故而以游幕为生。那年，时任河南巡抚的田文镜正在为一件棘手的案子头痛，听闻邬思道在河南开封府寓居，便聘请他入幕。在此之前，田文镜呈给刑部的案宗总是被批驳，经由邬思道草拟之后，公文则一举顺利通过。如此一来，为人苛刻的田文镜，尽管对部下都很傲慢，但唯独对邬师爷非常尊重。这使得邬思道也盘算着回报幕主的知遇之恩。

当时，雍正与权臣隆科多之间的矛盾越来越深，已经动了贬黜大学士隆科多的心思。邬思道对此洞若观火，成竹在胸。有一天，他问田文镜道："您是希望做扬眉吐气的督抚，还是做庸碌无为的督抚？"

田文镜自然想做前者。于是邬思道要求田文镜听任自己办一件要事，不可加以掣肘。田文镜问其缘故，邬思道神秘兮兮地说："我替你写了一份奏折。倘若这道奏折呈给皇上，您的大业便可成功。只是这份奏折，您一字也不许看。不知您信不信得过我？"

田文镜深知邬思道才智与胆识过人，便慨然应诺。

原来，雍正皇帝早想向隆科多发难，但苦无证据，而满朝文武畏惧隆科多的权势，也不敢揭发其不法之行。邬思道看准这个时机，把自己搜集的隆科多罪状写入奏折，以田文镜的名义上书皇帝。果然，雍正得到这份奏折后，当即将之交给六部核议，将权臣隆科多撤职监禁。田文镜也因此成为雍正的心腹宠臣之一。

把握时机，奋发进取，需要智慧与胆识。邬思道的大胆出击，完全符合汪辉祖幕道中的尽心原则和尽言原则，堪称幕业中的一个经典案例。但相比奋发上进，功成身退却更加困难。

汪辉祖在《学治臆说》中感叹道："进之难非难进之谓也。凭人力以求进，必好为其难，往往天不可以人胜，徒有失已之悔，此其故。难难言之。至退亦不易，则非及之者不能知也。不获乎上，万无退理。然遇上官宽仁体恤、转得引身以退，幸而获上重其品者，欲资为群僚矜式，爱其才者，欲藉为官事赞襄、责以匪懈之义，不可偷安，督以从公之分，不宜避事，病则疑为伪饰，老则恶其佯衰，感恩以恩縻之，惧威以威怀之，非平素无牵挂之处，必临事多瞻顾之虞。须客得官轻，立得身稳，方可决然舍去。嗟乎！是岂一朝一夕之故哉！"

为官之人都清楚，升上高位是很难的事情，但这并不是说士人一定做不了大官。凭着人为努力以求不断上进，这肯定是非常困难的。汪辉祖认为，人能当多大的官往往是由上天所决定的，富贵天命根本无法凭人力取胜，弄不好还会让自己反受其伤，徒留悔恨。

上进极难，退出也不易，没有做到那个位置的人，是无法明白其中苦恼的。假如上司不肯放行，你是没法从官场抽身的；倘若有幸遇见宽厚仁慈体恤部下的上司，那么你就有望从官场中引退。

上司不愿放行的原因很多，但总体原因都是因为爱才。有些人是因为品德高尚而被上司青睐，想以他作为众人学习的楷模；有些人是因为才能出众，上司想让他继续做自己的助手参谋，告诫他不可以松懈，不得躲避公事。这种情况也不是没发生过，所以古时候有些名臣能吏会以病老为由请求辞职。

不过，遇到铁了心要留人的上司时，称病也不一定能管用。他们会怀疑你是不是在假装生病，也讨厌你故作老态。为了挽留你，他们会绞尽脑汁：如果是对于那种懂得感恩的部下，上司就会施加恩惠予以挽留；如果是畏惧权威的部下，上司就会拿权势来吓唬他。可见，唯有平时就没有什么牵挂的人，才能妥善应付这些事情，否则，定然会生出诸多顾虑，导致自己无法全身而退。

总而言之，汪辉祖主张应当把做官这件事看轻看淡。一个人只有在官场中为人办事持重周全，才能在离开官场时决然无虑。只是，这样深厚的节操修为，又岂是一朝一夕就能达到的呢？

邬思道师爷为田文镜立下如此大功，名气甚至传到了雍正皇帝耳中。然而，当他与田文镜发生龃龉时，却又毅然离开，直到田文镜承认过错他才重新回来，尽心佐治直到幕主病逝。各地督抚得知田文镜去世后，纷纷下重金聘请这位连皇帝都在奏折上批示"朕安。邬师爷安否"的传奇幕友，但邬思道看淡名利，洒脱而去，不知所终。同为绍兴师爷的汪辉祖在被罢官之后能保持云淡风轻的心态，未尝不是受这位有个性的前辈的影响。

五. 沉浮皆安命，去馆勿使人指摘

自从汉代以来，儒家的积极入世精神与道家的逍遥出世精神就成为中国人精神世界中最重要的两大组成部分。后来佛家的轮回报应观念也极大地影响了人们的生命观。

民谚有云："一命二运三风水，四积阴德五读书。"也就是说，古人认为人一生的成就主要是看命和运。假如本身命不好，时运也不济，努力拼搏只能换得个问心无愧，而未必能有什么大成就。

在传统理念中，命是先天的，不可改变；运是后天的，通过努力可以改变。这种生命观念在汪辉祖心中同样根深蒂固，而且他也会找算命先生为自己预测运势。只不过，有些人为了改变运势不惜坠入邪道，而汪辉祖认为沉浮自有定数，做人应当安命。

汪辉祖在《学治臆说》中说："饮啄前定，况任牧民之职，百姓倚为休戚乎？不有宿缘，安能为治。缘尽则去，非可以人谋胜也。能者有迁调之势，而或以发扬见抑，庸者无迁调之才，而或以真朴极受知，且有甚获上而终蹉跌，甚不获上而荷携据者。谋而得，不谋而亦得，愈谋而愈不得，有定命焉。知其为命而勤勤焉，求尽其职，则得失皆可不计，即不幸而遇公过挂碍，可质天地，祖宗可见。寮友姻族不足悔也。"

汪辉祖认为世间之事，哪怕是一饮一啄的小事，早已命中注定，而治理一方、与乡民们休戚相关的地方官更是上天安排好的。按照佛家的轮回观念，若不存在前世修来的缘分，那些官吏也不会成为当地百姓的父母官。顺着这个思路，汪辉祖认为前世修来的缘分有多少，士子与官场的缘分也就有多少，一旦缘分已用尽，就免不了要离开官场。这是天命，绝非人为努力可以挽回的。

对于升贬之事，从幕多年的汪辉祖看得很开。

尽管每个朝廷都在标榜自己选贤用能，但实际操作中并不是这么回事。某些能力出众的干部本有升官的资格，却因锋芒太露而被论资排辈者故意打压不用；某些平庸无能之辈，看上去没有升迁的可能，却因做人诚实而被组织任用。更极端的情况也不是没有。比如某些人非常受上司器重，最终却一辈子未能升迁；还有的人原本极不受上司重视，最终反而得以擢升。

既然生死有命富贵在天，那么官运也是冥冥中自有定数。官运亨通之人，谋划也可升官，不谋划也能升官；而官运不佳者，则是谋划越多，反而越不能升官。按照古人的观点，这些看似没有规律的人生起伏都是命中注定，如同阎罗王的生死簿一样无法改动，只能顺应。

汪辉祖认为，既知官场沉浮都是命，那就不必浪费心思机关算尽，只须勤勉办公，忠于职守，得失什么的，就没必要去计较它了。假如自己的确没有太好的官运，不幸因为公事上的过失而失去了升官的资格，那也已经上对得起天地先人，下对得起同僚好友姻亲家属了。虽然人生有遗憾，但也没什么值得后悔的。

这听起来似乎很消极，有一种得过且过的味道。的确，光是"安命"的话，很可能变成混日子的借口，毕竟绝大多数人都不会为得不到回报的东西而勤劳地付出。不过话说回来，绝大多数人还是不会愿意轻易认命的。宿命论的最大问题就是，不到盖棺定论的最后一刻，怎知你此生到底该富贵还是该贫贱？努力奋斗可能平步青云，也可能一辈子上不去。但至少，这样可以"安心"，可以确定自己所谓的"宿命"是否靠谱，从而更能做到"安命"。

道家旷达之风，多用在人们功成身退或无奈撤离之时，而身在官场的公门中人，则应当以儒家进取之心为本。汪辉祖对官运沉浮颇为通达，但他更在意的是理政安民。高官厚禄，有，自然好，没有，也不必垂头丧气。只要能实现造福一方百姓的愿望，汪辉祖就非常满足了。可以说，他在晚年做官没升到高位，也与这种生活态度有关。

乾隆四十年（1775年），汪辉祖考中进士，后来在湖南先后出任宁远知县、新田知县、署道州知州，最后在被弹劾时，顺势以足疾为由辞官。他治民有方，政绩卓然，颇受百姓拥戴。在官场上，汪师爷决狱如神、处事公道的美誉众人皆知，不仅诸多朝廷要员看好他，连乾隆二十六年状元、后来扳倒和珅的重臣王杰对他也颇为器重。

汪辉祖在乾隆四十年参加会试时，王杰正好是座师。两年之后，王杰曾经三次到浙江督学，由此与汪辉祖结下深厚友谊，两人相谈甚欢，还时常书信来往。

俗话说："朝里有人好当官"。汪辉祖也算是朝中有人了，再加上过硬的才能与政绩，升迁机会不是没有。然而，汪辉祖却认为在偏僻之地更便于专心为百姓办实事，于是屡次放弃了升迁机会。

后来，他调任道州知州，却意外摔伤了左脚，导致没能及时赴任。按照大清律例，这是迁延规避之罪，汪辉祖因此被弹劾革职。但是，他并不为此感到太难过。在他看来，这是自己前世修来的缘分已经用尽了，这是老天在喻示他应该和官场说再见了。

沉浮皆安命，无悔亦无怨。

尽管仕途来去皆宜以随缘之心对待，但汪辉祖在为幕做官之时却非常爱惜自己的名声，力求给世人留下一个好口碑。

他在《佐治药言》中谈到："官之得民与否，去官日见，真幕之自爱与否，去馆日毕露。佐主人为治，须算到去官日不可有遗议败名。总之官之得民，要在清勤慈惠。故苛细者与板冗，交识幕之自爱，要在谦慎公勤。故依回者与刚愎同病。幕不自爱,内外必知不待去馆始露,其未即见绝者,或主人萝萝耳,故无欲者,或任性矜能;而有私者,多畏人避迹。"

公门中人的名声主要来自两方面,一是组织的考核鉴定,二是辖区老百姓的口碑。谁都知道"得民心者得天下",但谁比谁得民心,却要到离任那天才能清楚。

官员在位之时手握实权,他人有所求于官,自然是百般讨好、经常点赞,一旦官员离任没了实权,立马就会从门庭若市变成门可罗雀。世态炎凉,人走茶凉,原本就是再平常不过的现象。所以说,要鉴别一个官员是否有民望,看他离任那天的情况就能清楚了。孤身上路的肯定属于不得民心或者对老百姓而言有他不多没他不少的类型,父老乡亲自发出来送别的,则肯定是有口皆碑的好官。

话说汪辉祖被革职后,途经原先工作过的宁远县,当地群众纷纷出来相送,路堵得连轿子都过不去。甚至到了嘉庆二年(1797年),宁远县民还派代表从湖南千里迢迢到浙江萧山,请早已退隐多年的汪辉祖再回宁远做官。由此可见,这位名幕良吏的确深得民心。

其实,师爷的操行口碑是好是坏,也同样可以从其幕主的名声中看清楚。

师爷以佐治幕主为天职。按照尽心尽言的原则,师爷在协助幕主处置政事之时,就应该预先考虑到幕主离官去任时留下的名声如何。那些让幕主背负狼藉名声的师爷,都违背了幕业的职业道德,反之,只有让幕主受到百姓拥戴与上司青睐,才是为幕之人应做的功德。

汪辉祖认为,师爷和幕主相处共事,未必会合作一辈子,做师爷的应该考虑到自己有朝一日离职而去时,不留下恶名让人议论。

总之,为官之人想要赢得民心,就得在清廉、勤勉、慈善、施惠四个方面多下功夫;为幕之人想保持自己的清誉,同样要做到谦洁、谨慎、奉公、勤奋。那些性格苛刻而拘泥细节的人与做法卑劣的人一样,会受到周围人的讥讽,而那些办事拖沓的人和乖戾固执的人,同样也不会被周围人喜欢。

第四章

廉必生威无欲则刚

—— 以身作则的驭下之术

为幕之要，约束书吏

事上接下，以身作则谨身勤政

用人不疑，但慎听亲信之言

任用老成吏役，厚遇性真之人

礼贤下士，慎选长随

师爷是幕主的文胆智囊，主要起着三大作用：其一，代替幕主处理刑名、钱谷等专业技术，要求极高的公务处理能力；其二，为幕主出谋划策，促使其做出合乎律法情理的决断；其三，代表幕主监督其他幕友以及众多胥吏，防止他们做出危害百姓利益及幕主声誉的不法之举。由此可见，作为主官心腹的师爷，实际上是衙门中第二号实权人物。在很大程度上，师爷是连接主官与其他属下的桥梁，故而必须具备出色的驭下之术。

尽管自古有"官大一级压死人"之说，但在实际的政府运作中，"下克上"的情形也屡见不鲜。

汉高祖刘邦得天下后，下诏按军功高低授予将士们大小不等的田宅。谁知，趁着秦末动乱侵吞国有土地资源的乡吏们硬是拖着不办。别说是有战功的普通士兵了，就是一些爵位较高的官员也不得不讨好乡吏，以求得到田宅。刘邦对此三令五申，才勉强遏制住了这股歪风。

自从元朝人主中原以来，官僚制度发生了许多变化。起初，元朝的各级长官大多不通汉学，具体政务完全依赖胥吏操持。久而久之，胥吏成为政局的实际控制者。胥吏凭借对政务技能的精通，欺上瞒下，胡作非为。对此，长官们多不能制约，而且这种官场恶习从元朝一直延续到明清两朝。

长官在法理上有监督部下的职能，但他们往往公务繁忙，无法事无巨细都检查到位。这就让那些心怀鬼胎的不法胥吏有机可乘。

为了更好地履行职能，清朝官员大多聘请师爷来协助自己驾驭群吏。师爷一方面要注意利用熟练的业务技能查纠胥吏的不法之举，另一方面则要指挥胥吏实现幕主的意图。换言之，师爷既要让众胥吏敬畏到不敢为非作歹，又要让他们诚心归附、各尽其能。这便是从幕之人特有的驭下之术。

一. 为幕之要，约束书吏

做一个出色的师爷并不容易——既要擅长处理人际关系，又要精通专业技能。特别是后者，在大清官员普遍缺乏专业的法律、财经和军事知识的背景下，幕僚的专业素养好坏决定了其行政能力的高低。大清官场中政务技能最具专业水平的，就是师爷和胥吏。身为幕主的高级顾问兼助理，替上司管理众书吏是幕僚工作的重中之重。

汪辉祖在《佐治药言》中指出："衙门必有六房书吏，刑名掌在刑书，钱谷掌在户书，非无诂习之人，而惟幕友是传者，幕友之为道，所以佐官而检吏也……官之为事甚繁，势不能一一而察之，惟幕友则各有专司，可以察吏之弊……故约束书吏，是幕友第一要事。"

自从秦朝建立君主专制的中央集权国家后，历代朝廷都是凭借律令公文来治国理民的。因此，能书会算的吏员堪称官府中真正意义上的中流砥柱。地方衙门都设有六房书吏，专司办理各种公文，如司法治狱之事由刑书掌管，赋税钱粮之事由户书掌管。财力雄厚的地方官员往往会聘用幕业能人来主持六房工作，即招募刑名师爷、钱谷师爷等等。

之所以不让胥吏来主持六房工作，是因为世袭的胥吏往往奸猾，会利用自己的专业技能以权谋私。这与当时的政治体制密切相关。

宋代以后，官与吏的分野越来越固化。官员的政务技能越来越退化，对吏的专业技能依赖性也越来越强。而吏所做的工作最多最累，却不再能升迁为官，薪俸收入也微乎其微。官员往往隔几年就会调任他处，吏则不同，基本上一辈子留在当地。于是，"官无封建，吏有封建"成为中国古代后期官场的特色。

低工资让胥吏只能通过开辟各种灰色收入通道来维持生活，而近乎世袭制的机制，又使得他们对当地社会的影响力远比空降下来的主官更大，由此，就催生了各种积重难返的陈规陋习。

汪辉祖对大清国情体察入微，也体谅这些胥吏的生计，故而主张在小事上不必过分挑剔和查办胥吏。不过，倘若众胥吏因此枉法舞弊连累他人的话，就不能不下重手斩断其源头了。

地方官员的权力集中，每天要处理的公务极为繁多，无论从个人精力还是行政效率来看，再勤快的主官也难以事事躬亲，对每一个细节都严加查核。而各司其职的六房师爷，都是专管某一方面公务的能手，且专业技能不输给胥吏，故而能够查核出下属胥吏的舞弊之举。因此，主官依靠众位幕友来辅佐自己，并且通过他们来检查督促其下属所有胥吏的不法行为。

从这个意义上说，师爷是胥吏的一大天敌。两者既有上下级关系，也存在着博弈关系。那些没有俸禄的胥吏，喜欢制度漏洞百出的社会环境，因为那样他们就可以借机骚扰百姓，以各种手法中饱私囊。而习法家言的师爷倾向于建立制度健全的社会环境，这样一来，胥吏就不敢为非作歹，而老百姓也能安宁清静。

胥吏在办公时常常会为上司进献各种建议，假如该建议对平民百姓有利的话，他们就会说得冠冕堂皇。遇上这种情况时，主官就需要留心了。因为通常来说，胥吏不会出对自己没有直接好处的主意，若是轻信他们的意见，草率推行之，说不定会让老百姓受累。因此，汪辉祖把管理监督这些办理公文的胥吏作为师爷佐治的第一要务。否则，主官和自己都很容易被这群"封建之吏"坑害。

胥吏看似没有什么实权，但他们却负责收发公文这一重要事务。那个年代没有电话和电子邮箱之类的通讯工具，交通都是靠跑，边疆到京师往返周期都是按月来计算的。也就是说，在传送公文的途中，很可能会突发各种意外情况，而经手公文的胥吏，则有充分的时间与手段在公文上做手脚，给主官制造麻烦。这种情况在清朝官场中屡见不鲜。

雍正年间的某一天，新上任的保和殿大学士兼吏部尚书张廷玉正在办公，一位曹司发现一卷公文写错了地址。张廷玉拿来查看，原来这份公文把"元氏县"写成了"先民县"。按规定，这份公文应该驳回去，让原省官署重新制作一份，不过，张廷玉没这么做。他又仔细端详了一番，肃然道："这并非写错，而是有人在公文上添加笔画造成的。是哪个胥吏故意捣鬼，给我严查！"曹司奉命调查，果然如张廷玉所说，是一位胥吏涂改公文。

依照法度，格式不正确与内容有误的公文，都会被驳回原省，也就是说，地方官署每修改一次公文重新上交，一个月甚至于几个月的时间就过去了。于是，各省官员为了公文能早日通过，不得不向吏部的胥吏行贿。胥吏们以此法敲诈勒索，前几任吏部尚书都未能识破，直到张廷玉上任才被查出。

有同僚问张廷玉是怎样看穿真相的，张廷玉答道："假如把'先民'写成了'元氏'，那应该是外省官署的笔误。这次是把'元氏'写作了'先民'，分明是被人添加了笔画。这四个字的读音和形状都不相同，通常来说，不会出现笔误，因此一看便知是胥吏捣鬼。"

此案之后，张廷玉查处了绰号"张老虎"的胥吏小头目，吏部的众胥吏再也不敢在张尚书的眼皮子底下玩火，而吏部的吏治也得以澄清。

遇上张廷玉这样的主官，也是那些不法胥吏倒霉，因为张廷玉对文书工作的精熟程度，在当时整个大清官场中都是数一数二的。后来，雍正皇帝成立军机处，各种规章制度，特别是奏章的撰写、记档、保存等制度都是张廷玉亲自制定的。

从这个案例中可知，胥吏弄权的现象在当时是很严重的，各官署设置幕僚协助监督胥吏也是极为必要的。

胥吏们敢于顶风作案，原因很多。汪辉祖曾在《学治臆说》中这样说："或问：何以谓之上下易隔？曰'理甚易明，事则不能尽言也'。为上官者，类以公事为重，万不肯苛求于下。而左右结事之人，不遂其欲，辄相与百方媒孽。"

为什么主官与下级胥吏之间容易产生隔阂？汪辉祖认为道理虽然明白，但事情不容易讲解透彻。身为上级主官，大多以公事为重，执法严明是对的，但千万不可以对下级办事人员提出过于苛刻的要求。而主官身边的助理人员不乏奸猾之辈，假如上司没能满足其私欲，就会结党营私，想方设法给上司制造麻烦，以示报复。

汪辉祖曾经听闻过这样两则案例。

在过去，浙江有个县令官声颇好，一向被某个朝中大人物器重，前途一片光明。恰好有一回，那位大人物考核百官政绩时，路过该县令所在的县。由于县令没能满足自己的随从提出的某种要求，其随从就暗中把县令为大人物准备的所有物事统统撤掉了。结果，这位大人物清早起身一看，官署居然连一匹马都没准备，于是十分恼火，便从其他地方挑毛病把这个好县令给弹劾革职了。

另有一个好县令，办公兢兢业业，事无大小都亲自过问，赏必信而罚必行。在他的部下之中，有一人与管杂务的仆役关系不和。一次，仆役恰好遇上县令叫这个部下在限期之内搞到朱砂。按照当时的普遍情况，此事原本就很难在限期内办好，不巧的是，这个部下恰好又有事外出了，仆役就顺水推舟没有及时告知他。最终，这名部下遭到了"逾期不办"的斥责。

这两则案例都表明，上级和下级沟通不易，而且下级想对上级使坏的话，也有很多机会。因此，作为主官的心腹，幕友必须替幕主盯紧各项事务与舞文弄墨的胥吏，否则，想施展经世济民的抱负，也会受到不必要的阻挠。

二. 事上接下，以身作则谨身勤政

师爷在官署中扮演着运转中枢的角色，是主官与众胥吏之间的桥梁。按照理想的为幕之道，师爷事上时应当忠诚尽心，而接下时要以身作则、勤政敬事，总而言之不能忘记自己的本分。有些幕僚仗着幕主的宠信，骄横跋扈，胡作非为，到头来，反而害人害己，误了终身。

汪辉祖在《学治臆说》中指出："属吏受上官之知，可展素蕴矣。然先受知者忌之；将受知者嫉之；求知而不得者伺隙而挤之。百密一疏，谣诼生焉。上官不一，不能无爱憎之别。即皆爱我矣，保继求者之取舍一辙乎。骆统有言：'疾之者深，谮之者巧。'受宠若惊，唯阅事者知之。"

这段话的意思是说，属吏得到上级官员的奖赏时，不要太骄傲，反而应该更加谦虚谨慎。上级官员管着一大群人，不可能没有爱憎的差别。假如非常偏爱于我，就会使得他人的受关注度下降。受到上司褒奖之人，容易被周围的人嫉妒。那些喜功躁进而不得奖赏的人，甚至会找各种机会排挤我，例如造谣生事，搬弄是非，百密一疏，防不胜防。因此，受赏之人已经间接得罪了周围一部分人，如果言行举止再骄傲跋扈一点，就会成为众矢之的。受宠若惊，只有经历过的人才明白。

不过话说回来，职业的特殊性决定了师爷自然要比其他部下更加亲近主官。谨慎立身，低调做人，可以减轻同僚的嫉妒，但却无法改变这个基本格局。也恰恰因为这一点，汪辉祖认为与幕主的交情分寸非常不容易把握。

汪辉祖在《续佐治药言》中感慨地说："人知宾主初交不易，而不知交久更难。盖到馆之始，主人情谊未甚融洽，尽我本分，可告无愧。若相处多年，其为契合可知交，既投契识论必有裨益，官声所系，须事事为之谋出万全。任劳分谤，俱义所应得；引嫌避怨，便失朋友之道。特不可恃主人倚重，挟势以济其私耳。"

从事幕业的读书人，大多数是科举落第士子。他们满腹经纶，却又没得到朝廷认证的功名，并不是受人尊敬的社会群体。所以，师爷们的第一次就馆经历，往往就像那些找不到工作到处去面试的高校毕业生一样满是辛酸。与幕主初次交往非常不易，成败也很难预料，就算能找到幕主聘用，也不一定能马上得到赏识。这是包括汪辉祖在内的所有师爷的感想。

然而，汪辉祖认为初次见面交往不易，但困难也比较容易克服。师爷刚上任之初，与幕主之间互不了解，感情也还不是很融洽。这时候师爷只须专心工作，尽了自己的本分，就足以问心无愧了。只要在工作中表现出过人的才干与见识，自然会赢得幕主的青睐，进一步拉近双方的距离。

相比之下，师爷与具有多年交情的幕主之间的交往就更加不易了。此时双方在事务上配合非常默契，平时也称得上相知甚深，无话不谈。师爷不再像最初那样有寄人篱下之感，而是真正成为幕主的座上宾客。两人既是荣辱与共的政治同盟，又是彼此照应的良师益友，关系好比是左手与右手。师爷的一计一策都关系到幕主的官场声誉，所以必须把每件事都谋划周全。从道义上来说，任劳任怨是佐治之人的美德。假如招惹事端或躲避祸怨，就失去了身为友人的原则。特别是仗着权势牟取私利这种不良行径，更会失去主人的倚重。

师爷天生就是幕后英雄，这是由其角色属性决定的。他们不是朝廷编制内的正式公务员，却又实际上承担着最多的政务。出了成绩，朝廷嘉奖的也是幕主；出了差错，朝廷要么在惩罚幕主的同时把师爷也查办了，要么拿师爷作为主要责任人，给幕主顶罪。总之，为幕之人要甘于隐身幕后，超越幕主上前台，非本分之举。

汪辉祖在《续佐治药言》中说道："吾言不合则去，非悻悻也。人之才质各有所偏，宾之于主，贵相其偏，而补之于审韦弦水火之用始尽。佐治之任不合云者，必公事实有不便，不可全以意气矜张。主人事有未善，分当范之于善。不能就范，则引身而退，是谓不合则去。若吾说虽正，而主人别有善念，此则必须辗转筹划，以成其美，方于百姓有益，断不宜坚持不合之义，怒然舍去。即谚所云公门中好修行矣。"

合则留，不合则去，士人之风骨也，行事之常情也。但在官本位的清代社会，敢于坚持这种原则的读书人并不多见，而汪辉祖就是其中之一。他认为与幕主不合拍的话，不如干脆离馆，各得其宜，不生怨恨。

每个人的天赋禀性各有自己的所长所短。幕宾对于幕主而言，最好是性格才智各有不同，这样才能形成能力互补。水与火是属性相克的事物，假如能巧妙地调和运用，就能各展所长。幕宾与幕主断案也是同样的道理。假如两人的特点完全相同，那就无法互补其偏了。

所谓幕宾与幕主关系不合的问题，肯定是在处理官府公务中产生了不顺利之处。遇到这种情况时，幕宾万万不能凭个人意气放任为之。幕主也是人，自然会有办事不够完善之处，佐治之人应该做示范，将幕主往好的方向上引导。假如无法帮助幕主做到这点，幕宾就应当引身而退。这就是所谓的"不合而去"。

倘若幕宾的建言正确，但幕主另有其他好想法，这时候，幕宾就应当为幕主认真谋划方案，以成全其美好的意愿（这才是造福百姓之举），断然不能执拗于与幕主不合的想法，随意舍弃责任，撒手而去。这便是民谚所说的"公门里面好修行"。

幕主与师爷共事多年后，彼此视之为老朋友、好兄弟，双方感情笃厚，言辞举止上也会自然而不太见外。然而，汪辉祖却强调"宾主不可忘形"。

汪辉祖在《续佐治药言》中提出了这样的观点："交至忘形，方为密契。独吾辈之于主人，宾主形迹断不可略。盖幕客之得尽其言以行其志，全在主人敬以致信，一言一动须主人有不敢简慢之意。忘形则易狎，狎则玩心生，而言有不听者矣。"

最亲密的知己好友，交往程度可以密切到忘形的地步。然而，佐治之人唯独对幕主不可以这样做，哪怕关系再好，也不能忽略宾主之间的言行举止分寸。这是因为，幕友之所以能直抒胸臆、一展所学，推行自己的宏伟志向，全在于幕主的尊敬和信任。幕友的一言一行，都应该让幕主不敢有怠慢之意。假如得意忘形的话，就容易出现不恭之语或不恭之行。幕友言行不恭，幕主必然会心生不敬，以后幕主就可能不再听取幕友的进言了。

汪辉祖曾经与光山人刘仙圃的关系非常融洽。刘仙圃出任平湖县令时，曾经打算与汪辉祖尽享谈古论今的快乐，谁知汪辉祖却说，"等我不做你的师爷那天就遵命"。大多数同僚们都觉得这句话很可笑，唯独刘仙圃对此并不感到惊讶。刘仙圃升迁之后，汪辉祖为友人写了首赠别诗，里面有一句"形迹略存宾主分，情怀雅逼兄弟真"。

尽管情同兄弟手足，但汪辉祖谨守着宾主之间的本分，这是一种老练的为友之道。师爷与幕主无论交情如何深厚，毕竟还是一种以工作为主导的关系。朋友之间讲究一个情投意合，往往不涉及利害关系，但师爷与幕主的利害关系盘根错节，不可能像真正的知交那样只讲感情而不论利益。所以，汪辉祖才对刘仙圃说，等到自己不做师爷时，才能纵情忘形，不再拘谨。

汪辉祖的事上接下之道，完全符合《官箴》的理念。

《官箴》中有言："事君如事亲，事官长如事兄，与同僚如家人，待群吏如奴仆，爱百姓如妻子，处官事如家事，然后为能尽吾之心。如有毫末不至，皆吾心有所未尽也。故，事亲孝，故忠可移于君；事兄悌，故顺可移于长；居家理，故治可移于官。岂有二理哉？"

这段话的大概意思是：为官之人对待国君如同对待父母一样尽心，对待上司如同对待兄长一样恭谨，与同僚相处如同家人一般亲切，对待下属胥吏如同密不可分的主仆关系，爱护百姓如同爱护自己妻儿老小一样，处理公务如同处理家事一样上心。这样才能说是尽心尽力做官了。假如其中某一方面没做到位，说明他还没有尽心做官。

古代社会呈现出家国同构造的特点，古人的学说也把齐家视为治国的前一阶段。因此，古代统治阶级鼓吹以忠孝治国，要求官员把对父母的忠孝用于对待君主，把对兄长的恭顺用于对待上司。这相当于是把治家之道转化为做官之道。在汪辉祖那个时代的人看来，这是最理想的为官之道。我们今天应当批判地继承这种传统观念，取其精华而弃其糟粕。

三.　用人不疑，但慎听亲信之言

用今天的话来说，古人所谓的驭下之术就是当代人所说的管理艺术。能否发现人才靠的是慧眼；能否让人才竭诚效力，则主要取决于用人者的胸襟气度与人格魅力。有道是："试玉要烧三日满，辨材须待七年期。"鉴定人才是一个"日久见人心"的过程，同时也是主管官员对部下建立互信合作机制的过程。我们称赞的英明领导者，无不是"疑人不用，用人不疑"的大度之人，这种对部下的高度信任，往往比赏银更能激励其工作积极性。

汪辉祖也深谙这种经典的驭下之术，他在《学治臆说》中说："疑人则信任不专，人不为用。疑事则优柔寡断，事不可成；二者皆因中无定识之故。识不定则浮议得以摇之。凡可行可止必先权于一心。分不应为者，咎有不避；分应为者，功亦不居。自然不致畏首畏尾，是谓胆生于识。"

猜忌从来都是用人的大忌。多少唾手可得的胜利功败垂成，都是因为君主中了离间计而临阵换将，就算缩小舞台的规模，州县官员如果猜忌幕僚及胥吏的话，同样也会坏事。信任是相互的，怀疑也不会永远只存在于单方向。上司猜忌部下，必然会遭致部下的反感，如此一来，那些有本事的人就不愿意为鼠肚鸡肠的上司效力了。

怀疑事情的危害，并不比轻易怀疑人更小。对事情心存疑虑，决策时必然优柔寡断，当断不能断，事情也就不会办成。

在汪辉祖看来，疑人与疑事这两种错误都是因为主官自己胸无定见。由于自己胸无定见，其他人的各种意见就会动摇其决心。一件事能做还是不能做，都应该先在自己心中权衡清楚。如果是自己该做的事，勇敢去做，不要害怕犯错；如果是自己不应做的事，那么就算有功可得，也不要参与。这样一来，做事自然就不会畏首畏尾了，对人也不会动辄生疑。所谓"胆略生于见识"，就是这个意思。

汪辉祖佐治历任幕主，无不是尽心尽言。不疑人，故能取信于上而服人于下；不疑事，故能果决明断。时人戏称他为"汪七驳"，盖因汪辉祖碰到案情疑点，从来不会乖乖听从上级官府的错误指令，必定会一驳再驳，直至翻案。按照所谓的官场之道，他实在是太爱钻牛角尖，不懂得做人，然而，恰恰是这份与众不同的自信与坚持，为汪辉祖赢得了名幕口碑，成为各地督抚争相邀请的对象。他的自信和坚持来源于出色的学问见识与专业的业务能力。这也正是上司倚重信赖他的根本原因。

能成为幕主的心腹，是对佐治之人最好的嘉奖。有趣的是，汪辉祖却特意提醒所有的主官，不要太依赖亲信，否则，办案会出很多岔子。

汪辉祖在《佐治药信》中说："恃信之官，喜以私人为耳目访察公事。彼所倚任之人或摇于利，或蔽于识，未必俱可深信。官之听信原不可恃，全在幕友持正不挠，不为所夺。若官以私人为先入幕，复以浮言为确据，鲜不偾事。盖官之治事，妙在置身事外，故能虚心听断。一以访闻为主，则身在局中动多挂碍矣。故访案慎勿轻办。"

此处说的亲信，往往是幕主左右的仆役或门客。有些官员办案主要是派亲信去明察暗访（类似于《狄公案》《康熙微服私访记》的路数），这种手法不能说完全没用，但也存在不小的弊端。

对于幕主而言，这些常伴左右的亲信是不需要怀疑的，然而实际上，这些人往往圆滑有余忠心不足，且目光短浅，不具备调查案情的能力，或者难以抗拒利益的诱惑，容易被不法之人收买。古往今来，多少并不算昏庸的君主与大臣，就是偏听偏信这些"心腹"的逸言，才做出许多荒唐决定的。总之，他们未必当得起幕主的绝对信任。

汪辉祖素来对主官偏听偏信左右心腹的做法不以为然。他认为这时候就需要师爷挺身而出主持公道，不让那些宵小之辈有欺上瞒下的机会。如果主官轻信了左右心腹的话，就会产生先入为主的成见，倘若师爷也心术不正，以虚假浮夸之辞掩盖真相，那么主官必定会误以为证据确凿，从而制造出影响恶劣的冤假错案。

既然这样，那怎样才是正确的断案方法呢？

主官治事贵在置身事外。汪辉祖此说并非让主官推脱责任，而是要其保持一定的超然姿态，以不偏不倚的眼光看待事物。当遇到诉讼问题时，主官不应预设立场，应当虚心听取各方说辞，用心辩伪存真，判断真相。假如一味依赖心腹之人访察的传闻来断案，必然会陷入局中迷雾，导致行动处处受阻。

治狱与钱谷是地方政事最核心的两大内容，尤其是治狱，关乎人命，查案不可以轻率，必须慎重从事。所以，主官理应兼听各方说辞并亲自核实，而不能偏听偏信自己左右"心腹"之言。

为了进一步杜绝部下作弊，汪辉祖提倡州县官员要亲自承办重要的政务，例如最辛苦的验尸。

汪辉祖在《学治臆说》中有这样的言论："地方官担利害，莫如验尸。盖尸一入棺，稍有游移翻供，便须开检。检验不实，即干吏议，或致罪有出入，便不止于褫职。相验时仵作报伤之处，须将尸身反复亲看，遇有发变更，须一一手按，以辨真伪。时当盛暑，断不宜稍避秽气，或致仵作弊混。且心坚神定，秽亦不到鼻孔，余屡试之，若有鬼神呵护者。验毕，指定真伤，令凶手比对痕合，然后棺敛，自无后虑。如凶手未到，或系他物伤，伤痕分寸，尤须量准，异日追起凶器，比合可成信谳。"

地方官所承担的利害与责任之中，最重大的莫过于验尸这种常人忌讳的工作。因为尸体安放在棺材里，假如审案一出现嫌犯游移翻供的情况，就必须开馆检查尸体。如果验尸报告不符合事实的话，就难免遭到弹劾，或者导致判案量刑有所差错，这种罪过就不仅仅是被撤职那么简单了。

因此，在仵作（专门负责检验尸体的胥吏，相当于今天的法医）上报尸体受伤情形之时，地方官一定要亲自反复查看尸身是否确如仵作所汇报的那样。如果遇到新情况，必须一一记录在案，以辨别真伪。假如不幸遇到东西容易腐烂的盛夏季节，地方官也不能为了躲避秽气而放弃检查工作，因为那样可能会给仵作留下作弊的空间。

按照儒家的孝道，身体发肤受之父母，不敢毁伤。再加上古人事死如事生的丧葬传统，医官解剖尸体成为了禁忌，并被写入不少王朝的法律。自从儒学成为主流意识形态后，这种观念得以进一步强化，因此，负责验尸的专业人员——仵作——往往由贱民或奴隶出任。例如秦汉时的执法官吏就常常带着"牢隶臣"（一种刑徒）去勘查犯罪现场。与后世不同的是，秦汉基层官吏往往具备亲自验尸的技能。而清朝大部分官员完全依赖仵作的技术，自己更多的是起到检查的作用。

在这个背景下，不少地方官员在验尸时敷衍了事，某些品行不端的仵作也借此机会讹诈死者家属，或者收受犯人贿赂，故意开出错误的尸检报告以制造错案。要防止这种状况出现，除了主官亲自参与验尸并严加检查外，没有什么捷径可走。

汪辉祖治狱多年，验尸无数。根据他的经验，假如心志坚定精神集中的话，鼻子是闻不到恶臭的。他认为这是有鬼神在呵护，其实不过是心理作用罢了，但这也恰恰说明，认真负责的地方官完全可以克服这些困难，坚持亲自验尸办案。

地方官检验完毕后，需要与凶手的供词进行仔细比对，如果核对属实的话，就把棺材重新盖上，让死者入土为安，办案结果也可以经得起任何检查。

如果还没抓到凶手要怎么办呢？汪辉祖对此颇有经验。若是凶手不在，就必须让仵作准确测量死者伤口的尺寸，地方官也要仔细检查。一旦日后找到凶器，就可以与尸检报告记录进行比对，顺藤摸瓜查获真凶。

所以说，无论从哪个角度看，地方官亲临现场进行验尸都是破案必不可少的环节。事实上，明清朝廷也在制度上要求州县官员要亲自到现场验尸，只不过，这道命令的执行力非常差，大部分地方官员没有照办，由此导致了不少错案发生。汪辉祖在官场中长期担任刑名师爷，对清朝官场普遍存在的"官不理事"的陋习深恶痛绝。他不但在做刑名师爷时尽职尽责，自己做县令时也对验尸治狱亲力亲为，从而留下了断案明察秋毫的美誉。

四．任用老成吏役，厚遇性真之人

选择符合要求的部下是驭下之术的一大课题。清朝体制具有典型的"官无封建，吏有封建"的格局，朝廷命官有任期限制，而且会调动到全国各地；胥吏则基本上是从本土小圈子里出来的，这就使得胥吏关系盘根错节，既是为政施治的有利条件，又是吏治腐败的一大渊薮。因此，挑选吏役也是主官与师爷必做的准备工作。汪辉祖根据自己多年就馆的经验，认为吏役应当任用老成之人，对于那些秉性率真诚恳之人则要优厚对待。

汪辉祖在《学治臆说》中指出："少年吏役，急于见知，原易节取。六七十岁者，年奔走逢迎，往往不如少壮。然服役既久，历事必多，周知利害，类能持重。选一二人朝夕承侍，以备顾问，总有裨益。唯若辈性多苍猾，揣摩附会，是其所长，驾驭之方尤须留意。"

少年吏役初入官场，工作积极性高，满脑子想着建功扬名，所以容易驱使；老年吏役久在公门中打滚，看惯了风风雨雨，奔走逢迎等琐碎工作未必如少年人那么上心。尽管如此，汪辉祖依然认为应当任用老成的吏役。

理由很简单——老同志服役时间长，见的世面多，知晓各种利害关系，处理问题比较稳重妥帖。如果在衙门里挑选一两个经验最丰富的老成吏役以备顾问，既方便主官与师爷了解当地治情，又能减少日常公务中存在的疏漏。

不过话说回来，虽然这样的人事安排对工作大有裨益，但这些官场"老油条"中不少人狡猾贪婪，善于揣摩上意，溜须拍马，大大败坏了官场风气，因此，任用应当以人品良好为前提条件。所以，汪辉祖特别提醒主官，在任用老成吏役的同时，也不能放松对他们的监督。否则，很容易被他们糊弄过去。

少年吏役血气方刚，容易驾驭。而老成吏役看似稳重练达，却也有某些需要注意到地方。所以，驾驭老成吏役需要讲究方式方法。

汪辉祖在《学治臆说》中说道："老成之人，多知顾惜颜面。颜面既伤，其蠹弊且甚于少年。既已用之，须曲为体恤。度其才力不能胜任，将来难免答挞之事。即慎之于先，不以驱遣，或应驱遣，则明示以此意。使之知所感畏，自能实心图报，获效不尠。"

面子是老成吏役的罩门。他们不像少年人初生牛犊不怕虎，没皮没脸，没心没肺，他们对自己的颜面非常顾惜。假如你伤了他们的面子，那么他们很可能怀恨在心，故意在关键环节上给你做手脚设圈套。可以说，三个毛手毛脚的少年吏役的破坏力加在一起，也远不及一个故意动坏心眼的老成吏役大。

例如前文中提到过的吏部胥吏暗中篡改公文一事，让各地方官员与吏部都出了很多乱子，耽误了许多正事。若非张廷玉明察秋毫，很难想象这样的老成胥吏还会制造多少麻烦。

所以，汪辉祖指出，任用这种经验丰富、业务娴熟的老成吏役，应该多照顾其颜面，多体恤其辛劳。假如觉得其能力的确无法胜任其岗位的要求，将来肯定会被处罚辞退的话，就要慎重对待。通常要注意的是，事先做好充分准备，预防其出现纰漏，无需急于驱遣他。若是实在需要驱遣，就要向他明白地说明意图。总之是恩威并施，让老成吏役对查核感到畏惧，能真心诚意地效力，以避罪其出现差错累己。

驭下之术，一在服人，二在赏罚。关于如何驾驭吏役这个技术问题，汪辉祖认为必须要赏必信，罚必行。

汪辉祖在《学治臆说》中说："宽以待百姓，严以驭吏役。治体之大凡也。然严非刑责而已，赏之以道亦严也。以其才尚可用，宜罚而姑贷之，即玩法所自来矣。有功必录，不须抵过。有过必罚，不准议功。随罚随用，使之有以自效。知刑赏皆所自取，而官无成心，则人人畏法急公，事无不办。姑息养奸，驭吏役者所当切戒。"

中国古代的治国之道五花八门，融会贯通之后，可以简化为"治理百姓"与"治理官吏"两大主要课题。依照儒家思想的民本精神，对待百姓应当宽厚仁慈；依照法家思想的大政方针，对待官吏应当严加管束。宽以治民，严以治吏，古典政治思想的主旋律大体如此。当然，是否真正能落到实处，则是另一个问题。

需要说明的是，严格驾驭吏役，并不仅仅是指刑罚森严，也包括建设严明的奖励机制。功过分明才是真正的严格治吏。

胥吏们的政务操作技能普遍强于主官，这是他们赖以生存的才干。有些主官因为胥吏有本事，就从宽处置，该处罚时却姑息。这种做法在大清官场中屡见不鲜。汪辉祖不赞成这种治吏之道。他在这个问题上持法家的态度，功是功，过是过，两者不可混淆。吏役如有立功，无分大小登录在案，依法奖励，但不得用于抵消过错；如有作奸犯科或疏忽过失，则必须惩罚，不准议论其功劳以折罪。

吏役什么时候犯错就什么时候处罚，让他们知道得赏赐还是得刑罚，全在他们自己的表现，而非主官个人私心。吏役们见巴结主官不能得到赏赐，也不能免除刑罚，自然就会变得畏惧律法，勤勉奉公，办理政事不再拖泥带水。

汪辉祖认为，那些不法吏役都是主官的松散约束给惯出来的，而主官想要真正驾驭好府中群吏，就得从严管理，不得姑息养奸。

任用老成吏役主要是看中其经验能力。除此之外，对于衙门的人事还有另一个应当注意的地方，那就是寻找那些堪称潜力股的可用之人。

汪辉祖在《学治臆说》中说道："官中用人，大率以势交，以利聚，皆乌合也。一朝去官，东西散矣。惟愿朴者有性真，多能委曲相依。此种人平日无可表异之处，必须留心厚遇，以备无用之用。"

这番大实话说得一点不错。衙门任用的人，大多数都是为了权势而相互结交，凭借利益关系而聚拢一堆的。他们都是一些唯利是图的乌合之众，若是有朝一日你不做官了，那些之前拼命讨好你巴结你的人，也必然是树倒猢狲散。好在世上总有一些性情淳朴厚道之人，他们心存道义，多数都能在你遭遇坎坷重挫之时，依旧追随于你。这类人平时行事低调，不像那些乌合之众那样爱表现，故而不容易展现出自己的与众不同之处。这就要主官能够慧眼识才，在平时留心考察，发现这类人时应给予他优厚的待遇，以备将来之需。

性真之人也许才高八斗，也许能力平平，但都是品行良善、有情有义之辈。官场有风险，宦海多沉浮，最常见的就是人情冷暖，世态炎凉。人人都推崇忠义，但很难真正做到，尤其是在充斥着名利欲望的官场，少有愿意誓死追随、共同进退的忠义之士。也正因为忠义如此缺乏，世人才更加渴慕忠义。

淳厚性真之人，往往具有很强的原则性，成为忠义之士的几率很大。但他们也绝对不可能无缘无故地忠于主官。主官必须拿出足以服人的能力与魅力，才能换得他们的誓死追随。故而汪辉祖建议主官平时厚待那些性真之人——说不定哪一天你遇到麻烦事，能挺身而出力挽狂澜的就是平素很不起眼的他们。

老成吏役需要顾及颜面，性真之人则在意做人的尊严。主官以礼厚待，表示对他们的器重，这就使得性真之人认为自己的尊严得到了很好的维护。而他们就会以"滴水之恩，涌泉相报"的想法来回报主官的期待。只是，绝大多数领导者都缺乏这个意识，也不会采纳这个意见，所以说，能做到这一条的主官，已是难能可贵。

五. 礼贤下士，慎选长随

在科举制时代，读书人的出路基本可以分为两类：一种是进入体制内，最好是考上科举，做正式的朝廷命官，或是给这些朝廷命官做幕僚，曲线进入体制内，化身衙门幕后的操盘手；另一种就是留在体制外，致力于农工商或者办学教书。可以说，两类群体同出一源，只不过人生轨迹大相径庭，但同为社会的有机组成部分。两股力量往往又会形成某种天然的分工合作关系，这就是为什么为官之道包含"礼贤下士"条目的主要原因。

对于在野士人的重要性，汪辉祖有着极为深刻的认识。

他曾在《学治臆说》中这样论述："官与民疏，士与民近。民之信官不若信士。朝廷之法纪不能喻于民，而士易解析。谕之于士，使转谕于民，则道易明，而教易行。境有良士，所以辅官宣化也。且各乡树艺异宜，旱潦异势，淳漓异习。某乡有无地匪，某乡有无盗贼，吏役之言，不足为据。博采周谘，唯士是赖。故礼士为行政要务。"

当官的和老百姓的距离比较疏远，而身处民间的士人与百姓关系亲近，所以在很多情况下，百姓们不太信任官吏，更信任同乡的士人。普通百姓多为文盲或者半文盲，基本上看不懂朝廷的法律政令，而饱读诗书的士人很容易解析官府公告中的关键信息。所以，地方官府可以先把法律政令告诉当地的士人，再由他们向百姓详细解释公告里的内容。如此一来，朝廷教化百姓的措施，也就更容易推行了。显然，这是一个省时省力的办法，既能减轻衙门的工作量，又能顺便搞好官民关系，同时也能让那些读书人拥戴官府，地方官员的政绩和口碑就容易得以提升。

在汪辉祖看来，辖区内有若干在野的贤良之士，是地方官府的福气，因为他们可以很好地协助官府完成教化当地百姓的工作。况且，每个乡的经济民生与风土人情各异，有了在野良士的辅助，更有利于官府了解实情。例如，某乡有没有土匪盘踞，某乡有没有盗贼活动，光听衙差的话还不足为凭，因为衙差有可能与土匪勾结一气，从而隐瞒实情。而在野的士人没有这种利益瓜葛，则更容易吐露实情。

所以说，礼贤下士是推行新政的一大要务。主官和幕友都应该以本地的贤良士人为乡情顾问，这样既能赢得知识分子群体的好感，又可以借助这些"外脑"解决各类疑难问题。在地方官府统治力有限的清朝，依靠乡绅士人的力量维持正常秩序，是很普遍的做法。这也就是说，汪辉祖之说完全符合当时的社会现实。

当然，不是每一个读书人都配得上"贤良之士"的光荣称号的。士人也是有品级，这个品级不是官位大小，而是素质高低。

汪辉祖在《学治臆说》中严肃地指出："第士之贤否，正自难齐。概从优礼，易受欺蔽。自重之士必不肯仆，仆请见，冒昧陈言。愈亲之，而踪迹愈远者，宜敬而信之。若无故晋谒，指挥唯命，非中无定见即意有干求。甚或交结仆胥，伺探动静，招摇指撞，弊难枚举，是士之贼也。又断断不可轻假辞色，堕其术中。故能浚知人之明，始可得尊贤之益。"

判断士人是否是贤良之辈，没有绝对正确的衡量标准。如果对所有士人都以礼相待，很容易被其中的小人欺骗蒙蔽。而那些高洁自重之士，一般都不愿意受官府的驱策，即使主官把他们请到府上，他们也很少抒发什么高论。没错，这些人就是这样性情孤傲，你越是想与他们亲近，他们反而离你越远。

然而，有远见的官员与师爷不能因此疏远他们，相反，对于这样的人，官府应该要敬仰与信任。他们这样的高洁之士，不会因为对方的权势与财富而放弃自己的原则，敢于说难听而有大用的老实话。

至于那些无缘无故便觐见主官，对主官唯命是从的人，不是自己胸无主见，就是有求于主官。这种人应当引起主官与师爷的警惕，因为他们往往会巴结官府中的仆从和胥吏，以刺探主官的动静，借以投其所好，招摇撞骗。这些人所造成的危害不可胜举，堪称是士子中的贼人败类！主官切记不能让他们在自己面前巧言令色，以防落入他们设置的陷阱当中。所以说，只有具备知人之明，才能真正得到礼贤下士的益处，避免那些"士之贼"者浑水摸鱼。

前面多次说到品行不良的左右随从会给主官带来很多麻烦，例如被"士之贼"者所收买，背叛自己的主官，所以说，选择随从的重要性不亚于选择士人。因为身边的随从远比外面的士人更容易影响你的判断，倘若他们有意误导，则更容易让主人铸成大错。

断案如神的汪辉祖也曾在这方面吃过亏，他由衷地在《学治臆说》中感叹道："滥收长随之弊，始于误人，终以自误。盖若辈求面情而来者，犹可。其曾出荐资者，一经收录，荐主之责已卸，投闲置散，不惟荐资落空，且常餐之外一无出息。若辈又多贪饮嗜食，加以三五聚处赌博消闲，势不得不借债鬻衣。此皆由我误之，彼不自度材力，又不能谅我推情收纳之故。而署中公私一切彼转略有见闻，辞去之后，或张大其词以排同类，或点缀其事以谤主人，讹言肆播，最玷官声。"

滥收随从的弊端很多。开始是耽误他人，到头来迟早会害到自己头上，尤其是那些通过人情关系走后门进来的随从，就更加要谨慎对待了。这些随从都给举荐人送过荐资（中介费），一旦被主人收录，举荐人就不再负责，但如何妥善安置他们，却是给主人提出的一个难题。

他们不惜花钱走后门做随从，就是希望从主人这里捞油水。假如将其安置在闲散岗位，不但让他们那些荐资打了水漂，还使其除了每天饱食三餐外，什么工作都不用做，这能让他们有什么出息？况且，这类人往往是好酒贪吃之徒，还时不时地会三五成群地聚众赌博，赌博就会欠钱，最终可能不得不靠借债为生。

追根溯源，这些人的坏毛病都是滥收随从的主人给惯出来的。那些好吃懒做的人本来就缺少自知之明，就是当上了随从，也不会体谅主官基于人情收留他们的恩惠。

更糟糕的是，他们不干什么正经事，却对官府中的大小事务都有所见闻。当他们被主官辞去的时候，就会心怀怨恨，吹风点火以排挤同类，造谣生事以诽谤旧主。这些由随从传出来的流言蜚语，最容易玷污主官的声望。

以上道理来自于汪辉祖亲身经历的惨痛教训。

汪辉祖在宁远县游幕的时候，先后收过五个随从。一个看门的，一个掌印的，一个跟班，一个管仓库的，一个厨师。其中有个随从素来没什么才学见识，而且生性狡猾贪婪，汪辉祖考虑到他的小动作不容易稽查，故而令其去看大门，平时也很少去督促他。

谁知仅仅一年之后，那位看门的随从就开始向求事者讨要贿赂。汪辉祖当时觉得反正公事都由自己一手操办，那厮还不敢提什么意见，所以没有深究此事。

然而，没有及时把随从的不良行为扼杀于萌芽状态，是汪辉祖一生中少有的错误决定之一。又过了一年，那位随从变本加厉，终于惹出了祸事。此时汪辉祖虽然狠狠地惩罚了他，却也未能免受牵连。

这件事让汪辉祖领悟了一个道理。对于自己的随从，要察其行并听其言，深入了解其本质，不能偏听偏信，也不能疏于节制。不光对随从如此，品鉴士人的心性言行，也同样如此。礼贤下士者需先甄别士人品行，慎选长随还得严加约束，否则，不仅容易缺乏识人之明，更无法做到知人善任。

第五章

审慎公允清平刚正

——身居官位的廉明之意

清廉自律，不受幕主人情

贪字近乎贫，婪字近乎焚

谨慎不苟，唯明察而已

公事不宜迁就，宁失馆而不负心

不知俗情，理事难廉平

中国古代对官员素质的要求不低。例如秦代，政府机关认为官吏必备的五种善行是——"忠信敬上，清廉毋谤，举事审当，喜为善行，恭敬多让"。历代朝廷对官吏的政绩考核标准不尽相同，但无论持何种标准，都少不了"廉明"二字。

廉者，廉洁也。不收受贿赂，不贪污腐败，不铺张浪费，是为廉洁。

明者，明察也。洞察秋毫，烛照是非，秉公执法，是为明察。

对于古代老百姓而言，廉洁的官员才不会贪赃枉法，明察的官员才不会制造冤案。能把"廉明"二字做到极致者，会被当时的老百姓称之为"青天大老爷"。

汪辉祖的父亲生前常教育儿子说："求做官，未必能做人；求做人，既不官，不失为好人。逢运气当做官，必且做好人，必不受百姓诟骂。"

在汪老先生看来，进入仕途不过是一种职业选择罢了，做个堂堂正正的好人才是最关键的。好人才能当好官，好官才能不被世人唾骂，不给祖宗抹黑。在家教熏陶下，汪辉祖自幼立志入仕途，干一番治国平天下的事业。由于科举不顺加上家计拮据，他不得不"以幕养学"，以另一种方式涉足官场。

尽管不是正式官员，但刑名师爷负责侦办案件，审理诉讼，在州县官府中握有不小的实际权力。虽然刑名师爷不是官，但所担负的职能与权责与幕主并无二致。故而汪辉祖以做好官的标准严格要求自己，以实际行动在刑名师爷的位置上贯彻了"廉明"二字。

他廉洁自律，从不接受幕主的私人恩惠与私下请托。

他痛斥贪腐，不与那些腐化的幕友和胥吏为伍。

他断案谨慎，不放过任何一个可疑之处。

他公正无私，不罪良善，不纵奸恶，总能将案件处理得合乎律例而不违情理。

汪辉祖对于官位并不痴迷留恋，他认为做人做官都应该摆正志趣。官场生涯中的升降去留都是由上天决定的，自己唯一能左右的，无非是身居其位时能做到"尽其所以为治"！而满脑子只有升官发财的念头，却不关心民生国计，这便是志趣不正的小人之举。

一. 清廉自律，不受幕主人情

有一首古琴曲叫《墨子悲丝曲》，相传为春秋战国时期思想家墨翟所作，反映的就是墨子在观看染丝的工作时发出的感慨："染于苍则苍，染于黄则黄，所入者变，其色亦变。五入必而已则为五色矣。故染不可不慎也！"

这段话的意思是说，丝的颜色会随着染料的颜色变化，所以"染"这种事情不可以不慎重。言外之意，做人要选择好的环境，不要被不良风气影响。

人人都说官场是一口大染缸，可以把一个胸怀大志的热血书生染成脸皮厚、心肠黑的贪官污吏。汪辉祖对此深有感触——他接触过各种各样的官员，亲眼见证了乾隆朝从前期政治清明到后期吏治腐败的演变过程。

汪辉祖初入幕业期间遇到的第一位官员是浙江巡抚庄有恭。庄有恭是乾隆四年（1739年）的状元，他为官清廉，勤勉政事，尤其善于治理水务。不过此人有办事不遵守成例的缺点，几次没有请示朝廷就自作主张，因此屡屡被罚，甚至一度被判斩监候。汪辉祖之所以在从幕不久就名声大噪，与庄有恭的高度评价是分不开的。

曾任江苏巡抚的陈宏谋，对汪辉祖的影响更为深远。陈宏谋擅长兴利除弊，对吏治督查甚严，且能以身作则。其所著述的官箴与家训《五种遗规》，是汪辉祖吏治思想的重要来源。汪辉祖在审理"周张氏立孙"一案时，与主官及同僚产生了尖锐的意见分歧，差点愤而辞职。陈宏谋亲自批阅称其处置得体，帮助"汪七驳"渡过了难关，汪辉祖对陈宏谋十分敬重，一生以其为楷模。

浙江嘉善人浦霖在做湖南巡抚时，曾经几次想征调宁远知县汪辉祖。汪辉祖出于种种考虑坚辞，得到浦霖的赞扬。然而，也正是这个爱惜人才的浦霖，在调任福建巡抚之后因贪得无厌而获罪。汪辉祖对此人既心存感激，又引以为鉴。

多年官场经历让汪辉祖不得不给族人子弟提个醒，于是他在《学治臆说》中说："官衙习气，最足坏人子弟。凡家居不应有之事，官中无所不有。虽居官者，纪范极严，然时而升堂，时而公出，检束总有不至。仆从人等，饱食群居，乌能尽安素分，如耍钱唱、养鸟鱼、嬖优狎倡之类，何地蔑有？衣美食肥犹其小者。子弟血气未定，易为所惑，且若辈唯恐不当公子之意。用事者以此固宠，未用事者以此邀恩。一有所溺，父兄之教难行，为害不浅。况官非世业，久暂靡常，子弟即幸无外染，而饱暖嬉闲，筋弛骨懈，设不能仰给于官，将无所恃以自立。故惟子弟可治儒业者携之官中，俾受严师约束。其他不若各就所长，令其在家治生，以为久远之计。"

官府中的不良习气，最容易把人带坏。在寻常百姓家里没有的乱七八糟的事，衙门之中无所不有。且不说有些主官本身作风不正，就是那些饱食群居的随从，也往往不能安守本分。聚众赌博、闲游唱曲、饲养鸟鱼宠物、与戏子鬼混、狎宠美貌男童……这些不良风气哪个地方没有？官衙之内最是集中。

有些主官本欲严加管教，奈何公务繁忙，要么时不时因公出差，要么为升堂办案劳心费神，总有督查不到位的地方。所以，进入衙门的人难免会受到各种不良的影响。

衣服华丽，菜肴肥美，这种奢华的生活容易让人沉溺其中。尤其是年少之人，心理发育未成熟，性情不定，十分容易被人蛊惑。那些品行不端之人唯恐不能迎合主人的心意，便设法投其所好以求得到宠信，而那些没能得到宠信的人也会百般逢迎。

少年人一旦学坏，父兄的教诲就会被抛之脑后，到头来误人误己受害不浅。更何况，入仕途也不是可以世代传承的事业，做官时间长短没有定数。族人子弟即使有幸没有被外界不良环境污染，却是天天嬉戏享乐，不干正事，假如有一天不能再依赖做官的亲戚生存，他们又靠什么来自立呢？因此，族人子弟在学业上有潜质的，可以引导他进入仕途，但必须由严师加以管教；其他没有从政之才的子弟，不如令他们各自培养一技之长，留在家里治事谋生，这才是立足长远的打算。

既然衙门习气最容易教人学坏，那么保持廉洁自律的作风也是一个颇有挑战性的选择。老百姓喜欢清官，朝廷的《官箴》也提倡做清官，但清官并不是那么好做的。别说清官不易做，就连手脚干净的师爷都难得有几个。在官场这口大染缸里，能洁身而退者寥寥无几，想要不被染色，就得防微杜渐，从小事上开始警戒。

人情社会不能不讲究人情世故，但汪辉祖提醒同行不要过多接受人情。他在《佐治药言》中说："合则留，不合则去，是处馆要义。然有不能即去者，不仅恋馆之谓也。平日过受主人之情，往往一时却情不得。岁脩无论多寡，饩凛称事总是分所应得。此外多取主人分毫，便是情分。受非分之情，或不得不办非分之事。故主宾虽甚相得，与受必须分明。即探支岁脩亦宜有节。探支过度，则通有不合，势不得洁身而去矣。非分之事，乃官之私事，或公事而官有他意，强以迁就者。勿误会刑钱等件偶然代笔为非分。"

按照士人的人格独立精神，合则留，不合则去，此乃汪辉祖倡导的幕友处馆的要义。尽管汪龙庄先生的幕学著作《入幕须知》颇受世人推崇，但能将其精髓躬行贯彻者还是不多的。例如"不合则去"的原则，就有许多师爷没法做到。有些人虽与幕主不合，却又没有离开，汪辉祖对这种现象也有自己的解读。

在汪辉祖看来，他们之所以留下来自找别扭，主要有两种原因：一是因为自己对幕馆存有留念，毕竟做幕僚是落第读书人从事的综合性收益较高的工作；二是因为他们平时接受了太多太多幕主的恩惠，以至于在申请辞职时不好意思张嘴。

汪辉祖不赞成接受太多幕主的人情馈赠。

那要怎样定义人情馈赠呢？

师爷每年领取的脩金与粮物馈赠，都是自己的劳动成果，拿到的再多也是应得之物。除此之外，多收哪怕分毫的钱物，都是接受了幕主的分外人情。

不为非分之事是汪辉祖的立身处世原则。假如师爷接受了超出理所应得的人情馈赠，那就不得不在某些时候完成幕主请托的非分之事。这个口子一开，以后想要拒绝幕主的私情就更加开不了口了。日积月累，小恶聚集成大恶，师爷沦为幕主作奸犯科的帮凶，最终难逃法律制裁。依照汪辉祖的为幕之道，做师爷的应该把幕主引导到治国正道上，与幕主一同躬行廉洁奉公、勤政爱民的主旋律官德。假如为虎作伥，结党营私，就违背了幕友的本分。

千里之堤，毁于蚁穴。小时偷针，大时偷金。想要维护清廉自律的正气，当从小事防微杜渐。

汪辉祖认为，与幕主关系无论多么融洽，做师爷的都应当谨守一项基本原则——理所应得之物坦然接受，不当接受的东西则丝毫不取！有一种特殊情况尤其需要重视，即幕主或出于信赖或出于施恩，可能会批准师爷预支还没正式发放的脩金。尽管脩金属于理所应得之物，但汪辉祖也提醒同行在此事上必须有所节制。假如预支的脩金数额过大或者次数过多，就会给自己留下隐患，万一师爷与幕主产生龃龉，碍于预支的脩金过多，也势必无法全身而退。

只要平时不过多接受幕主的私惠，就不会为人情所累，被迫替幕主办理非分之事。汪辉祖所说的非分之事，并非指师爷越俎代庖，办理超出授权范围之内的事。在实际政治生活中，主官有时候会授权师爷代替自己写刑名文书，钱谷文书，在汪辉祖看来，这种偶尔采用的临时措施只是权宜之计，并不算超出师爷的本分。真正的非分之事，是主官的个人私事，或者是主官打算按照一己私意来处置的公事。

不能严于律己，不能拒绝私惠，不知害得多少英雄豪杰晚节不保。汪辉祖认为，廉洁自律之人，不应接受这种非分之事，否则，迟早会被官场这口大染缸给污染了。而到那时，心怀天下也将无济于事。

二. 贪字近乎贫，婪字近乎焚

清代书生喜欢念："书中自有黄金屋，书中自有千钟粟"。儒家《四书五经》试图给读书人灌输修身、齐家、治国、平天下的人生观，孟夫子还说大丈夫应该"富贵不能淫，贫贱不能移"。耐人寻味的是，广大书生寒窗苦读、顽强赴考的动力，恰恰是功名利禄与荣华富贵。毫不夸张地说，许多读书人不过是把圣贤教诲当作富贵的敲门砖，而并不真心认可孔孟先师的理想。再加上官场陋习浸染，清官廉吏反倒成为了公门中人的非主流。

尽管吏治已坏，幕道已衰，但汪辉祖依然反对贪婪腐败，他是那个由盛转衰时期里罕见的业界良心。汪辉祖考取功名是为了施展抱负，而非贪图富贵，因此，在权钱交易盛行的官场，他始终洁身自好，不为蝇头小利所迷惑。汪辉祖曾在《续佐治药言》中这样写道："鬻文为活，非快意事，固不可有寒乞相，使主人菲薄。而本来面目欲须时时自念，食饶粱肉，念家有应赡之妻孥，自不忍从粱肉外更计肥甘。赉及优伶，念家有待济之戚，自不暇向优伶中妄博欢笑。且客中节一钱之费，则家中赢一钱之资。家食无亏，行装可卸，又何必以衰年心力长为他人肩忧患哉。幕之为道，纵无有心之过，岂克无心之失。是既为人肩忧患，而尤为己肩忧患。苟可卸肩，亦何必于火坑中求生活耶？"

读书人以卖文维持生计，并非什么快意之事，再穷也不能有寒酸乞讨之相，否则会让幕主看不起。你原本的样子应当时时记起，吃着粱肉佳肴时，应当想起家中还有妻儿老小需要赡养，自然就不会再从粱肉之外拿出财物赠与优伶；一想到家里有需要资助的亲人，自然不会用血汗钱去博取优伶的欢笑。

勤劳致富，挣钱养家，天经地义。惜乎不少人只顾自己享乐，忽视了家庭责任感，为汪辉祖所不齿。做师爷的脩金虽然不少，但平时每节约一文钱，家人就能增加一文钱的开支。假如全家不缺食用，我们就可卸下行装，安度余生，何必在年迈体衰之时还长期为他人分担忧患呢？

幕友的立身之道，纵然没有存心之过，也难免偶有无心之失。干这一行既是替他人承担忧患，也是为自己承担忧患。假如可以卸下肩头的负担，又何必在官场这个大火坑里讨生活呢？

贪婪之人只知有权可以谋私，却不知权力越大，责任越大。而汪辉祖并没有把入仕看作入富贵之门，反而深刻地意识到从政就是要担负起更多的社会责任。忧国忧民，此之谓也。为幕做官，都是为人分担忧患。假如家境富足，年迈体衰，不如功成身退，不必贪恋权位富贵。若能抱着这种生活态度，就不至于堕落为贪官污吏，遗臭万年。

光是道德自律，还不足以做清官，处置政务时严明法纪，恪守本分，才能进一步杜绝贪腐之风。借助规章制度的约束来扼杀贪污腐败的源头，古人在这一点上做得不完善，但大体思路基本正确。大清律例虽然条目繁多，但规章制度并不太健全，所以，汪辉祖在从政生涯中开动脑筋，想方设法在制度上遏制官吏的贪婪之举。

财务公私分明可以有效防止主官放纵贪欲，这是汪辉祖总结出来的经验。他在《学治臆说》中说："宁远旧无库，征收饷银皆储内室，遇批解始发匠倾镕。余以为非制，创设库房三间，命库书司其管钥，此正项也。即廉俸所入，亦储账房。应酬日用，皆取给焉。盖一归私室，则当问出纳于室人。性啬者虑其绌也，出之不易，或误事机。性奢者见其赢也，用之无节，必致匮乏。且财之所主，权之所归也，并有因以干预外事者，若之何勿慎。"

汪辉祖出任宁远知县时，发现该县的财务管理非常混乱。原来，宁远县过去一直没有修建专门的仓库来存放钱物。征收的赋税饷银，都储藏在官衙的内室，直到分批押送进京时，前任主官才组织工匠熔化炼制。这样松散的管理流弊百出，无论是主官还是幕僚、吏役都很容易挪用公款。汪辉祖认为这并不符合朝廷的规章制度要求，于是做了改革。

首先，他令工匠新建了三间库房，专门用于存放饷银。

其次，他指定司库负责掌管钥匙，同时要求每一笔的支出或收入都要登记在册。

假如饷银放在内室，需要用钱时向室人讨要，那么吝啬的人可能舍不得用，又或者因为申请经费太麻烦，从而延误了办事的时机；而奢侈的人用钱没有节制，肯定会把公款挥霍一空。公家的财政管理应当权责分明，应当慎之又慎，否则很容易出问题。

勤俭节约以修身，安贫自守以正心，在幕则为廉幕，居官则为清官，这便是汪辉祖的为吏之道。

他并非讨厌富贵，贫寒艰苦的少年生涯，促使他致力于光大门庭，努力让家族过上好日子；他并非喜欢贫贱，要知道，他从政多年的积蓄，大多用于资助汪氏族人，包括不惜重金购买风水宝地作为汪氏公墓——这显然是为了子孙后代富贵所作出的决定。

但是，君子爱财也需取之有道，若是不义之财，非分之物，汪辉祖宁可选择清贫，做一个清清白白、堂堂正正的人。

汪辉祖的这种人生观，得益于两位母亲的谆谆教诲。在汪辉祖的父亲去世后，汪辉祖的生母徐氏和庶母王氏历经三年艰辛，还清了一笔莫名其妙的冤枉债。她们一方面对儿子爱护有加，另一方面又督学甚严，这使得汪辉祖从小就具有自立自强、洁身自好的品质，并且终身不敢违背家训。

汪辉祖在《梦痕录余》中对其二位母亲由衷地称赞道："余家赖二母之德之教，以传吾父之仁心遗泽。俾余肇始科名，今坊、培联翩继起，后之人知绍闻有自，心必正，行必谨，学必勤，不敢以非道非义之事，谒佚前光，则二母之流泽长远矣。"

在事业上，汪辉祖自认为临桂的内阁大学士陈公（陈宏谋）是对他帮助最大的人，关于这点，他的亲友也很少知道。陈宏谋办事认真，凡是州县上报的案件，都不直接批示，而是亲自调阅卷宗核实。在他的治理下，百吏肃然。假如不是陈宏谋在"周张氏立孙"案中力排众议，耿直的汪辉祖很可能从此被打压，就不会留下"汪七驳"的美名了。因此，汪辉祖对陈宏谋十分感激，终身以之为楷模。

有趣的是，在陈宏谋任江苏巡抚之时，汪辉祖恰好还经历了另一个人生考验。

当时汪辉祖在长洲知县郑流贤的幕府中做刑名师爷，刚到没多久，就有腐败分子想拉他下水。一位长着大胡子的前辈试图用蝇头小利来拉拢汪辉祖，他明确告知汪辉祖，若是不这样做，就不可能在这里脱贫致富。而且，此人还故弄玄虚，故意在汪辉祖面前说那些知名士子与老前辈的坏话，妄图以流言蜚语来干扰汪辉祖的心神。大胡子前辈还摆出一副开导他人的姿态，对汪辉祖讲述了许多索取贿赂的招数。

对于这番歪理邪说，汪辉祖非常反感，但却只是出于礼貌微微而笑，没有回答他的话。谁知这位前辈误以为汪辉祖已经被拉下水了，于是就按自己所说的办法向汪辉祖行贿。汪辉祖怒而呵斥，断然拒绝，却不料此人以为送钱太少，反而增加了贿赂的分量。汪辉祖心中十分害怕，便打算批示提审原告。当此人再次来拜访时，大吃一惊，而汪辉祖正色道："这是我家幕主（郑知县）的意思。"这才让对方断绝了行贿的念头。

那一年的七月，汪辉祖请假回家参加乡试，接替他工作的人没能顶住诱惑，被对方拉下了水。等到九月份，汪辉祖回到长洲县府时，仅仅过了三天，该人的罪行就东窗事发了。江苏巡抚陈宏谋命令长洲县刑名师爷察访追究两个当事人，受贿的师爷与行贿者闻讯后仓皇出逃……

假如汪辉祖当初被拉下水，如今要畏罪潜逃的就是他了。从此之后，汪辉祖更加严于律己，反复告诫自己不得以身试法，不可以贪图不义之财。在数十年官场生涯中，无论遇到什么情况，他始终贯彻清廉自律、洁身自好的作风。

汪辉祖认为自己之所以没有被抛弃，得到众多朝廷大员的赏识，正是因为他坚持"慎刑"两个字。敬畏恢恢法网，敬畏律例刑罚，让自己不敢贪污腐化。而纵观汪辉祖的一生，虽无高官厚禄，却也是政绩不俗，留给世人一个名幕良吏的清名。这个结局比那些作奸犯科、得意一时、最终被明正典刑的"聪明人"，不知强出多少倍。

三. 谨慎不苟，唯明察而已

古代公堂之上往往挂着一块匾额，上面写着"明镜高悬"四个大字。清官以此匾激励自己，而贪官与糊涂官以此匾粉饰自己。由此可见，"明察秋毫"是朝野对执法官吏的共同期待。如果说清廉是世人对官员的道德要求，那么明察就是世人对官员的能力要求。假如某位官员不曾贪污过一文钱，却屡次错断案情，那么他给社会和群众带来的危害，未必比贪官污吏少。糊涂官与腐败分子同样是害群之马，正因如此，汪辉祖才在自己的幕学著作中多次讲述办案经验。

汪辉祖在《学治续说》中指出："办重案之法，一人治一事，及一事止数人者，权一而心暇，自可无误。或同寅会，鞫事难专断；或案关重大，牵涉多人，稍不静细即滋冤抑。遇此等事须理清端绪，分别重轻，可以事为经者，以人纬之；可以人为经者，以事纬之。自为籍记，成算在胸，方可有条不紊，不堕书吏术中。其土音各别，须用通事者。一语之讹毫厘千里，尤宜慎之又慎。"

办理重案的办法，主要在于一个人专门负责一件事，或者事情只涉及到几个人。汪辉祖认为这样可以让办案人员事权统一而有富余精力，自然可以保证断案不出差错。不过，有些案件需要会同他人一起审理，没有独自决断的权限；又或者案情重大，牵涉到一群人。在这种情况下，稍微不冷静或不仔细，就会弄出冤假错案来。

所以，汪辉祖每次遇到这两种状况时，总是先把案情的头绪梳理出来，再统筹好审理工作的轻重主次。可以用事件为线索，找出相关涉案人员；也可以用相关涉案人员为线索，理清整个事件的前后经过。运用这两种办法，就能把案情梳理得明白如画了。

当时的一大司法弊病是，书吏利用某些地方官员不熟悉律例的弱点来影响判决。他们会不着痕迹地篡改案情，误导办事粗疏的主官做出对自己有利的判决，从而借此机会收受贿赂或者讹诈当事人家属。

刑名师爷出身的汪辉祖认为，破解这些伎俩的关键在于主官亲自记录案情的明细条目。唯有如此，主官才能掌握整个案情，讯问有条不紊，论罪胸有成竹，不掉进书吏们设下的陷阱。

此外，汪辉祖还指出了另一条重要经验：各地方的方言有所差异，为了保证沟通无阻，应该聘用通事（翻译人员）。若是一不小心听错了一句话，也会让案情差之毫厘，谬之千里。因此，对待这种异乡人犯罪时，尤其要注意慎之又慎，不可敷衍了事。

大体而言，汪辉祖的办案之道无外乎"谨慎不苟"四个字。只要做到了谨慎不苟，就不会被假象所欺瞒，就能顺藤摸瓜查明真相。那些被百姓赞为"青天"的良吏，没有哪个是以敷衍轻率的态度办案的，也没有哪个不是亲自做好每一个办案程序的。

不懂办事技巧，就算不得能吏。无独有偶，清代的万维鶽在其所著之《幕学举要》中开篇便指出，"办事以见解为主。呈状一到，要识得何处是真，何处是伪，何处是起衅情由，何处是本人破绽，又要看出此事将来作何结局，方定主意，庶有把鼻。事件初到，不可先有成心。及至办理，又不可漫无主意。盖有成心，则不能鉴空衡平，理必致偏枯。无主意，则依回反覆，事多两歧，词讼蜂起。"

清朝和大多数古典王朝一样，地方行政长官兼管司法事务，但真正熟悉律例且精通刑侦、审问技巧的官员凤毛麟角。这种体制的矛盾迫使官员只能靠聘用刑名师爷或者自学刑名之学来解决。然而，大清没有专门的司法学院（秦汉时代则有专门培训司法业务的学吏制度），师爷的刑名功夫往往也是从幕业前辈那里学来的。汪辉祖所讲授的内容，不光是总结个人办案经验，也是在弘扬刑名幕学，以改善官不能理事的陋习。

官员办事贵在有自己的真知灼见。批阅呈上来的状纸时，主审之人要能辨别出哪些信息为真，哪些信息为假，哪些信息是引发案件的缘由，哪些信息暴露了呈状人的破绽。对此事的结局也要有所预判，然后再确定该从何处着手。这样，才能将案件处理妥当。

那怎样才能做到办案有主见呢？

第一，刚接触案件时，不要有先入为主的偏见。假如心存偏见，就会蒙蔽自己的双眼，既不能看清事情真相，也无法公正裁决是非曲直，必定会偏离实情。

第二，进入正式办理阶段时，不可以漫无主意。假如拿不定主意，办事就会犹豫不决，审案过程也会歧见百出。如此一来，案件不但难以了结，还会招来更多的争议与诉讼。

清朝嘉庆年间曾经发生过一桩弟弟"欺兄霸产"案。此案由于情况特殊，取证十分困难，而初审官员拘泥于先入为主的成见，所以未能识破案犯诡计，制造了冤案。二审官员以过人的机智，巧妙地将此案平反。

江西南昌人邓世麒常年在湖北武昌经商，家中的庶母与幼弟邓世麟都靠他来养活。邓世麒非常钟爱幼弟，不但为邓世麟聘请教师，还在其考中秀才之后为其置办田产。在兄长的帮助下，邓世麟娶妻生子，生活颇为富裕。二十多年后，邓世麒自感老迈，又无妻儿，便想回到老家安度晚年，谁知弟弟见兄长生意亏本又年事已高，便翻脸不认人，不仅将兄长赶出门外，还一口咬定家产全是自己勤劳所得，与邓世麒全无关系。

邓世麒愤而到南昌县控告邓世麟。然而，南昌知县查核邓家的田产房契之时发现，上面都写着邓世麟的名字，没有证据可以证明购置田宅的钱来自邓世麒之手。于是邓世麒因证据不足而败诉，只得回武昌谋生。不想时运不济，经商再次亏本。后来在一位老渔翁的指点下，到湖广总督府上诉。时任湖广总督的张百龄，闻之勃然大怒，立即将状纸发给武昌知府程治平，令他迅速查办此案。

程治平感到此案颇为棘手——案子发生在江西南昌，而江西省是两江总督的辖区，湖广总督无权干涉，按照惯例，只能发公文请南昌官府处置。可是南昌官府早已判邓世麒败诉，走常规程序解决不了任何问题。张百龄得知此案疑难之处后，心生一计，让程治平故意找一个罪犯诈称"南昌人邓世麟也是参与分赃的从犯之一"，湖广总督府以此为由向两江总督发公文请求将嫌犯邓世麟移交到武昌府。

张百龄升堂提审邓世麟，邓世麟自然大呼冤枉。于是他顺势要求对方开具家产清单并列出购买时间、花费钱数作为凭据。张百龄发现清单上的财产总计价值约有白银三千两。邓世麟是一个不治生产的秀才，不可能有那么多资产。在他的严厉讯问下，邓世麟辩解说这些银子绝非赃物，而是在外经商的兄长邓世麒寄回来的。

张百龄见对方已经中计，又要邓世麟完整讲述家兄的情况，邓世麟只得据实招供自己的田地房产的确是兄长出钱购买的，并在供词上画押。如此一来，邓世麟欺兄霸产之事就有了确凿证据。张百龄趁热打铁，命人重责邓世麟四十大板，革除其秀才资格，家中财产均回归兄长邓世麒之手。就这样，在张百龄的巧妙安排下，邓世麒的冤情得以昭雪。

汪辉祖当了许多年的刑名师爷，审理过无数案件。他力主"办案无分畛域"的理念，竭尽所能地公平决狱、昭雪明冤，而寻常的执法者只是按部就班，不会像他那样深究案情查明真相。正如上述案件中的南昌县令，其判决虽然没有违背律例，但也完全没能维护司法的公平性，而张百龄作为朝廷要员，原本可以把此案交托给两江总督或江苏巡抚处置，可是他为了平反百姓冤屈，毅然接下了这桩取证困难的案件。张百龄办案见解不凡，又没有畛域之见，完全符合汪辉祖所倡导的为吏之道。

庸吏与良吏的最大区别，就在于良吏不遗漏任何蛛丝马迹，不放过任何案情疑点，不允许敷衍了事，不会忘记自己的使命，也不会推诿自己的职责。"汪七驳"的固执有时令主官与众幕友头痛不已，然则恰恰是这股严谨不苟的工作劲头，成就了汪辉祖和他的幕主们的盛名。

四．公事不宜迁就，宁失馆而不负心

朝廷命官是朝廷委任的，应当对国家负责（这是官员的职业道德）；为幕之人是朝廷命官聘请的，应当对自己的幕主负责（这是师爷的职业道德）。问题是，当幕主沦为祸害一方、鱼肉百姓的腐败分子时，身为一名有职业道德的师爷，又该何去何从呢？是舍义存忠，助纣为虐，还是舍忠存义，秉公办理？

师爷是主官的私人助理，想主官之所想，急主官之所急，这层天然的利益关系使得许多师爷成为贪官污吏的狗头军师。然而，汪辉祖认为这种做法恰恰表明幕道已经沦丧。

"食而谋之不忠，天岂有以福之"，不尽心尽力辅佐幕主，就不是一个有职业道德的师爷。但是，汪辉祖认为师爷当以良策忠告回报幕主的知遇之恩，帮助幕主推行兴利除弊、造福一方的善政。若是不问是非、助人作恶，让幕主在错误的道路上越走越远，反而对不起幕主的赏识。

人同此心，心同此理。汪辉祖主张公私分明，做个公门之中的业界良心。

汪辉祖在《学治臆说》中说："服官之义，唯上所使。上官以公事见委，艰苦皆不可辞，使我以私，必当自远。不特私事也，名为公事而行私意于其闲，一有迎合便失本心。为愈熟，委之愈坚，其势必至丧检骸法。此当于受知之初，矢以朴诚，不知有私，惟知有公。上官以为不达权宜，便是立身高处。"

在上尊下卑的封建专制时代，圆滑做人乃官场通则。下属对上官不是逢迎巴结，就是唯其马首是瞻，有些人甚至不惜为此舍弃大是大非。这种做法显然背离了汪辉祖所尊奉的为幕正道。

上官交办的公事，无论再怎么艰难辛苦，也要义不容辞地去做。因为这不仅是官吏的职责所在，也是佐治之人的分内之事。贪功透过，绝非明理之士所为。汪辉祖无论是佐治他人还是自己当主官，办事都一丝不苟，认真负责。他办案从来不拖泥带水，受理状纸之后就马上审讯，证据确凿时就当场结案。处理公务的才能与责任心让汪辉祖誉满官场，甚至在他去官退隐之时，也有督抚大员亲自请他出山。

然而，汪辉祖也并非什么事都办。倘若幕主以私事相托，或者是交办假借公事名义的私事，汪辉祖基本上都是敬而远之，不会像其他幕僚那样争先恐后。

幕主常把师爷视为心腹之人。而所谓心腹之人，就不仅仅局限于公事公办，连私密要事也能放心托付。有趣的是，汪师爷对幕主尽心尽言，却偏偏不肯接受其私托，换言之，他总是与幕主保持一定的距离，不让自己成为那种"心腹"。

这当然不是因为他情商低，不善于处理人际关系。他深知人情世故，处置公事往往能兼顾情理法，否则，他也不会得到那么多总督、巡抚的赏识。他之所以谨守私托，是因为担心开了"以私害公"的口子。

师爷一旦受理幕主的私托，就不得不根据幕主的个人意志去办事。如此一来，很可能会做出一些既不合律例又违背本心的举动。随着师爷与幕主的关系越来越亲密，接受的私托也越来越多，久而久之，势必会做出一些枉法害理之事，招致国法制裁。到头来，幕主伏法，师爷也跟着一损俱损。

所以，汪辉祖认为做师爷的一开始就应该朴实厚道一些，唯知公事，不受私情。只要自己态度端正，上官自然不会嘱咐私托。有些人可能担心这样会导致上官从此疏远自己，耿直敢言的汪辉祖倒不担心这点。他在公事上从来都是兢兢业业，而这能给上官带来政绩与声望。在公事上努力赢得上官的信赖，在私事上与上官保持一定的距离，这便是汪辉祖追求的为幕正道。

汪辉祖的好友兼幕主刘仙圃曾经对他那奉公亢直的性格有一个精辟的总结——遇到同道知交，可以终日盘桓而不知疲倦；假如气场不合，终日对坐而不发一言。刘仙圃认为汪辉祖这种耿直脾气，可以为幕而不可以为官。因为做主官要协和上下各方，需要懂得婉转，不能太过亢直。

江山易改，秉性难移。汪辉祖晚年做主官之时，仍然改不了"汪七驳"的亢直作风。因为在他看来，公事是不可以迁就的，哪怕为此离开官场，也不肯有负于良心。

汪辉祖在《佐治药言》中道出了这样的言论："实之佐主，所办无非公事，端资和衷商酌，不可稍介以私。私之为言，非必已有不肖之心也。持论本是，而以主人意见不同，稍为迁就，便是私心用事。盖一存迁就之见，于事必费斡旋，不能适得其平。"

师爷佐治幕主，所打理的无非是官府公事。办公之原则贵在和衷协商、仔细斟酌，不可以夹带哪怕半点私心。所谓夹带私心，并非指已经产生了不良的动机。自己的观点原本是正确的，却因为与幕主的意见不同而放弃自己的观点，迁就幕主的意见，这便是汪辉祖所批评的私心用事。

汪辉祖长期担任事权最重、地位最高的刑名师爷。这个岗位最需要的是明察、公正、不敷衍、不迁就。错解一条律文或者错判一个细节，就会导致冤案，甚至枉杀无辜。在其位而谋其政，执其事而思其责。内心一旦产生了迁就幕主意见的想法，在处理公务时就不得不花心思从中斡旋调停。假如斡旋之心太重的话，主事者是不可能把事情处理得公正得体的。所以说，公事不可迁就，必据理法而力争公平。这样才能上对得起国家社会，下对得起善良百姓。若是连这点信念都没有，就不配为佐治之人。

尽管汪辉祖的幕学思想颇受时人推崇，但真正能勤而行之者并不多。对于这种现象，汪辉祖也有深入的剖析。

汪辉祖在《佐治药言》中说："出于此者，大概为馆所羁绊。不知吾辈处馆非为宾主有缘，且于所处之地必有因果。千虑之得有所利，千虑之失有所累。小者尚止一家，大者或徧通邑，施者无恩怨之素，受者忌报复之端。所谓缘者，宿缘有在，虽甚龃龉未必解散。至于缘尽留恋，亦属无益。且负心之与失馆轻重悬殊，何如秉正自持，不失其本心之为得乎？此当与不合则去、得去有数、须成主人之美诸条前后合看，意义始尽。"

部分师爷之所以会一味迁就幕主的意见，主要还是受限于自己所扮演的角色——主官的私人助理。工作是幕主给的，薪水是幕主发的，假如没有幕主提供平台，师爷也不可能建功立业，连幕后英雄都当不得。食人之禄，忠人之事，这是三百六十行公认的规矩。可问题是，师爷并非卖身于主人的随从仆役，而是以智谋协助主官理政的佐治之人。在汪辉祖看来，师爷与幕主能在一起共事，是因为双方存在某种注定的缘分，而且，师爷与就馆之地，也必然存在某种因果，于冥冥中吸引自己来此打拼。

清朝民谚："刑名吃儿孙饭。"在当时的人看来，刑名治狱之人主持刑杀之事，有损阴德。常人为子孙后代积累阴功，而刑名治狱之人不但无法为后世积德，反而提前消耗了子孙的福报。汪辉祖相信天命因果，担心自己一旦迁就主官就会错断案情，恐怕会有恶报祸及子孙，所以他对待公事更加不敢迁就。

千般思虑之得，必能有其所利；千般思虑之失，必会有其所累。影响小的话，可能仅仅关系到一个家庭；若是影响大的话，说不定会波及整个州县。

汪辉祖对于幕业工作持随缘态度。若是主宾有缘分，就算一时意见分歧，也不见得会一拍两散；假如缘分已尽，那也完全没必要对幕府留恋不舍。与辜负自己的良心和百姓的信任相比，丢失师爷工作并不算什么重大的事。数百两修金的收入，怎能比得上坚持公道带来的收获呢？佐治之人的心胸应该开阔一些，有缘则留，留则同舟共济；无缘则去，去则好自为之。对于汪辉祖而言，所谓有缘就是幕主与师爷都有共同的抱负，能坚持共同的信念。能理解"公事不宜迁就"的开明幕主，便是贤士足以共商大计的有缘之人。

生性亢直的汪辉祖为了不迁就公事，可以力排众议，一驳再驳。虽然"汪七驳"得罪众位同僚甚至主官也已经不只一次两次了，但他依然坚持原则，从来不担心被撤职解聘。准确地说，他奉行"合则留，不合则去"的理念，从来没把幕僚之位当成是不可丢失的铁饭碗，而是视之为施展抱负的平台。他也不像寻常师爷那样得患失，唯恐被幕主扫地出门。该办的公事他绝不含糊，不该办的事也绝不迁就主官的私意，甚至宁可去职离馆，也要做到俯仰无悔，问心无愧。

五. 不知俗情，理事难廉平

想要明察秋毫，公正断案，不光需要一腔热血，还得讲究科学的做事方法。州县官员与幕僚初到异地就任，最忌讳急功近利，草率决策。

汪辉祖在《佐治药言》中指出："幕之为学，读律尚已。其运用之妙，尤在善体人情。盖各处风俗往往不同，必须虚心体问，就其俗尚所宜，随时调剂。然后传以律令，则上下相协，官声得著，幕望自隆。若一味我行我法，或且怨集谤生。古云利不百不兴，弊不百不除。真阅历不可不念也。"

师爷主要的学习内容是熟读大清律例。而师爷想要在判案时熟练运用合适的律例，关键是要善于体验观察当地的风土人情。

中国幅员广袤，族群众多，每个地区的风俗习惯与民生状况，往往大相径庭。主政之人必须学会虚心求教，体察民情，了解当地人推崇什么、反感什么、需要什么，然后根据当地的实际情况，采取最合理的举措，对地方法律法规随时加以损益修缮。完成好这些基础工作之后，再着力宣传官府的新政。如此一来，衙门上下和当地老百姓都可以相处得很和睦，主政者的政绩与名望也会因此上升，师爷与胥吏落实法律政令的执行力也将得以提高。

若是一味我行我素，机械按照律令行事，而没能结合风俗人情进行变通，就会招致各界的埋怨与毁谤。古语有言："利不百不兴，弊不百不除。"若是一项举措收益不够大，就不要去推行；若是一种时弊的危害可以忽略不计，就无须为此费神。这是那种真正阅历丰富的人才说得出的话，我们不能不认真对待它。

那么体察当地风俗人情，当从何处着手，又该了解哪些内容呢？汪辉祖认为，体问风俗首先要了解当地禁忌。

汪辉祖在《学治臆说》中说道："人情俗尚各处不同，入国问禁，为吏亦然。初到官时不可师心判事。盖所判不协舆情，即滋议论。持之于后，用力较难。每听一事，须于堂下稠人广众中择传老成数人，体问风俗，然后折中剖断，自然情法兼到。一日解一事，百日可解百事，不数月诸事了然，不惟理事中肯，亦令下如流水矣。"

每个地区的百姓性情习俗千差万别。师爷每到一处游幕，首先应该查问当地有哪些禁忌。做主官的人也是一样，当以察访民情风俗为第一要务，因为触犯当地禁忌最容易失去民心，无论你如何清正廉明，都不能抵消给百姓带来的负面印象。这是中国古代的重要政治经验之一。

早在战国之时，秦国训练文法吏的教材里就有记载民俗忌讳的《日书》。《日书》相当于后来民间流行的《老皇历》，对当时各地百姓的起居出行有着不可小觑的指导作用。有趣的是，秦国南郡原为楚地，楚《日书》与秦《日书》的细则也颇有差异，于是秦国官府将两套《日书》同时作为官吏的民俗人情读本，以免地方官吏不知民生俗务，胡乱作为。

由于体制差异，清朝没有秦代那种全面而严格的官吏培训机制，所以许多地方官并没有养成体问风俗的良好意识。他们初到一地就急于出政绩，不了解也不去考虑当地的实际情况，自以为是地拍脑袋进行决策。尽管有些决断可能还算入情入理，但要是和当地的民俗人心相违背，就必然招致许多非议和不必要的阻力。

办事不妄下结论，说着容易其实做起来很难。对此汪辉祖给出的建议是：主官每办理一件事，就从百姓中选一些老成之人来询问，然后再根据反馈意见折中处理。这样一来，主官就能做到兼顾律法与情俗，处置结果定能让百姓满意。

汪辉祖常常巡视辖区各地，体察民情土俗，还亲自制作《客言簿》。他向当地父老询问各种情况，例如有没有土匪、讼棍，如果有的话，再查出姓名、年龄、样貌、住处。他就这样耐心地调查，将询问结果一一登记在《客言簿》中。按照他的估算，假如主官或师爷每天询问一种民俗，那么一百天就能了解一百种民俗。不出几个月，就能对地方上的情况了然于胸，对如何推行善政也是心有定见。如此一来，主官不单是处置公务时能做到中肯周全，还可以让政令在当地畅通无阻。

洪亮吉在汪辉祖的墓志铭中写道："盖君自弱冠以后，未筮仕已前皆在州县署主刑名，及君入官而洞悉民隐，烛照物情，胥吏舞文之弊，墨吏恫吓之繇，罔不剖析入微。故甫抵任，民即号为神君。"当地百姓尊称汪辉祖为"神君"，正是因为他熟悉民情与律例，总能用巧妙的办法兴利除弊。

湖南宁远县是个贫瘠偏僻的地方。宁远远离省城长沙，各种积弊混杂，吏治非常糟糕，所以其他人都不愿到这个没油水又难管理的地方当官。而汪辉祖却在赴任宁远知县后，推行了一系列新政，将此地治理得井井有条。

宁远的流丐众多，形成了类似黑社会的组织，而同时，地棍、讼师、盗贼也危害一方。前任知县无力解决，衙门吏役也不太敢管此事，使得宁远的治安越来越糟糕。汪辉祖到任后，系统地调查了一番民情，把各种情报登记在册。紧接着，他打出一串组合拳，铲除了这些恶势力，还给宁远百姓一个安定的社会环境。

宁远有个外号"飞天蜈蚣"的流丐首领，纠集党羽76人，横行不法，欺压良善。汪辉祖集结力量，趁其醉酒归来时将其捕获。流丐党羽闻讯后也零星散去。还有一回，汪辉祖一行人路过新田县某村，遇到三十余名流丐将他们包围，强行乞讨，他以铲除"飞天蜈蚣"之事厉声呵斥，惊退了这群流丐。从此以后，新田境内再没有恶丐横行。

科举出身的清朝官员往往只知道大概的政务，而缺乏娴熟的执政技巧，所以，由师爷行当总结出来的幕学，几乎可以代表当时的最高执政水准。不少清朝的能臣良吏，大多有过幕业经历，例如后世大名鼎鼎的林则徐、左宗棠等，都是经世致用的实干家，也都曾做过朝廷大官的幕僚。由幕业锻炼出来的官员，大多业务素质过硬，理政治民也颇有章法，更善于根据各地的实际情况来施政。

汪辉祖先游幕后做官，视野更开阔，见解也更务实。他曾在《学治臆说》中说过："有才有识可善治矣。然才资练达，识资明通。遇有彼此殊尚，今昔异势者，尤须相时因地筹其所宜。若自恃才识有余，独行其是，终亦不能为治。譬之医师用药不知切脉加减，而专袭成方，则蔓菁杀人，未始不与砒信同祸。"

有才华与学识的官吏可以处理好政务，然而，即便是才干练达而见识明通之人，也应当注意时间与地域的差异。碰到那种彼此习俗风情大相径庭，或者眼下与过去的形势相去甚远的情况时，就要特别注意权衡时间与地域的具体差异，思谋一个符合实际情况的对策。

与时俱进，因地制宜，是任何一位务实官员都应当具备的意识。清朝的官员往往每隔几年就会调到另一个地方工作，例如汪辉祖最尊敬的陈宏谋，先后在多地担任巡抚或总督，足迹遍布江南、中原、西北。这些地区的物产、风俗、民生以及人们说话的口音与饮食习惯都千差万别，如果用一刀切的办法治理，肯定会出大乱子。

在桂剧《大儒还乡》中，甘陕总督陈宏谋为了在关中推行乾隆皇帝倡导的桑政，从江南地区引进桑树和蚕种。殊不知陕西气候干燥寒冷，并不适合种桑，结果一番改善民生的好意，反倒成了恶政。

汪辉祖在官场中见惯了这种好心办坏事的悲剧，于是他对执政者作出了严肃的提醒。假如自以为才华学识可以胜任，就刚愎自用、独断专行，那么到头来肯定处理不好政务，甚至会犯下重大错误。

古人云："下医医人，上医医国。"医生若是不明白如何切脉，不懂得根据病人的情况在处方中增减配药，只是机械地照搬前人的现成药方，那么就算是人参和蓍草之类的名贵药材，也会像砒霜一样致人于死地。

治国理政的道理，与良医治病如出一辙。体问民俗人情好比是切脉，诊断出那些阻碍当地发展的弊政，才能对症下药，药到病除。倘若不问民情，一味照搬前人的"善政"，不但无法造福一方，还可能给百姓增加新的负担。不知俗情者，理事难以廉平，所有有心建功立业的执政者，都应当引以为戒。

第 六 章

慎独修身推诚至朕

——君子役物的修身之要

利不如名，不以穷通贫富为意

修身正己，莫论他人是非

以学养生，读书方可明理

君子役物，小人役于物

在物欲横流的世界，保持廉明之心很不容易。特别是经历过家道困顿之苦的人，可能为追求富贵荣华而不择手段。"安贫乐道"只是孔孟先师提倡的一种德行修养，而向着功名利禄不断前行才是读书人的普遍选择。

君子爱财无可厚非，只是须得取之有道；君子博取功名本是常轨，只是在这条道路上，有很多人会迷失自我，忘却经世济民的初心，被纸迷金醉的环境蒙蔽了双眼。

为了避免这种情况出现，孔夫子从开创儒门起就反复强调修身养性。修身要到达"慎独"的境界。真正的君子，修身养德不分场合，与众人相处时，一言一行符合礼义道德；自己独处而无人监督之时，也不可放纵恣肆，依然保持同样合乎规范的言行举止。

在古人的语境中，君子与小人是截然对立的二元。两者在各方面都存在差异，其中最主要的有两点：

其一，君子有廉耻之心，最怕留下千古骂名，被人戳脊梁骨；小人则没有廉耻之心，利令智昏，无节操无底线。

汪辉祖在《双节堂庸训》中这样说："事之失其本心，品不齿于士类，皆从寡廉鲜耻而起。顾廉耻乃忌惮，有忌惮才能检束，能检束自为君子而不为小人。"

假如读书人鲜廉寡耻，就会被整个士人群体鄙视。礼义廉耻，国之四维。人只有忌惮羞耻之事，才会约束自己的言行举止，避免沦为不知羞耻的小人。

其二，君子役物，不会被物欲扰乱了心神；小人役于物，掉进物欲漩涡中出不来。

幕业之中地位最显赫的是刑名师爷与钱谷师爷，其工作性质的特殊性，对两者提出了更高的修身要求。刑名师爷执掌狱讼，掌握着他人的命运，倘若身心"役于物"，必然会为了索取贿赂而损害律法尊严；钱谷师爷直接与财物打交道，倘若身心"役于物"，定然会监守自盗，中饱私囊。

汪辉祖之所以被尊为大清第一名幕，与其坚持修身养德的作风是分不开的。他主张"竖起脊骨，务本做人，宁为小人讥笑，毋为君子轻薄"。

一．利不如名，不以穷通贫富为意

汪辉祖之所以被世人奉为大清第一名幕，凭的是出类拔萃的才能与正直高洁的操守。他的人生哲学与修身之道，在那个世风日下、由盛转衰的年代显得尤为可贵。

汪辉祖强调，人生在世，做人最基本的原则就是要"竖起脊骨，务本做人，宁为小人讥笑，毋为君子轻薄"。在他看来，做一个明是非、知廉耻、脚踏实地、堂堂正正的人，是齐家治国建功立业的前提。

礼义廉耻，国之四维。读书人首先应有廉耻之心，被人戳着脊梁骨却仍不感羞耻，这样是非不明的人生是最失败的。汪辉祖说："顾廉耻乃忌惮，有忌惮才能检束，能检束自为君子而不为小人。" 而他的《佐治药言》中的"立心要正"、《学治臆说》中的"志趣宜正"、《双节堂庸训》中的"人需实做"、"人从本上做起"等等条目，无不在强调做人当有"廉耻之心"这一修身原则。

在祖父、父亲、两位母亲以及学堂老师的教导下，汪辉祖从小就树立了"利不如名"的价值观。他认为爱惜名节不同于世人所抨击的沽名钓誉，而是一种自爱与进取的表现。沽名钓誉者多有诈伪之行，而爱惜名节的人不会胡作非为。

汪辉祖说："圣贤为学以实不以名，然君子疾没世而名不称焉。实至名归，亦学者有所尚。谓名不足爱，将肆行无忌，故三代以下，患无好名之士。好孝名断就不敢有不孝之心，好忠名断就不敢为不忠之事，始于勉强驯致，自然事事皆归实践矣。第务虚名而不敦实行，斯名败而诟讪随之，大为可耻。"

可见，汪辉祖所看重的是因积德行善且言行举止都符合礼仪所得到的实实在在的美誉，而不是那种依靠欺骗手段和表里不一的言行举止骗取而来的虚名。汪辉祖在归隐萧山之时，婉拒了乡绅为自己申请的孝廉方正资格，因为在他看来，好名声不是依靠官位权势来证明的，而是来自于百姓对自己的赞许，也来自于自己那颗俯仰无愧于天地的良心。

所谓的正人君子，首先表现为心术端正。所谓正心，就是要努力追寻一个公平正义的目标，不为任何阻碍所动摇。

正心可以先从读书明理入手。心志修行的内容很多，要虚心，戒已甚，忌辣手，当爱名，勿好胜，勿自是，勿自矜，勿过刚，勿苛刻。汪辉祖一直强调要注意细节之处，他说："着新衣者，恐有污染，时时爱护；一经垢玷，便不甚惜；至于浣亦留痕，则听其敝矣。儒者，凛凛清操，无敢试以不肖之事。稍不自谨，辄为人所持，其势必至于逾闲败检。故自爱之士，不可有一毫自玷，当于小节先加严慎。"

作为正人君子，其次是要节制欲望，不可肆意放纵。假如一个人不懂得节制嗜好欲望，对事对物都贪得无厌，迟早会丧失做人的原则，从而落得个身败名裂的下场，甚至还会殃及先人，祸及后代。

汪辉祖的《双节堂庸训》中所说的"欲不可纵""勿贪不义之利""临财须清白""宜杜华奢之渐"等等，都是在告诫世人怎样避免因放纵贪婪而招致身败名裂的恶果。不贪非分之财，就不会踏上腐败之路。汪辉祖认为，幕友在平时的生活中应该保持节俭，不可以贪图享乐，沉溺于奢华生活。为官之人更是要做到清廉自守，克己戒慎，自己与家人的生活都不可铺张浪费。

如果能做到本正源清，律己严格，吏役就不敢以财富相引诱，为官者就不会因为贪污受贿而落下污名。

当然，汪辉祖说的律己并不是一味地消极节欲。律己的真正含义是要竭尽所能，依靠正当的途径来获取物质以及精神的满足。所以，不管是为幕之人还是为官之人，都应该树立脚踏实地、吃苦耐劳、勤奋努力的人生观。

看淡富贵，惜名律己，纸上的道理其实简单明了，奈何大部分人都无法做到"闻道而勤行之"，甚至于有些饱学之士自己都不能按照自己所说的道理去做。难能可贵的是，汪辉祖言出必行，用自己的一生实践了这既高且洁的律己规范。

汪辉祖少孤家贫，十七岁应童子试，曾经为人代做枪手而换取纱衫。两位母亲发现后，将其大骂了一顿，自此，汪辉祖便安贫守分，不为利欲所迷惑。在此后三十四年的幕府生涯里，他更是做到了非分之财一分不取，平日里的生活也十分节俭，从不敢多浪费一文钱。汪辉祖平常所得的脩金，几乎全都寄回老家孝顺两位母亲，自己的饮食、衣物则非常节俭。他从不博弈，也不沉迷于歌舞，甚至于知府大人邀请他参加宴会，他也全都婉拒。

即使是在主官府中，汪辉祖也是十分节俭。他曾回忆道："向晚与同辈宴谈，辄退灯中火主，只留一条，曰：'勿令无事耗油。'隆冬室中不生炉火，曰：'吾家曷尝用此，奈何枉费主人钱！'"即使后来中了进士当了官，仍然保持着寒士的本色："书吏禀纸有余幅，必手自裁割，箧藏之，凡书衙单，皆取给焉。"

有些士子佐治他人时能安于清贫，一朝中举为官，就舍弃了节俭的本色。所幸，汪辉祖不是这种晚节不保的人。

他在平日里自然也不用奢靡之物，在宁远做知县时平均每日的开支不会超过百文钱。此外，他绝不沾染杯中物。有一次，永州总兵邀请他参加宴会，知道他平常从不浪费，故而有意戏弄他。总兵命令雏伶向汪辉祖劝酒，假如汪辉祖不喝酒就要罚他赏雏伶十两金子。谁知汪辉祖为了不喝酒，硬是向别人借了十两金子赏给雏伶。总兵看到这样的情况，感觉到汪辉祖确实是个守正之人，于是自罚一杯为自己的不当之举道歉。

汪辉祖的廉洁俭朴之风也使他的家人受到了熏陶，其家眷日常生活都十分节俭。他的夫人王氏、曹氏衣着朴素，甚至还做一些纺织针线等手工活来补贴家用。儿媳也从不戴簪花，不涂抹脂粉，没有宾客盈门的情况下也从不盛装打扮。

尽管在个人生活上不肯浪费一文钱，但汪辉祖对公共事业的投入却毫不吝啬。反观那些贪官污吏，私人享乐极尽奢华，对于该拨付的财政支出却抠之又抠。例如宁远县以前那些官员，买东西时会故意压价，许多胥吏也都以此大占老百姓的便宜。汪辉祖担任宁远知县后，立即废除了这一陋习，购买物品全部按照市场价格，这让宁远百姓对汪辉祖非常感激。

宁远没有库藏，汪辉祖上任后就立即捐出俸禄修建了三间库房，设立库书、库丁，使得宁远的赋税以及公帑自此不得入私人内室，让衙门中的贪污之风得到了有效改善。此外，他又帮助宁远修筑了城垣，所需经费全都由乡绅管理，一分一毫都不经己手。之后罢官回乡，奉命修筑浙江塘工也是如此。

汪辉祖为幕多年，始终抱着不贪财的宗旨，为官之时也不任肥缺，宁愿留守苦缺。他这一生两袖清风，进退自如，累积了三十几年的幕脩、廉奉，大多用于资助族人（如购买墓地田宅、为汪氏子弟聘请教师等等），余钱仅够买七十亩田地。到了晚年，他的生活更见拮据，甚至无钱购买书籍。

清代有谚语说："三年清知府，十万雪花银。"汪辉祖做了十年的州县官，又不聘请幕友，竟是如此清贫，实在是无愧于清官之名。《论语》有云："不义而富且贵，于我如浮云。"汪辉祖的观念就是如此。在他的眼里，财富与权位对一个寒窗苦读十年的学子固然重要，但清白刚正的名誉更为珍贵。所以，他一生安于勤俭清贫，始终不愿收取哪怕一文不义之财。

最值得一提的是，汪辉祖在家里建了一间譔美堂，供奉仙灵以及藏书，并且告诉子孙不能将譔美堂当作书塾或是客房使用，除了祭祀之外更不准擅自进入。嘉庆元年六月，萧山的天气酷热难当。汪辉祖畏热烦闷，家人以譔美堂清静凉爽为由劝他进去歇息，谁知他想也不想便拒绝了。他说："既然已与子孙有约，何敢自开其端，贻后人口实。"

汪辉祖严于律己，但对待他人却以忠恕为本。他说经历了几十年的世事，方才明白忠恕的道理。世上的人往往是精明者刻薄，宽厚者昏庸，而汪辉祖却做到了既精明强干又忠厚宽容，实属难得。

汪辉祖以爱人之心与人交往，克己容忍，循分务实，故而才能做到佐治他人之时尽心、尽言，尽量"成主人之美"。假如自己所提出的意见会给上司带来麻烦，汪辉祖便会自动请辞，让上司可以便宜处理，不受自己的影响。做主官之时，他更是以勤成事，处处为民着想，因此经常会受到幕友、上司的指责讥诮。这并不是他人品有问题，而是因为他在公事和大节上从不肯迁就。

"一生得力，在吃紧为人，慎于修身，严于律己"，这是汪辉祖对自己的评价；其他人评价他是"少尚志节，老而愈厉，持论挺特不可屈撼，而从善如圜"。通过不断修身律己，汪辉祖求仁得仁，获得了名幕良吏的美誉。

二. 修身正己，莫论他人是非

道德高尚之士往往嫉恶如仇，喜欢臧否周围人的是非黑白。久而久之，他们变得越来越高傲不群，让人们难以接近，甚至遭到嫉恨与诋毁。古人说的"皎皎者易污，峣峣者易折"，就是这个道理。读书人的祖师爷孔夫子克己复礼，律己甚严，但他同时保持着"温良恭俭让"的君子美德。严于律己，宽以待人，能做到这一点的人，可以称得上君子了。

汪辉祖生性亢直，在断案时可能会跟同僚甚至幕主争得面红耳赤，但他同时也一直秉持着"修身正己，闲谈莫论他人是非"的原则。尽管在他看来，许多人的兴趣爱好以及言行举止都不是正派君子所为，但他也绝不会通过抨击他人小恶来标榜自己的美德。

不在背后议论他人是非，既是一个有德之士的基本修养，也是官场中人立身保命的准则。为官之人必须谨言慎行，以免为自己平添不必要的仇怨。

假如你经常在他人面前搬弄是非，那么这些是非之语迟早会经过好事者之口传到当事人的耳中。也许你的本意只是对其个别缺点稍有点评，但好事者肯定会添油加醋、扭曲原意，从而引起当事人的怨恨。许多人就是因为口舌而招致了无谓的灾祸。清朝官场中发生过许多教训，特别是在雍正时期发生的一个重大案件，让汪辉祖更加明白"莫论他人是非"的重要性。

雍正四年（1726年），直隶总督李绂弹劾河南总督田文镜，田文镜不甘示弱进行报复。两位高级官员的相互弹劾震动了朝野。此案牵扯颇广，甚至连谢济世、陆生楠等案也是源自于此。

田文镜是监生出身，办事雷厉风行。雍正皇帝素来喜欢实干之才而不喜眼高手低的文人，故而一直很赏识他。由于皇帝的器重，田文镜从州县小吏爬到了河南巡抚的位置。雍正是清朝政令最严厉的皇帝，而田文镜恰恰以执法苛刻著称。他以办事拖沓为由，一口气罢免了三四个科举出身的州县官员，其中包括由左都御史蔡玉廷所推荐的信阳知州黄振国。

新授直隶总督的李绂取道河南，田文镜按例迎接李绂，科举出身的李绂忍不住当面斥责田文镜不应该蹂躏读书人。田文镜则秘密上书皇帝，说李绂打算为黄振国叫屈，因为他们是同年的科举生，暗指对方结党营私。

不久后，李绂入京觐见雍正，状告田文镜贪虐以及诉说黄振国等人的冤屈，然而雍正早已接到田文镜的密疏，所以对李绂的话置之不理。李绂又接着上疏雍正弹劾田文镜。雍正虽然不满李绂所为，但还是派人去河南调查此事。雍正发现田文镜的确存在一些不当之举，却也并不像李绂所说的那样贪赃枉法，于是对田文镜更加信任，而李绂等人的悲剧命运则由此开始。

同年冬天，浙江道监察御史谢济世从刑部外郎陈学海那里听说了田文镜的劣迹，便上书参劾田文镜的十大罪状。雍正非常不悦，将奏章退回。谁知谢济世不依不饶，坚持要弹劾田文镜。雍正大怒，下令将他发配到阿尔泰，同时把蔡玉廷贬为奉天府尹，李绂贬为工部侍郎。

雍正七年（1729年），镇守阿尔泰的锡保上奏称，谢济世已经公认自己是受李绂、蔡玉廷等人的指使去弹劾田文镜的。怒不可遏的雍正立即下旨判黄振国死刑，李绂、蔡玉廷等人也被打入大牢。在李绂等人遭罪之时，田文镜却官运亨通，更加受到雍正的宠爱。

陆生楠被牵连至此案，纯属倒霉。他是举人出身，因军功调任吴县任知县。由于政绩不俗，他被皇帝召入京城。可是，雍正批阅陆生楠的奏折时觉得此人太过狂傲，第一次见他时，又看他应对滞讷，行为乖张，便不太待见他。待到第二次觐见，雍正更觉得他态度不恭，毫无改进，所呈奏折还写有"惠迪吉""从逆凶"等语，便认为他讽刺自己。李绂曾经担任广西巡抚，而陆生楠恰好是广西人，于是雍正以党援之名将陆生楠革职，与谢济世一同发配到阿尔泰军前效力。后陆生楠著《通鉴论》十七篇，被锡保弹劾妄议时政，讽刺雍正，被雍正判以"先诛心，后诛人"。

从这一系列案中可以看出，轻率议论他人是非很容易招致飞来横祸。李绂未经证实就弹劾田文镜的劣迹，给雍正留下了极坏的印象。而田文镜上奏李绂结党营私导致了众多冤案，也是造成他虽做官廉洁、却始终在官场和民间没留下好名声的重要原因之一。陆生楠虽然是躺着也中枪的倒霉蛋，可如果他平时加强修身，谨言慎行，也不至于被雍正猜疑。

汪辉祖认为，如果想要避免不必要的灾祸，就应当谨言慎行。与他人相处时，不要轻易论人是非。假如无凭无据地对他人妄加评论，往往会为自己的未来酿下祸殃。

孔子曾说："君子食无求饱，居无安求，敏于事而慎于言，就有道而正焉，可谓好学也已。"意思是说，做事要敏捷，言语要谨慎。

孔子说这句话的用意也是为了让弟子远离是非之语，远离灾祸。汪辉祖非常认同这一观点，更是将这种观念作为他行走官场时的金科玉律。

同时，汪辉祖认为出言不慎也会对他人造成伤害，所以在要评价别人之时，首先要想想自己说出的话是否符合事实，会不会伤害到别人。可说可不说的话最好不要说，不能说的话就坚决不说，必须要说的话要先经过多方考虑，估计利害后再说。假如口无遮拦，很可能给自己埋下恶报的种子。

莫论他人是非，是君子修身中非常重要的一点。一个人素养的好坏，就看这人是否会不经事实验证就口无遮拦地妄加议论。明智之人都能做到"谣言止于智者"，"莫论他人是非"。

汪辉祖在《学治续说》中说："事有未惬于志者，上官不妨婉诤。寮友自可昌言。如果理明词达，必荷听从。若不敢面陈而退有臧否，交友不可，况事上乎？且传述之人，词气不无增减，稍失其真，更益闻者之怒。惟兴口戎，可畏也。"

在汪辉祖看来，如果心中对某事或某人存在疑问，与其背后议论不如当面直言，这样不仅能解除自己心中的疑惑，也可防止因妄加议论而受到的无谓之灾。否则，稍有不实之处，就会让对方变得更加愤怒。当面陈述的另一个好处是，可以防备传话之人添油加醋、歪曲自己的本意，避免小人从中挑拨离间。

宋代慈受禅师在《训童行》一诗中说："莫说他人短与长，说来说去自招殃。若能闭口深藏舌，便是安身第一方。"

佐治之人贵在修身正己，首先一条就是莫论他人的是非短长。因为按照佛家的因果报应说，谈论是非的人最终也会因为自己的是非之语遭到报应。俗话说："病从口入，祸从口出"，许多时候，人的灾祸就是从口舌中引发而来的。

汪辉祖说，人都有一张嘴，说好说坏全在于自己，如口舌不好，说话毫无节制，那么不仅不会讨人喜欢，有时还会引火烧身。古语有云："言多必失。"当一个人话说太多的时候，就一定会存在失言之处，从而惹别人生气，招致对方的厌恶。而且话语过多，也会让他人感觉这是一个华而不实、轻浮之人。所以，不管是做人修身，还是为幕为官者，不仅要做到莫论他人是非，也要做到远离是非之人。有些人喜欢故意捏造事实去伤害别人，他们为了达到某种目的，就把自己的快乐建立在毁坏他人名声之上，这种人往往会给身边的人带来灾祸。所以远离这种爱搬弄是非的小人，也是非常重要的。

汪辉祖在严格约束自己言行的同时，也要求亲人朋友在日常生活中莫说闲言碎语，这样就不会中伤别人，也不会为他人所伤，因为有时即使是自己的无意之语，往往也会出现"说者无意，听者有心"的情况。

其实，在很多时候，一个人的学识以及人品并不是靠语言来显现的，适当地减少自己的话语，别人就会认为你非常有涵养，从而更尊重你。《菜根谭》有云："十语九中未必称奇，一语不中，则愆尤骈集……君子所以宁默毋躁。"这句话说的就是这个道理。

汪辉祖说，一个人不仅要对人谦恭有礼，还要懂得忍辱宽容。"静坐常思己过，闲谈莫论人非"，"见贤思齐焉，见不贤而内自省也"，这样就可减少口舌之孽。

为政之人不能谨言慎行，随时都可能身陷囹圄（前文提到的谢济世和陆生楠的遭遇就是典型的例子）。莫论他人是非，谨言慎行。即使要论也要在查明事实的情况下去论，否则终会引火烧身。

三．以学养生，读书方可明理

114

在家人的严格督学下，汪辉祖从小就明白读书的重要性。到二十岁时入府为幕后，他更深刻地意识到如果想要当一个不造成冤假错案的好官，就要多多读书读律。只有将有关案件的律法或是条例熟记于心，才能知道怎样去查案，怎样去判案，才能知道怎样是公平有理的。而且，多读书也能提升自身的修养气度。所以说，以学养生，百利无一害也。

汪辉祖在《佐治药言》中指出："学古入官，非可责之幕友也。然幕友佐官为治，实与主人有议论参互之任，遇疑难大事，有必须引经以断者，非读书不可……每见幕中公暇，往往饮酒围棋，闲谈送日，或以稗史小说消遣自娱。究之无益身心，无关世务，何若摒除一切，读有用之书，以之制事，所稗岂浅鲜哉。"

学习古代的经典，然后再通过科举考试做官，这种标准不应该拿来要求所有的幕友。因为入幕之人都是尚未及第或者放弃科考的读书人。但这并不代表幕友就不需要加强学习了。

幕友的天职是佐治官员施政。他们实际上与幕主同样担负着从政议政的职责。特别是科甲出身的官员，往往学非所用，需要幕友的知识技能来互补。假如遇到了难以定夺的疑难之事，而必须引用儒家经义来协助判断时，就非读书不可了。

好逸恶劳是人之天性，虽然读书人为了入仕不惜十年寒窗苦读，但有些人一朝高中入衙门，就不再继续保持刻苦学习的作风了。那些以幕养学之人往往更加懒散，不是与人饮酒下棋，就是整天与人闲聊，或是以野史、小说之类作为自娱和消遣时光之物。这些行为在市井小民眼中可谓是惬意人生，但在汪辉祖看来却对修身养志没有什么益处，更与公务没有多少关系。相比之下，还是排除外界一切干扰，静下心来读点有用的书籍，把书上所学的知识应用到处理公务中去，更让人受益终身。

世上天才寥寥无几，那些成就非凡的名人，也并不都是天资聪慧，而大多是通过刻苦学习来提高自己的能力水平的。相反，某些天赋之才如果自恃过高，不懂得以学养生的道理，不勤学苦练以保持先天优势，最终不但学无所成，原有的才华也挥霍一空，沦为平庸之辈。

清朝乾隆皇帝就是一个非常好学的人。他能被雍正皇帝选为皇位继承人，与他以学养生的人生态度是分不开的。乾隆以慎重勤勉为修身准则，以骄傲自满为戒。虽然贵为一国之君，他却终身都把自己看作一个"学生"。治理天下需要很多学问，不学无术者多半会沦为昏庸之君，唯有"学"才能"生"，才能成为英明干练的才智之人。乾隆对此有深刻的认识，所以，他勤学好读，以学养生。

身为皇子的乾隆从六岁起开始接受一套正规和严格的皇室教育，这种教育一直持续了近二十二年。乾隆在读书学习中掌握了汉文化的精粹，并将之成功地运用到治国实践中，这为他开创乾隆盛世奠定了基础。

年少读书之时，乾隆和其他皇子每天顶着白纱灯进书房，日暮时才离开。每天不是诵经研史，就是吟诗作文，或者是骑马射箭，学习时间甚至超过了十个小时。乾隆"无日不酌古怀今，朝吟暮诵，无日不构思油绎，据案舒卷"。

在乾隆十二岁之前，已熟读《诗》《书》《四书》等，并且能一字不差地背诵下来。后来又接着学习了《易经》《春秋》《戴礼》《性理精义》等书，还对《通鉴纲目》《史记》《汉书》以及唐宋八大家之文进行精研。乾隆从这些书中懂得儒家经典和理学精义，对社会现实、民生疾苦、前朝历史也都有了深刻的认识。

作为少数民族出身的统治者，清朝皇帝非常重视汉文化，因化它博大精深，把如何治理农耕社会的问题讲得极其通透。清朝统治者想维护统治，就必须认真学习汉文化。乾隆皇帝身体力行，努力学习并掌握了汉文化中的众多学问。

从十二岁开始，乾隆就开始学写文章。最初主要是写读书心得，在他的文章之中最常见的就是《读韩子》《读严光传》《读欧阳修囚论》《读王聪论衡》《读宋史河渠志》《读左传晋楚城濮之战》等读后感。这些读书笔记涉及了政治、经济、外交、军事等执政者最关注的领域。他还研究了中国历代皇帝的帝王史，其中最为他所推崇的一本治国之书就是唐人编纂的《贞观政要》。《贞观政要》记录了唐太宗李世民与群臣讨论的治国之道。乾隆还亲自为这本书作序，说每读此书时就会追忆当年的贞观盛世，不禁长叹三声。由此可见，乾隆非常注意从各种书籍中学习经邦治国之道，为自己今后真正继承江山社稷做准备。

乾隆在《读明史》诗中写道："几余何所乐，书史案头横。稽古征文献，诠时验治平。百年民物盛，一代纪纲呈。抚卷增乾惕，还重殷鉴明。"

儒家的《四书五经》号称是治国平天下的必读经典，朝廷组织科举考试就是由此出题。清人把书籍分为经史子集四种门类，其中儒家的"经"被时人认

为是根本，而乾隆也说"学问以经义为重"。他号召皇子和臣子们读经，因为儒家经学是做人的根基。士人要先道德而后文章，树立了儒家的人生价值观以后，治学事功也就不会超出礼义。

作为深受礼教熏染的大清皇帝，乾隆非常推崇程朱理学，尤其是朱子，他在诗中写道："自汉迄宋初，道昏人如醉。二程实见知，主敬标赤帜。朱子集其成，经天复行地。绝续递相衍，斯文统绪寄。"乾隆还要求人们读宋代周敦颐、程颐、张载、朱熹等人写的理学著作，认为可以从这些人的著作中得到经书真谛。唯有这样，读书人才能达到"知为灼见，得为实有，明体达用"的境界。

乾隆饱读诗书，做事之时非常喜欢引经据典，连他的书房也取名为"乐善堂"（乐善堂引用了上古圣王舜帝"乐取于人以为善"的典故）。

雍正八年，乾隆把所写的文章编辑成《乐善堂文钞》十四卷，后又陆续添加，在乾隆元年正式刊刻为《乐善堂全集》十四卷；到乾隆二十三年，他又对此集进行了删改，最终定本为《乐善堂全集定本》三十卷（另外还有一本《日知荟说》）。这些都是乾隆作为皇子时的课业以及作品。

自汉武帝设太学、用儒生，隋唐开始设立科举考试之后，儒家经典以及诗词文赋就成为了封建时代知识分子的立身之本。在他们做了高官之后，仍然是以吟诗作文为志趣，而统治者想要与这些儒学官吏们进行沟通，就需要对汉族传统文化了如指掌。从入关开始，福临和他的一代代子孙帝王们就非常重视汉民族文化，乾隆更是对汉文化了解得精之又精。这对他开创乾隆盛世有着非常大的影响。

乾隆"以学养生"，认为"读书方可明智"，读书是做人的根本，为官为君者更是要懂得读书的重要性。

而纵观汪辉祖的一生，显然他也是这一思想的践行者，不管是年轻时的以幕养学，还是告老还乡之时的著述课子，他这一生都将读书当作大事来对待。书中自有黄金屋，书中自有颜如玉，唯有读书才能使自己得到想要的东西，也唯有读书才能教你人生之理。这个思想在古代的学子之中尤为盛行。

士农工商，读书人在古代社会的地位尤其高。读书也是许多人光宗耀祖的途径之一，只要中个举人就可在乡间无比风光，更何况是三元及第？古代学子对读书的追求已不单是在文化的层面，还包括光耀门庭，甚至有些学子将读书看成是追求富贵荣华的道路，但是尽管如此，仍有许多学子看重的是书籍中的真理。汪辉祖认为，无论是为官为幕，都要多读书，多读律法，这样才不会轻易被蒙蔽，才能为百姓做出更多的好事。

四．君子役物，小人役于物

金钱财物的诱惑最容易让人堕落，尤其是手握权力的公门中人，最容易被贪婪之心侵蚀。然而，汪辉祖一生清廉刚正，为幕不贪，为官清廉，真正做到了"君子役物"。

汪辉祖生活节俭，所得脩金从不乱花一文，几十年的积蓄虽然没让汪家变成巨富，却也足够汪辉祖担负诸子读书应考与婚嫁所需了。后来家中人口渐增，大义里尚友堂老屋已嫌拥挤，汪辉祖就用自己的俸禄，在萧山城南为家人购得一座新屋，名为"树滋堂"。

将新宅命名为"树滋堂"是为了提醒自己不忘初衷。汪辉祖二十来岁时，家境十分贫穷，他暗下决心将来能买下一所大宅来奉养两位母亲，就以"树滋"为名。从此以后，汪辉祖连手抄书籍都以"树滋堂"为署名。直到四十多年后，他才如愿以偿，惜乎两位母亲早已辞世。

有些失足官员未尝不是以孝顺双亲之类的善意为奋斗初衷的，但他们进入官场大染缸之后，往往为物所役，沦为伸手贪污的腐败分子。他们搜刮民脂民膏以供养家人，以善之名行恶之实。而汪辉祖以幕友和主官的身份在官场活动数十年，却没有收取任何见不得光的收入，以至于两位母亲去世后才攒够买房子的钱，其不被外物与欲望动摇的操行，由此可见一斑。

由于从小受两位母亲的教诲，汪辉祖非常节俭，假如不是有客人来的话，汪家绝不杀鸡鸭增餐。汪辉祖做师爷和知县的时候，也一直不像常人那样嗜好喝酒吃肉。嘉庆元年（1796年），汪辉祖病体好转，想吃鸡鸭肉羹，儿媳们便经常宰杀鸡鸭孝敬他。然而当他发现全家一年吃掉的鸡鸭将近百只时，便要求儿媳们在明年做饭时少杀鸡鸭。

家里人耳濡目染，久而久之也养成了对事物淡泊的性子。汪辉祖发妻王氏在进门两月后，就不再戴簪花、敷脂粉，继室曹氏和五个儿媳也是非重要场合不盛装打扮。

君子役物，故能恪守正道；小人役于物，必为贪欲所误。与汪辉祖同时代的清朝名臣刘墉与大贪官和珅，分别是正面与反面的典型。刘墉不仅是个不役于物的君子，还常以自己的机智狠狠地教训役于物的小人。

乾隆皇帝的八十三岁大寿之时，英帝国派出马戛尔尼外交使团访问中国。马戛尔尼到达京城后，盘算着通过皇帝身边的亲信来打开皇帝这把锁。汉中堂刘墉是个清廉之人，难以攻下，于是他便把贿赂的对象定为和珅。

一天，马戛尔尼带上重礼去拜访和珅，让通事官告诉和珅说："马戛尔尼奉英女皇之命出使中国，为皇上祝寿，希望能与大清永世通好，还请和大人多多帮忙。"

和珅看着英国使节送来的奇珍异宝，心里非常高兴，于是对马戛尔尼说："贵国希望与我大清永世通好，这自然是一件天大的好事，本官一定会尽力。"

马戛尔尼说："我听说贵国有一位刘墉大人，他可不像和大人这么好说话，还请和大人能多多襄助啊！"

和珅怕自己收英国人礼物的事被刘墉知道，于是对马戛尔尼说："你是本朝的贵宾，你送他礼物，到时候他要是不收，我有话要说；他要是收下，我也有话要说。总之，我一定会把刘墉给制服，让他乖乖地听我们的话的。"

第二天，和珅为了让刘墉收下马戛尔尼的礼物，亲自带着他前去拜访刘墉。马戛尔尼对刘墉说："刘大人，我奉大英女皇陛下之命，不远万里来为贵国皇上祝寿，以求能让两国永世友好。这是两国之间首次正式外交访问，希望刘大人能多多帮忙。只要大事能成，女皇陛下一定不会亏待刘大人的。"

"两国修好乃大事，本官定然会尽心尽力。不过，为朝廷效力只是尽臣子的本分，并非为索求厚报。"刘墉非常认真地说。

"那是自然。刘大人的操守高洁，确实让人仰慕不已。我有一份微薄的见面礼，希望大人能笑纳。"说罢，马戛尔尼就让人把礼物呈上，全是些价值连城的珍贵之物。

刘墉见状，马上明白是怎么回事。他琢磨道："这一定是和珅设下的陷阱，我若是收下，他一定会向皇上参我一个收受贿赂的罪名；可是我若不收的话，他也会对皇上说我没有善待英夷使臣，有负圣命。"

刘墉沉吟片刻，顿时有了主意。于是他佯作不知，向马戛尔尼推辞道："我们中国有句老话叫作'无功不受禄'，本官对马戛尔尼大人未曾有过尺寸之功，于情于理都不应收下这些礼物。"

马戛尔尼说："这是我的一点小心意，刘大人若是不收下，我可是要生气了。"

和珅也在一旁鼓噪道："是啊是啊！我说刘大人啊，您要是不收下这份礼物，马戛尔尼先生可是要生气喽。这不善待外邦使臣的后果，你可是担当不起的呀！"

"若是这样，老夫只好恭敬不如从命了。"于是，刘墉让人收下了马戛尔尼的礼物。

和珅见刘墉收下了礼物，心里十分得意。他心想，这刘墉也不是真有多清高嘛。如今连刘墉都被抓住了把柄，看朝中还有谁敢和他和珅作对。离开刘府之后，和珅对马戛尔尼说："刘墉已经收下了您的礼物，事情就好办多了。现在不怕他不按咱们的意思办。"

马戛尔尼笑道："我国一定会铭记和珅大人的援手，事成之后一定会多多答谢大人您的。"

他们万万没想到，刘墉其实早有对策。第二天大清早，刘墉就吩咐仆人把马戛尔尼给的礼物抬到金銮殿上等候。文武大臣礼朝完毕之后，他就向乾隆上奏道：

"昨天和中堂与英国大使马戛尔尼一同来臣府上做客，马戛尔尼先生亲自给臣送了一批奇珍异宝。和中堂尽心尽力替外使办事，自然受之无愧。臣觉得自己不像和中堂那样劳苦功高，因此不敢接受。可是和大人却对臣说，若是不收下礼物，会惹马戛尔尼先生生气，这样就违背了皇上'善待洋人'的圣命。所以，臣只好暂且将礼物安放于府内。臣认为：马戛尔尼先生是为两国邦交而来，他赠予我朝的一切礼物都应该上缴国库。所以，臣准备将这些礼物敬献给皇上。现在礼物就在殿外。"

乾隆听完后龙颜大悦，下令将马戛尔尼的礼物收入国库。和珅气得咬牙切齿，却又无从反驳，只得乖乖地把礼物上交给皇帝。

君子与小人的差别就在于此。刘墉不役于物，所以他能看淡钱财，做一个真正为朝廷和百姓做事的清官；而和珅显然是个役于物的小人，所以才会被刘墉将计就计捉弄一番。汪辉祖显然是与刘墉一样的人，不慕名利，不役于物，所以他才能名扬天下，名留青史，成为如幕为官者的典范。

汪辉祖的《治家箴》写道："克振家声，务本为大，姻莫系援，交毋向背，勿吝而鄙，勿夸而泰；重学尊师，守常远怪，御下宜宽，睦邻需耐，要言不烦，此其大概。"

乾隆五十八年（1793年），汪辉祖对自己的儿子们说："在我年少时，父亲就已不幸去世了。他给我留下了十几亩田地，可惜后来因为生计拮据一再典当。幸运的是，这些祖田现已全部赎回。我佐幕数十年，又增加了七十亩田地，有四十亩是累世祀产，因此五个孩子平均所得也只有几亩地。我做官四年，所得俸禄也节余不多，根本不足以再买田，让你们今后过上更好的生活。眼下家里不太富裕，也没有多余的钱财来添置书籍。"

尽管如此，汪辉祖对自己的生活依然颇为满意。辞官回乡隐居后，他不再为生活奔波劳碌，而是尽享天伦之乐。他与夫人曹氏、一名应门仆人、一名园艺佣人、一名杂役奴婢共同生活，由长子汪继坊、四子汪继培、五子汪继豪轮流奉赡。虽非大富大贵，却也衣食无忧，子孙满堂。正因为汪辉祖知足常乐，所以才能成为"役物"的君子，而没有蜕变为"役于物"的小人。

第七章

法理不外人情

——做事判案的律法准则

调处息事，勿轻引成案

爱民省事，减少株累

审理案件求慎求公，则犯自输服

涉讼两造，矜恤周至

法贵准情，务求平衡

对中国古代法律思想影响最大的，要数诞生于春秋战国的法家学派与儒家学派。法家主张严格"以法治国"，不以君主和官员的一己好恶断事。与此同时，法家主张"以刑去刑"，不轻易赦免罪犯。儒家恰恰相反，主张"德主刑辅"，以道德为第一位的社会规范，而法律只是辅助手段。儒家倡导"引经决狱"，根据儒家经典的教义来裁断是非曲直。

法家理念可以归纳为君主专制下的"法治"，而儒家理念则是君主专制下的"德治"，更准确地说是"人治"。

中国古代只有秦国（秦朝）是完全贯彻"以法治国"方针的。自从汉朝开始，儒家法律思想逐渐占据主流，这使得古典政治充满了"人治"色彩。然而值得注意的是，维持大一统王朝日常运转的官僚制度与公文制度都源于法家推动的战国变法浪潮，这使得历朝官吏在操作过程中依然以法律政令为第一位的社会规范。故而历史学家声称，古代中国走的是"表儒里法"的路线。

有清一代，隶属于儒家的程朱理学成为无可动摇的意识形态主旋律。在儒家"德主刑辅"观念的影响下，人们普遍认为打官司是一件不光彩的事，就连那些从事司法工作的刑名师爷，也认为自己的职业有损阴德，甚至会有断子绝孙的报应。

尽管如此，汪辉祖依然长期担任"有损阴德"的刑名师爷。因为他很清楚，司法刑狱是大清地方官府头号事务，司法不公最伤民心。为此，必需有人站出来秉公执法，依据情理断狱讼，最大限度地保障百姓的生命财产。

汪辉祖的法律思想主要来源于儒家，有着浓厚的"援礼入法"色彩，执法尺度倾向于宽仁。与此同时，他还吸收了不少法家勘查案情的技巧，力求以智谋取胜，正确援引律文。正因为如此，汪辉祖才以擅长断狱闻名官场。

一. 调处息事，勿轻引成案

地方官最重要的政务是什么？清朝有句政治谚语叫"首谳狱，次征输。""谳"指的是奏谳，即下级官府向上级官府申请关于某事或某案的处理意见；"狱"指的是监狱。故而谳狱可以引申为所有的司法工作。而"征输"是指征收和运输赋税。具体分为两个环节：一是地方官府从百姓手中征收钱粮；二是将这些钱粮转运到京师。把这两大工作做好了，政事也就基本理顺了。

征输工作一年两次，司法事务则时时都有。州县官衙受理辖区内所有的案件，从接受诉状到查案、缉拿罪犯，再到审讯、判罪，都要承担相应的责任。主官的政绩考核，大半来自于此。故而时人公认狱讼为地方官府的头号政务，参与整个办案流程的刑名师爷也成为幕府之中的首席幕宾。

清朝司法制度流弊百出，无论是主官还是胥吏，都常常借着讼案来索取贿赂。他们制定了种种陋规，例如以挂号费、索批费、传呈费、升堂费、踏勘费、结案费等等名目要求原告交钱。而胥吏仗着自己有办事权，趁机敲诈原告和被告。假如遇上了杀人命案，嫌犯的家财甚至会被贪官墨吏洗劫一空。

对于家境不宽裕的普通百姓而言，打官司不仅让人身心俱疲，甚至可能导致家徒四壁的后果。除了秦代百姓外，古代中国百姓大多把打官司看成是能避就避的事情。《论语·颜渊》有言："听讼，吾犹人也，必也使无讼乎！"历朝地方官员受儒家"德主刑辅"观念的影响，也以监狱空虚为治理目标。康熙皇帝甚至在"圣谕十六条"中特别写上了"和乡党以息争讼"的条款。

乾嘉两朝不是可以推行变法改制的年代。汪辉祖深知大清司法制度千疮百孔，却又没法从源头上改变这种格局，他能做的，也只有以一己之力设法公正断案。而在此之前，则力求能说服涉案各方化解恩怨，息止诉讼。

汪辉祖在《佐治药言》中说："词讼之应审者，什无四五。其里邻口角，骨肉参商，细故不过一时竞气，冒昧启讼，否则有不肖之人，从中播弄。果能审理平情，明切譬晓，其人类能悔悟，皆可随时消释。间有准理，后亲邻调处，吁请息销者，两造既归辑睦，官府当予矜全，可息便息，亦宁人之道，断不可执持成见，必使终讼，伤闾党之和，以饱差房之欲。衙门除官幕而外，类多喜事，不欲便休，藉以沾润，故谚云，'一纸入公门，九牛拔不出'，甚言其兴讼易而息讼难也。官若矜全，民必感颂，如察其事。若有讼师起灭者，亦当先宽愚氓，除留奸辈……类皆户婚细故。两造非亲则故，非族则邻，情深累世，衅起一时，本无不解之第摘。第摘其词中要害，酌理准情，剀切谕导，使弱者心平，强者气沮，自有亲邻调处。与其息于准理之后，费入差房，何如晓于具状之初，谊全姻睦。"

汪辉祖主张断案不如息案，不光是因为受儒家思想熏陶，也是实践总结出来的结果。他发现在民事诉讼的案件当中，真正需要审理的案件也只是十之四五。

假如主官与师爷能心平气和地开导诉讼的人，让他们明白其中的得失利害，大部分人都会幡然醒悟并撤销诉讼，并且言归于好。就算在案件批准审理之后，双方经过邻里乡亲们的劝导，消除了恩怨重归于好，转而强烈请求撤回诉讼，那么官府就更应该加以成全。能平息的诉讼案件就最大限度地争取平息，这才是让百姓安定和睦的好方法。若是主官固执己见，非要让双方当事人把官司打到底，这种钻牛角尖的做法，反而会伤害到百姓街坊之间的和睦，同时为吏役制造钻空子的机会。

百姓一纸告进衙门，就要花费许多银两，提出诉讼容易，但想要撤销诉讼却很困难。不过，倘若衙门能同意撤销诉讼，百姓就一定会感激主官。若是有讼师玩弄手段，搬弄是非，企图继续搅扰公堂，那么也要先宽恕百姓，然后再处罚讼师。

地方上的刑事案件本就不多，多数的民事诉讼都与户籍或婚姻相关。原告与被告之间的关系不是亲人就是故友，不是族人就是邻里，由于他们有世代积累下来的感情，所以就算发生矛盾，也只是一时之事，并非什么不共戴天的仇恨。

因此，汪辉祖力主办案人员应该仔细审读讼词中的要害之处，依据实际情况做出合乎情理的判断，剀切开导双方，使弱者能心平气和，使强者感到沮丧。与其在讼诉之后再息讼，让费用都花在差役上，还不如在原告递交诉状之时，就私下使双方调解和好，这便是汪辉祖数十年来所秉承的执法观念。

汪辉祖无论为幕还是为官，使民众免于诉讼都是他首先追求的目标。也正因为如此，他非常讨厌以替人打官司为生的讼师。在他看来，这些讼师（准确地说是"讼棍")老是教唆乡民提出诉讼，把本来可以私下调解的矛盾扩大化，还鼓唇摇舌，强词夺理，颠倒黑白，不仅当事各方被他们耍得团团转，整个乡里也会增加许多恩怨。为了维持稳定，朝廷下令各地官府都要下功夫清理这种死磕派讼师。

为政之先，当严治害民之讼师、地棍、盗贼。汪辉祖在做刑名师爷时就这样想。而当上宁远知县后，他更是强化了这一观念。

初入宁远县，汪辉祖不顾年高亲自调查民情，撰写《客言簿》，其中一项重要内容就是收集宁远所有讼师的情报。每次升堂审案之前，他都会查阅一遍记录，以确保知己知彼。为了惩治地棍，汪辉祖还在通衢之处张贴告示，公布某些讼棍的姓名与绰号，要求他们改过自新，若是不照办，将遭到严惩。

有一次，一个名叫黄丹山的人呈上状词。汪辉祖觉得此人似曾相识，查阅档案后发现其样貌与号称"智多星"的南乡讼棍黄天桂十分相似。盘问之后，果不其然，黄丹山正是黄天桂的化名。

汪辉祖惩治讼棍手段很严酷。他先令衙役杖责了黄天桂，又将其绑在堂柱之上。汪辉祖调阅了所有黄天桂曾经参与的案件，分门别类，重新开审。每隔一天，就审理一个案子，一旦发现其中有舞弊之处，就将黄天桂杖责二十大板，然后继续绑在堂柱之上……不到半个月的时间，黄天桂就已经苦惫不堪，而汪辉祖手头的案子却还没有审完。

黄天桂的母亲苦苦哀求被告向衙门呈词息讼。汪辉祖又将黄天桂继续绑在堂柱上十天，并以让老母受累有失孝道为理由，再次重责二十仗。黄天桂声泪俱下地忏悔以前的过错，汪辉祖才放了他，不过，还是将他驱逐出县以示惩戒。黄天桂的弟弟黄天荣外号"霹雳火"，也吓得跑到道州躲避手段强硬的汪辉祖。此事之后，当地讼师无不对汪辉祖畏之如虎。

后来黄天桂曾经化名赵司空，向奉旨祭告舜帝陵的内阁学士、礼部侍郎傅森诬告汪辉祖。傅森明察秋毫，知道状辞所说的十大罪状都是子虚乌有，便把状辞交给汪辉祖自己处理。汪辉祖一核查笔迹，很快发现捣鬼者是与自己有私仇的黄天桂。黄天桂闻讯后不敢留在湖南，逃窜到了广西。

汪辉祖调任道州知州后，也将当地有名的老讼棍陈禹锡严厉惩治了一番。陈禹锡怀恨在心，便于汪辉祖被革职之后勾结道州营阳的衿户，诬告汪辉祖巧立名目、加征苛捐杂税。好在汪辉祖官场声誉颇佳，使得这次陷害未能得逞。

为了安抚百姓，他积极调解、不轻易审案；为了避免讼棍祸害乡邻，他不惜下重手惩治。汪辉祖所做的一切，都是为了造福百姓，为此，他不畏惧任何人的报复。

二. 爱民省事，减少株累

再清明的社会，也不可能杜绝犯罪；民风再淳朴的乡里，也有没法调解的纠纷。所以说，地方官员无论怎样努力平息诉讼，都不可能让案件发生率变成零。汪辉祖也很明白这点。因此他在官司无法避免的情况下，力图保持判决公正，既要防止官吏在审案过程中作奸犯科，又要将案件对百姓的株累降至最低水平。为了实现这个意图，汪辉祖在司法程序上绞尽脑汁，不厌其烦地制定有利于百姓的措施。

古代刑罚严酷，常常连坐案犯的家人亲友。汪辉祖则旗帜鲜明地反对连坐，并极力避免案件牵连无关人士。他设计的第一个解决方案就是慎重对待初报。

汪辉祖在《学治臆说》中指出："获贵初情，县中初报，最关紧要，驳诘之繁，累官累民，皆初报不慎之故。初报以简明为上，情节之无与罪名者，人证之无关出入者，皆宜详审节删。多一情节，则多一疑窦，多一人证，则多一拖累，何可不慎。办案之法，不唯入罪宜慎，即出罪亦甚不易。如其人应抵，而故为出之，即死者含冤。向尝闻乡会试场，坐号之内，往往鬼物凭焉。余每欲出入罪，必反复案情，设令死者于坐号相质，有词以对，始下笔办详，否则不敢草草动笔。二十余年来，可质鬼神者，此心如一日也。"

了解初步情况是处置一件案子的起点，所以，县府提交的初步案情报告至关重要。假如初报制作不够严谨审慎的话，势必会遭到上级部门的反复诘问，如此一来，办案工作量大大增加，对官吏与百姓都是一种拖累。

汪辉祖的应对之法是，在最初收集案件情报之时，就仔细审查与案件无关的情节和与作证无关的人士，将之一一删除。因为报告每增加一个情节，就会让案情新添一个疑点；每多一位人证，也就多波及一个人。初报不简明的话，不仅会增加上级部门驳回的概率，也让此后的调查审理更加繁琐。

为了简化流程，也为了减少株累，汪辉祖主张不要随意传唤证人。假如是一般的案件，只在必要之时传唤与案情关系最大的人；若是碰到人命案、抢劫案之类的重案，他更是不轻易传唤他人来作证。有些案件的被告人数较多，但汪辉祖也只挑其中少数人到公堂听审。至于发生人命案时，他则更加警惕案情蔓延到无关的百姓头上。

汪辉祖在《学治续说》中说："凡自尽人命，除衅起威逼，或有情罪出入，尚须覆鞫；其于口角轻生，尽可当场断结，不必押带进城，令有守候之累；如死由路毙及失足落水，则验报立案，不待他求……有等鹘突问官，妄向地主、两邻根寻来历，以辗转拉扯，徒饱吏役之橐，造孽何有纪极哉。"

人命案有自杀和他杀之分，其中，自杀也分多种原因。为了避免株累无辜之人，但凡自尽之人，除了被人威逼，也许还有情罪的出入，主官需要仔细审问犯人。倘若是由于口角之争而轻生的人，当场结案即可，无须再押送入城，徒增看守的烦累；如果死因是路边暴毙或是失足落水，官吏经过检验上报后应立案侦查，不必再做其他要求。

对于盗案，某些糊涂官吏会自作聪明地向地主及四邻询问失主来历，辗转拉扯，导致其他人无故遭到吏役的刁难。针对这种情况，汪辉祖提出了"盗案慎株累"的原则。

对此，汪辉祖在《佐治药言》中总结道："脏真则盗确，窃贼亦然。正盗正窃罪，无可宽所，尤当慎者，在指扳之人与买寄脏物之家，往往择殷而噬，藉端贻累，指扳之人，因须质审，其查无实据者，亦可摘释，至不知情而买寄脏物，律本无罪，但不得不据供查吊。向尝不差捕役，止令地保传谕，激内注明有则交保，不须投案，无则呈剖，不许带审，亦从无匿脏不缴，自干差提者，此亦保全善类之一法。盖一经差提，不唯多费，且窃盗抢累，几为乡里之所不齿。以无辜之良民，与盗脏庭质，非贤吏之所忍也。"

只要查获的赃物是真的，盗窃案就确凿无误，嫌犯的偷盗行径也可以确定。主犯承担首要法律责任，没什么值得宽宥的，但需要谨慎对待的是那些被嫌犯诬告行窃的人，以及收买或窝藏赃物之人。盗贼通常选择殷实富户为作案目标，并借故诬陷连累他人入案，故而在审理时必须严加对质及查核。

对于那些缺乏罪证的人，主官可以释放。那些因不明真相被蒙骗而收藏赃物的人，依照大清律例是没有罪责的，不过，负责办案的官吏不可以不根据盗贼的供词进行问讯。

在过去，衙门不用派衙役去收审这些人，只是让地保传达命令，并在官府公文中宣告：窝藏赃物者应把赃物交给地保，不必投案自首；未曾窝赃的人则应解释原因并写下来，衙役不得把他们带到公堂审讯；未曾窝赃却敢隐匿不报者，让他们自己到官府自首。汪辉祖认为，这种办法有助于保全善良的百姓。

只要一被衙门提审，涉案者不光要费许多钱，而且遭到罪犯牵连之后，他们也会为同乡所不齿。因此，作为一个勤政爱民的执法者，应当尽量避免带良善之人到公堂上与盗贼对质，否则会导致他们无辜受累。

为了减少打官司者在时间、精力与钱财上的损失，汪辉祖要求办案官员与刑名师爷要"勤听讼，速结案"。他曾在《佐治药言》中指出："审案贵结，宕延时日，讼者多食用之费，家人增悬望之忧，是虐民也。故不审不如不示期，不结不如不传审。"

审理案件贵在迅速结案。假如办案时间拖延得过长，就会让诉讼者增加食用旅宿的经济负担，而他们的家人也会多一分悬望担忧，此举无异于虐待百姓。因此，没有审案就不要先表明结案日期，不能结案就不要随便传审。一旦审案，就要迅速查明真相，然后结案。

要做到这点不容易。办案是一个曲折繁琐的过程，随时可能遇到节外生枝的情形，结案日期也可能会一拖再拖。尽管有难度，但汪辉祖基于多年办案经验，依然强调能迅速结案就迅速结案，再苦再累也不要失信于民。

汪辉祖在《学治臆说》中说："投牒候批，示期候讯，最费百姓工夫。唯期有一定，则民可遵期而至，无守候之苦。……至勘丈事件，人多费多，守候更复不易，虽风雨寒暑，必不可失信。"

官府一旦与百姓约好了时间，就不能失信于民。要知道，投牒立案，等候批示，公示日期，等待审讯，这些环节是最费百姓工夫的事。若能将日期确定下来，百姓就可以按照约定的日期来，就不必白白承受守候之苦。如果是到实地勘察测量的事件，人员多，费用也多，百姓守候更是不容易。所以，即使是在风雨交加或是寒暑之时，官府也不能失信于民。

除此之外，汪辉祖提醒大家不要忽略另一种株累无辜的因素——差役、地棍、讼师等人借诉讼的机会敲诈当事人。

汪辉祖指出：主审官吏核对证词之时，要确认当事人的本意。每当有控诉新近发生之事而先叙述旧事、或者引用他事曲证此事的人，其实都是为了其他目的。例如，讼师一般都会以牵扯遮掩作为诉讼时的方法，万一发生了宾主不分的情况，就一定会纠缠许久，然后就会导致初次指控的事件横生出越来越多的枝节，又或者是那些人反宾为主。

所以省事的方法，首先在于主官的批示要明白如画。处置田地界限纠纷之时，办案官员应该先查核鱼鳞图册，不要轻易地做出批示，以免地棍、差役趁机向地主敲诈牟利。假如是需要现场勘察的案件，主官最好是亲自到场，若是转而委托其他人，就会多浪费百姓的钱财。对于明案或是盗窃抢劫的案件，应该尽快地进行勘验。但勘验也要有方法，否则也是徒费民财。

在那个法制不健全、司法不严明的年代，汪辉祖站在老百姓的角度，千方百计地完善办案流程。虽然他的经验未能在大清体制内推广，但他的思想足以得到后人的敬佩。

三.　审理案件求慎求公，则犯自输服

决狱断案贵在明察秋毫和量刑公正。古代官衙挂"明镜高悬"的牌匾，正是激励办案官吏审理案件时要做到慎重与公正，从而让犯人心服口服地认罪服法。汪辉祖做刑名师爷的时候，给自己制定了一个极为严格的工作标准——"必当详慎推求，毕得其实。然后酌情理之中，权重轻之的，求其可生之道，予以能生之路，则犯自输服，谳定如岳家军，不可撼动矣。"

审理案件之时，一定要非常谨慎，找出最确切的真相。然后仔细斟酌情理，权衡其中的轻重，寻找能让犯人生存的办法，告诉他怎样做才能获得生路，这样一来，犯人自然会认输服软。如果方法得当的话，断案就像岳家军一样不可撼动。

汪辉祖的审案之道无外乎两点：一是慎重行事，缜密调查；二是公心治狱，断案公平。要做到这两点殊为不易——既要求办案之人具有正直的品行，也需要他们具备娴熟的查案技巧。

古代审案主要是看犯人的供词，但汪辉祖强调不能轻信犯人草供，必须仔细审讯。他在《续佐治药言》中指出："罪从供定，犯供最关紧要。然五听之法，辞止一端。且录供之吏，难保一无上下其手之弊。据供定罪，尚恐未真。

余在幕中，凡犯应徒罪以上者，主人庭讯时，必于堂后凝神细听。供稍勉强，即属主人覆讯，常戒主人不得性急，用刑往往有讯至四五次及七八次者。疑必属讯，不顾主人畏难，每讯必听。余亦不敢惮烦也。"

定犯人的罪是要以供词为依据，所以犯人的供词是最为关键的。然而，在收集证供的五听之法中，供词仅仅是其中一种。况且记录供词的胥吏，难免不会在记录上做手脚。所以，单凭供词给人定罪，恐怕未必能获得真相。

这是汪辉祖多年办案总结出来的经验。他在做刑名师爷时，只要是应判为劳役罪以上的嫌犯，就会慎重对待。每当幕主在公堂审讯犯人时，汪辉祖就在公堂后面仔细听审，假如察觉某句供词有牵强不畅之处，他就会暗中提醒幕主反复审讯那个环节。同时，他还告诫幕主不可以性急用刑。因为动刑可能让犯人屈打成招，所以汪辉祖主持刑狱时，往往会不厌其烦地审讯犯人四五次，甚至多达七八次，这一切都是为了确保能查明案情真相。

乾隆二十八年（1763年），汪辉祖三十四岁，就馆于平湖县令刘国煊的府上。这期间他碰上了一桩颇为曲折的案子，正是此案让他收获了"汪七驳"的绰号。

孝丰县有人在航船时遭遇抢劫，官府到处通缉逃犯。当时正逢年终，汪辉祖准备在官府封印休息之后回老家过年。有个叫盛大的逃兵聚众抢劫，被官府抓获，经过审讯后，盛大等人被认定为船只抢劫案的罪犯。

汪辉祖被刘国煊迎回幕府。他仔细查看了初次口供记录，包括盛大如何纠集同伙、无端打伤他人，如何抢劫分赃等等细节，怎么看都像是典型的江洋大盗。况且，衙役查获的赃物——一条蓝布棉被——经过受害者辨认后，也确凿无疑。通常来说，这样人证物证俱在且犯人已经招供画押的案件应该可以了结了，但汪辉祖为了慎重起见，又建议刘国煊在当晚再次审讯，而他则在后堂听审。

果然，他发现此案别有隐情，真凶另有他人。经过此事之后，汪辉祖更不敢根据草供直接给犯人定罪了。

办理案件，尤其要理清端倪头绪，分析案情的轻重主次。如果依照事件来梳理，就可以很快地找出相关的人；如果是以人为线索，就可以很快地搞清事情的来龙去脉。主官在办案之时，一定要亲自记录这些细节，做到胸有成竹，这样才能有条不紊，才不会被书记人员蒙蔽。此外，每个地方的语言都不尽相同，所以需要用到翻译人员。如果一句话弄错，就会产生截然不同的结果，甚至事关犯人的生死。总之，在审理案件之时一定要慎之又慎。

汪辉祖不但要求办案官吏反复审讯，对审讯技巧也颇为慎重讲究。他反对刑讯逼供，特别是那些非人的刑罚，他严令禁止。在他看来，只要能对盗贼晓之以理，动之以情，不需要伤筋动骨即可获得实情。假如急于迅速结案而对犯人刑讯逼供的话，反而更容易坏事。且不说犯人会害怕酷刑而认罪，给出一份毫无可信度的供词，即便他招供的内容可以相信，办案官吏的良心又岂能安宁？

为了避免这种情况的发生，汪辉祖想出了许多探察实情的审讯技巧。

一曰色听。

在诉讼者与被诉讼者面前，办案官吏一定要聚精会神地观察各方的表情活动。心虚之人会不断地扭动眉毛，目光闪烁不定，两颊肌肉一直颤动。只要趁他不注意之时，突然发出一句诘问就能让他心慌意乱，他的真实情绪就会表露无遗。这种人往往就是案件的真凶。

二曰多讯问。

办案官吏在堂上坐着，可以喝茶、抽烟、吃零食，表现出从容不迫的姿态。而案犯跪在堂下，外表疲惫不堪，内心恐惧不已，即使再狡猾刁钻，但言多必失，也会露出马脚。办案官吏只要仔细听出犯人话语中的漏洞，然后反问于他，打中他的要害，就可以洞悉其中隐情。

汪辉祖还主张对待犯人之时，要言之以理，动之以情，感化犯人。他在审案时，总是温和地与案犯说话。即使犯人百般狡辩，他也始终不以盛气凌之——在他看来，等到犯人词穷之时，自然会说出事情的真相。

此外，他在听讼之时往往先不动声色——让讼者与被讼者畅所欲言，案犯言多必失，他就可以攻击其话语中的漏洞。

来看汪辉祖在宁远县匡学义侵吞李寡妇田产一案中的表现。匡学义欺负李氏不识字，在李氏田契上写明田产是与他合购的，于是汪辉祖佯称应该依照田契上所写的那样断案，并夸奖匡学义善于经营。然后汪辉祖又问他现有家产、家中的人口以及应纳田粮，计算出所余下的钱财。最后，汪辉祖得出结果：匡学义家中的资产所余连衣食都不够，还哪来的钱买田买地，于是他拍案大怒说："你和李氏一起购买田地的那笔钱，一定是盗窃而来的！"匡学义被他这一问立刻慌乱不已，唯恐自己被安上盗窃之罪，终于承认是自己伪造田契。

三曰分别研讯，令众犯无法串供。

在宁远县李某将徐某殴打致伤一案中，李某说当时自己在赶赴胡某的寿宴，有同座六人为证，六人的供词也完全一致。汪辉祖便将这六人分开，询问其入门时间、座位的上下位置、桌上有什么菜。结果六人的说辞大相径庭，显然是在作伪证。

四曰依据证据断案。

零陵县民谢子存为了霸占弟媳的家产，诬告其遗腹子并非弟弟亲生的。汪辉祖找来接生婆、乳母、大夫等相关人证，逐个询问案情，最终证明此事确系谢子民诬告。不过，他同时提醒要办案官吏小心提防有人做伪证。对于相关的人证和物证，没查核属实之前不宜全信。

五曰根据人情和事理判断供词之是非。

例如，林好窃渔被诬为洋盗一案。当事人说他们分别驾三条船一同出海捕鱼，但被大风吹至黄盘。三人同泊一处后，遭到了分乘三艘船的林好等人的抢劫。汪辉祖指出了其中不合逻辑之处——黄盘是外洋，三艘被大风驱散的船不可能会漂到同一地点，再被同一伙海盗抢劫。经过详细审问后，实情果如他所言。三船在大风中无法相顾，然后被林好等人分别窃船，而非合伙打劫。

六曰神殿问供。

利用人们怕鬼神的心理，诱导犯人说出实情。例如，刘开扬殴毙其弟刘开禄一案，汪辉祖选择在城隍庙拜神听审。刘开扬之子刘闰喜害怕神灵谴责，坦陈自己才是杀害刘开禄的真凶。

以上是汪辉祖为避免刑讯逼供而想出来的破案技巧，其效果远远高于对犯人施加大刑。他之所以如此殚精竭虑，只是为了贯彻一个"公"字。

汪辉祖说："官之问事，如隔壁看影戏，万难的确，但不敢徇私得钱，总无成心。剖断失平，官之咎，非民之辱。"

办案当怀公心。倘若判罚有差，必须反复调查。假如确实存在疑点和冤情，一定要示期再审。不要害怕为那些被自己误判的人平反，为官者如果心中真的没有私欲，没有偏见，那么反复再审，就一定能找出事实的真相，为百姓取得一个"公"字。

在前述的盛大案中，汪辉祖与刘国煊重新讯问时发现，八名犯人的供词如同背书一样流利，这恰恰引起了汪辉祖的怀疑。次日晚上，他又和刘国煊对犯人进行隔离审问，审问时故意增减案情，干扰对方的判断。果然，八人的供词出现了许多分歧。有人认罪，也有人大呼冤枉。而汪辉祖心生一计，让库房购买二十余床与赃物同款色的棉被。他在上面做记号，把赃物也放在其中，让众犯人辨认。结果八人都认不出来。

原来，盛大被捕时觉得自己是逃兵又聚众抢劫，两罪并罚怕是没有活路了，所以刘国煊审讯抢劫案时，他就信口开河地承认是自己做的，而喽啰们也纷纷附和。其实，那条被子本是盛大自己的东西，汪辉祖认为这种抢劫行为还构不成死罪，况且又不是他们抢劫，便放了他们。两年后，此案的真凶与赃物都被官府查获。

想当初，汪辉祖想为盛大平反，整个衙门一片哗然。同僚们抨击汪辉祖纵容罪犯，不顾主判官的考核。刘国煊开始也不赞同他的意见，但汪辉祖态度强硬地说："假如还让我留在幕府，就必须减轻盛大的刑罚。丢失的物品很多，却因为一条相似的棉被，就要判处好几个人死刑，这是不对的。我不光是考虑会不会丢掉现有的职务，也担心您今后可能会受到此案拖累。"

刘国煊被说服了，转而力排众议，支持汪辉祖。

真相大白后，刘国煊拍案称奇："你之前竭力为盛大开脱罪名，果然真凶另有其人，你为何能如此料事如神？"

汪辉祖笑道："这说明您不当抵罪，我不应绝后啊。"

求慎求公是汪辉祖在断案判案之时的不二法则。他认为办案官吏若是在审理案件之时不能做到慎、公二字，那么肯定会枉害人命，造成许多冤假错案。虽然说不能保证不会出现误判案件的情况，但是如果在审理案件之时做到了慎、公二字，那么就一定能将这种错判的几率减至最低，而办案官吏也能求得个问心无愧。

四．涉讼两造，矜恤周至

汪辉祖一生嫉恶如仇，每每因此得罪权贵，为自己惹来无数的麻烦。虽然他对盗贼人犯没有什么好感，但在办案论罪时，却处处想着为犯人寻找活路。

汪辉祖在《病榻梦痕录》中提到："涉讼两造，应矜恤周至。"他不止体贴讼者与被讼者，更为难得的是他处处为犯人着想。他曾引用《元史·张养浩传》中的一段话来表明自己对犯人的看法："彼皆良民，饥寒所迫，不得已而为盗耳！"

儒家亚圣孟子主张人性本善，那些小人恶棍是世风败坏的产物。汪辉祖也认为那些罪犯原本是善良的老百姓，针对他们的盗窃，与其说是他们天性怙恶不悛，不如说是地方官府不能弘扬朝廷以德治国的方针，不能以德政教化百姓的结果。

在汪辉祖的观念中，许多百姓会犯法也是不得已，是因为环境逼迫，所以可恨之人必有可怜之处。况且犯人也是百姓，为何不能在律法之外仁恕地对待他们呢？为恶不是他们的天性，是因为环境逼迫，是因为为上者不能对其进行德化教育。身为执法官吏，又真的能每时每刻、一事一行都遵循律法么？贪婪残酷之人自不消说，就算谨慎自持的官吏，也少有除俸禄和养廉银之外分文不取的廉洁之人。所以，碰到愚昧的百姓犯法时，汪辉祖都会反身自问，深究其中的因果，最后自然能以平恕的态度对待他们。

汪辉祖曾对宁远县的百姓说："称官为父母，名耳。我家自有子孙，我偶忝长民，子孙之为民者正多。我欺民虐民，我子孙必受人欺受人虐；以我故，致民犯斗争，我子孙亦犯斗争；民酿人命，我子孙亦酿人命。"

由这段话可以看出，汪辉祖是个将心比心之人，对百姓颇具怜悯之心。

他在佐幕时，无论案件是大是小，都要静坐片刻，暂时站在犯事人的角度考虑问题，通盘筹划犯人父母子女今后的生计问题。所以，他在审理案件的过程中，起初总是对犯人的罪行感到愤怒，然后就能慢慢平静下来，最后会觉得犯人确实有可怜之处。在审理案件时，他就会与犯人商量，细心地推敲案情，从不轻易对犯人施以刑罚，只等犯人主动说出真相。

根据他的经验，只要是犯人自己招供的案件，极少会有人翻案。这样做既能提高破案准确率，也能在一定程度上保障犯人的人权。

自从担任宁远县令后，汪辉祖处置婚户田土等民事案件时，决不轻易挞人。因为原告和被告往往沾亲带故，如果穷根究底追查细故，虽能区分曲直，判定官司输赢，但必然会给双方留下仇怨嫌隙。不如"将应挞不挞之故，明白宣谕，使知幡然自悟，知惧且感，则一纸遵依，胜公庭百挞矣"（即在庭外调解纠纷，让双方自己悔悟，放弃诉讼）。这不仅有助于维护涉案双方未来的和睦关系，也符合朝廷倡导的省刑息讼的主张。

封建社会对女性多有歧视，例如在评论历史时常把王朝覆灭归结于"红颜祸水"。汪辉祖对女子没什么偏见，在他的观念中，许多女子都是值得敬重的。不过他也承认，妇女毕竟与男子不同，如果处理不好，将会产生无法估计的负面影响。特别是牵涉到妇女的案件，一定要慎之又慎，如无重要之事，妇女不可轻易被传唤。

汪辉祖在《佐治药言》中说："提人不可不慎。固已事涉妇女，尤宜详审，非万不得已，断断不宜轻传对簿。妇人犯罪，则坐男夫具词，则用，抱告律意，何等谨严，何等矜恤。盖幽娴之女，全其颜面，即以保其贞操，而妒悍之妇，存其廉耻，亦可杜其泼横。"

提审犯人时，不能不慎重对待。凡是涉及到妇女的案件，更是要详细审核。不到万不得已之时，千万不要轻易传唤妇女上公堂对簿。若有妇女犯了罪，就让家里的男人或丈夫到衙门，准备好陈词，代替犯罪的妇女出庭受审。

由此可见，清朝的法律在妇女问题的方面是非常精细严密的，很注意同情体恤百姓。因为一个娴静贤淑的女子，有很强的自尊心，保存她的自尊心，也就等于保住了她的贞操。而对于那种妒忌成性、泼辣无比的女子，则是保存了她的廉耻之心。这样做同时也杜绝了她在公堂上撒泼耍横的可能性。

汪辉祖的老师孙尔周担任吴桥县令时曾经聘请过一位姓叶的刑名师爷。此人曾在山东馆陶办过一桩与妇女有关的案子，因轻易传唤妇人酿成了悲剧。

当时有人状告一名恶少调戏自己的妻子。叶某本想下令调停，不传唤受害者当堂对质，只惩戒罪犯。他的好友谢某却说：该女子会遭人调戏，想必姿色颇佳，何不叫来一看？于是叶某传唤那位妇人到公堂对质。不料，事后没多久，她就上吊自尽了，罪犯也因此被判死刑。此案原本只需调停即可，但叶某经不住谢某撺掇，轻易传唤妇人，结果间接害死了两条人命。这个教训给汪辉祖留下了极其深刻的印象。他后来特意在自己的幕学著作《佐治药言》中加入了"妇女不可轻唤"的条目。

本着儒家明德慎罚的原则，汪辉祖在审理案件之时特别注意为犯人求生。他曾在《佐治药言》中指出："求生二字，崇公仁心，曲传于文忠公之笔，实千古法家的要诀。法在必死，国有常刑，原非幕友所敢曲纵，其介可轻可重之间者，所争止在片语，而出入甚关重大，此处非设身处地，诚求不可，诚求反复。心有一线生机，可以藉手。"

"求生"二字乃崇公仁慈之心，委婉地传到了文忠公的笔下。这实在是执法者千古不易的主要秘诀。如果法律规定必须判处死刑，就一定不可饶恕。国家有着必须遵守的律法，原本就不是幕友敢曲意操纵的，但是，那些判罚介于可以从轻或可以从重处置之间的犯人，有时候只要一句话就能保住他的性命。所以案中的每个细节都是至关重要的。在探案之时，一定要设身处地，反复地侦查推敲，一定能为犯人找出一线生机。在清朝律法之中，有一条是，如果犯人自首，就可网开一面，不必将他判处死刑，所以这也是一条求生之路。每个办案官吏都要做到仁至义尽，如果真是迫不得已要用刑的人，也要细细体究，千万不可略观大意。如果有投案自首的案犯，一定要为他争取一条生路，保全他的性命。

汪辉祖研究刑名之学、主持司法工作长达二十六年，办理的案件不计其数，其中真正被判处死刑的犯人仅有六个。

仁和县有一个莫姓妇女，由于奸情败露而谋杀亲夫，故而被汪辉祖判了死刑。

钱塘县有一个郑姓女子，由于纠纷而谋害了整整一家人，故而被判处死刑。

平湖县有个人犯了偷窃罪，他还残忍地杀害了自己的妻女，故而被判处死刑。

某县有两个毛姓子弟，在盗窃被人发现时，将反抗的受害人杀害，故而被判处死刑。

某县有一个姓唐的人，杀害了自己服侍的主人，故而被判处死刑。

以上六人皆是杀人行凶、罪大恶极之人，故而汪辉祖果断决定判处他们死刑。至于其他还没达到秋审标准的人犯，汪辉祖在初报案情时，都会在不违背律例的前提下予以开脱轻罚，并且谨慎地反复核实，唯恐遗漏任何一个可能存在的疑点。所以，他办的案子在秋审之后，犯人都能被缓决或减免死罪。汪辉祖将此事视为自己的得意之笔。

有时候犯人依法应该判处死刑，但幕主念其情有可原，于心不忍，便打算从轻发落，免除其死罪。可是，若要免除其死罪，就必须要有充分的正当理由对受害者做出交代。作为老练的刑名师爷，汪辉祖面对这种情况时一定会不分昼夜地想办法，以成全幕主的仁德之心。对于那些被诬的嫌犯，汪辉祖更是不遗余力地为之平反。他多次辞馆离去，除了少数是幕主外调的缘故外，大多是因为在他断案时想要为嫌犯脱罪。

汪辉祖对清朝律法了然于心，当然知道故出人罪而致死者，当坐以死罪。他竟然冒了自己的生命危险，去为犯人求生，其精神尤其可贵。

但是，汪辉祖也不是不分黑白曲直，一味地宽纵罪犯。他对犯人的体恤是建立在除暴安良的基础上的——不少案件都是强暴者恃强凌弱。汪辉祖每每遇上这种情况，都会挺身而出，锄强扶弱，不顾忌任何法外势力干扰，也不会在原则问题上让步。

在周张氏请为殇子立继一案中，汪辉祖认为"与其绝殇而伤慈母之心，何如继殇以全贞妇之志"。这是为了保障周张氏今后的生计。

在黄俞氏应承夫产一案中，汪辉祖怒斥族长仗着宗族权力抢夺寡妇应该继承的遗产，严令其不得过问继承之事。

上述案件都是因为不轨小人想要图谋他人财产而起，大多发生在同族人之中。清代中国的乡村社会主要控制在乡绅豪强手中，他们当中不乏欺压孤寡的贪鄙豪横之人。汪辉祖断案之严厉，让他们望而却步，这让孤寡老弱的利益因此有了保障。

汪辉祖终身秉持着除暴安良的精神，对那些怙恶不悛的败类都严惩不贷。但是对于这些极恶之徒，他也同样不主张滥用法外之刑，可见，汪辉祖对待刑案被告的态度是何等仁恕。

五. 法贵准情，务求平衡

断案是一门技术活——既要遵循国家的律、例、成案，又要兼顾情理和舆论。每个朝代的司法制度与法律条文不尽相同，这又让不同时代的执法者在思考方式和办案技巧上大相径庭。

秦汉以律令治国，高级官员往往是狱吏出身。儒家思想虽然对社会的影响逐渐增加，但并未形成绝对的垄断。所以，秦汉时期官员断案，非常讲究律令、程序、证据，无论如何兼顾情理，基本上都不会背离律令的范围。明清官员则不同，高级官员主要是科举出身，奉行儒家引经决狱的司法理念，所以当律令与儒家经典中的教义相互冲突时，他们就会舍弃律令，改以人情伦理给犯人定罪。

因此，清代司法往往更注重法律之外的人情。而汪辉祖断案却是以案情为基准，务求能平衡大清律例与人情世故之间的矛盾。

法律再系统化，也远远比不上社会情势复杂，这点从清代法制中可以看出一丝端倪。清朝自从康乾盛世起就是人口超过一亿的大国，但《大清律例》仅仅有436条"律"，只是对罪行的轻重和服刑的等级做出了一些根本规定，远远不足以覆盖纷繁复杂的社会状况。为了补充"律"的不足，官府总结了判例，并以此作为官吏断案的衡量标准。

假如遇到法律没有明文规定的复杂情况，官吏会采取比附援引等办法判案。那些关系十分重大的案件会被大清最高司法机关——刑部编为成案，作为今后处置同类案件的准绳。随着成案的不断增加，刑部会将其提炼简化为新的法律条文，呈报皇帝批准之后，这些条文就成为了"例"。

判例都是从无数案件中精选总结出来的，不是审案技巧颇见章法，就是判决结果兼顾情理法。经过不断增修，"例"在嘉庆六年（1801年）增加到了1573条。

在清朝，例与律具有同等的法律效力，都是判处同类案件的准绳。由于清代律例繁多，案件千变万化，所以执法官吏在判决时可能会遇到这几种情况：

第一，有具体而恰当的律例条文可以直接使用（这种情况最为常见）。

第二，有些案件符合好几条律例的内容，但不同条款的量刑轻重不同，需要执法官吏权衡刑尺度。

第三，能从律例中找到大致的条款，但内容与案件的细节多少有些出入。究竟该如何运用，还得仔细斟酌，小心取舍。

第四，有些案件情况十分特殊，在律例中找不到妥当的处理办法。这就需要执法官吏自己动脑筋找出一个准则作为断案依据。这种依据要么是引申自法典律例中的某个条文，要么是律例之外的某种社会规范——例如儒家经义。

汪辉祖先后以刑名师爷和知县等不同身份断案将近四十年，处理过的民词刑狱不计其数。在援引律例做出判决时，汪辉祖会根据案情具体的差异来选择不同的断案依据。要做到这点，首先应当熟读大清律例。

汪辉祖说："听讼不协情理，虽两造曲遵，毕竟是孽。断事茫无把握，以覆讯收场，安得不怠。原其故，只是不谙律例所致。官之读律与幕不同，幕须全部熟贯，官则庶务纷乘，势有不暇。凡律例下关职讼者，原可任之幕友。若田宅、婚姻、钱债、贼盗、人命、斗殴诉讼、犯奸杂犯、断狱诸条，非了然于心，则两造对簿，猝虽质诸幕友者，势必游移莫决，为讼师之所窥测。熟之，可以因事传例讼端百变不难立时折断，使讼师慑服，诳状自少，即获讼简刑清之益。每遇公余，留心一二条，不过数月可得其要，惮而不为，是谓安于自怠，甘于作孽矣。"（《学治说赘》）

处理案件的时候，若是不根据情理律例而胡乱判决的话，即使涉案双方都委曲求全，表示愿意服从主官的判决，没弄出什么乱子，这也和作孽没什么两样。在判决定罪时，心中茫然，全无把握，最终又只好以再次审讯来收场。断案如此不专业，又怎能不耽误政事呢？追根溯源，这两种情况产生的根本原因，都是为官之人不熟悉律例所导致的恶果。

为官之人研读律例知识，与幕府师爷们研习律例不是一回事。刑名师爷学律例，必须要做到全部读熟，并且能在脑子里融会贯通。而为官之人的日常公务十分繁杂，客观上没有多少闲暇可以自由支配，因此，主官在学习法律判例之时，不必诵读那些与审判无关的律例条款。那些内容本来就是刑名师爷应当熟练掌握的。

那么，做主官的人应当熟读哪些律例呢？汪辉祖指出，诸如住宅、婚姻、钱债、盗窃、人命、斗殴、欺诈拐骗、通奸之类的犯罪，以及如何办理此类案件的条款，都应该烂熟于心，甚至倒背如流。唯有这样才能运用自如。

在原告和被告在公堂上对质时，主审官员若是突然向身边的刑名师爷求教，就一定会对案件的审理犹豫不决。这样一来，原告和被告聘请的讼师，就会通过察言观色来抓住主审官员的漏洞，从而在审判过程中节外生枝。

百姓打官司的理由千奇百怪，不过，只要能依据案情迅速决断，就能震慑诉讼双方的讼师，使他们对主审官员心生敬畏。这样的话，那些控告不实的诉讼自然会减少许多，主审官员也能因刑案减少而减轻工作负担。因此，为官之人应当在工作之余抽时间精研本朝律例，这样，用不了几个月就能掌握引律决狱的要诀了。若是主官嫌麻烦不愿学习律例，就是安于懒惰，无异于自甘为老百姓造孽。

汪辉祖在长沙时，曾听说过发生在绥宁县的一桩案件。这桩案件的判决不合乎大清律例的宗旨，让他耿耿于怀。

绥宁贼首杨辛宗原本在逃亡。当地主官勒令杨辛宗的父亲在规定时间内将儿子交送官府，杨辛宗闻讯后主动投案自首。按照大清律例，"凡犯罪未发而自首者，免其罪"，也就是说，在犯罪尚未被察觉时（即官府还没开始立案侦查时）就投案自首的罪犯，官府应当免除其已犯之罪。但杨辛宗与之稍有不同，是案情败露之后逃亡在外，按照律例规定"逃在未经到官之先者，本无加罪，仍得减本罪二等"，即畏罪潜逃而未经官府立案追查者，本来就不需要加重刑罚，仍能减罪二等。

然而，主审此案的官员认为，杨辛宗与律例中"未经破案，不知姓名、悔罪自首"的情况不同，依然向刑部申请判处斩决，而没有援引律例减刑。汪辉祖有事回乡，没看到刑部最终的处理意见，但他私底下认为，杨辛宗已经认罪自首，按照上述两条律例，完全可以减轻刑罚，而不至于被判处死刑。

乾隆三十八年（1773年），刑部讨论批准了苏枭的提案。其中一条是："例闻孥投首除盗犯，按本例分别定谳，外余俱于本罪上准减一等"，即犯人得知被通缉后能主动自首的，除了盗窃犯依照本条例的具体条款分别判决之外，其他类型的犯罪都在原先的刑罚基础上减轻一等。

杨辛宗本来逃亡在外，后来得知官府责令父亲限期交出自己后，主动到官府投案自首。汪辉祖认为杨辛宗案基本上符合苏枭上奏的这个标准。

尽管杨辛宗并非真的诚心悔过，只是迫于形势，畏惧律法威严，不忍心让自己的老父亲被拖累，但按照儒家引经决狱的主张，这种具有孝义之心的罪犯，是可以获得同情及宽恕的，应当依照上述条款免其死罪。而官府将他发配到某地，并没有真正依照律例办事，这与"未经破案，不知姓名、悔罪自首"是不相同的。照这样说，官府应当给杨辛宗减罪。

倘若之前杨辛宗为了逃避法律制裁，不顾老父逾期不交出儿子将受到处罚的情形，自己躲起来，就算日后被逮捕，按律也不过是判处斩决而已，不至于再加判其他罪名。汪辉祖读到杨辛宗案的判词后，久久无法释怀，并引以为日后断案之鉴。

汪辉祖认为，执法之人研读律例，应当以仁至义尽为旨归。即便是那些不得已要用刑罚之处，也应当小心细致地体察，而对于投案自首的相关条款，更是不能粗粗看个大概。倘若有罪犯能积极投案自首，那么执法定罪的总原则便是让百姓得到活路，保全他们的性命。

欧阳崇公曾说过，求生之人，不能仅有死路一条。对于求生之人而言，即使判处死刑也应当令其死而无怨。而那些审批定罪的官员，应当妥善运用律例，做到办案后也问心无悔。汪辉祖非常希望那些学习治国理民查案断狱的读书人，能够好好听从自己的建议，运用自己总结的方法，以减少当时官场普遍存在的司法不公现象。

第八章

水可载舟亦可覆舟

——以民为本的治民思想

勇做不负民心的"父母官"

保富安民是为治要道

举事以不让百姓破家为限

治以亲民为要，分当与民一体

唐太宗李世民常对大臣们讲述"水可载舟，亦可覆舟"的道理。这句成语出自《荀子·王制》篇，原文是："君者，舟也；庶人者，水也；水则载舟，水则覆舟。"

然而，从儒家思想家荀子所生活的战国时代到汪辉祖所处的清朝，官民矛盾始终是历史发展的主要矛盾。每个王朝都通过推翻民怨载道的旧王朝而兴起，最终自己也因为无度剥削百姓而被推翻。

汪辉祖的官场阅历跨越乾隆、嘉庆两朝，在他刚从事幕业之时，大清的吏治还比较清明，宰辅重臣与地方官员们还比较注意保障老百姓的利益。可是到了乾隆朝后期，大清政坛全面腐化，幕风与官风同样变坏。载舟覆舟的教训早已被官吏们抛之脑后。汪辉祖对此痛心疾首，但他没有放弃自己的信念。

汪辉祖无论做师爷还是做官，都是在州县活动。当上司想提拔他时，他往往再三请求留在基层。他之所以这样选择，是因为州县官员直接治民，对百姓生活的影响最大最深，而且若想施展造福于民的抱负，留在基层最为方便。

儒家"以民为本"的理念是汪辉祖治民思想的核心。他认为官员理当亲民恤民，不应鱼肉百姓；要爱惜民力，不要让百姓疲于奔命；要除暴安良，打击一切危害百姓日常生活的负面势力；对百姓要"道之以德，齐之以礼"，而不应滥用刑罚。

在"以民为本"思想的指导下，汪辉祖非常重视平反冤狱，甚至绞尽脑汁避免老百姓因为打官司而破产。他在做宁远知县期间经常为老百姓办实事，从而把这个穷乡僻壤治理得井井有条。当地百姓感恩于此，称他为"湖南第一好官"。

一．勇做不负民心的"父母官"

古人推崇以道德礼教治国，常以治家类比治国，这是因为古代宗法制社会是家国同构，家往往是由挂靠在同一宗族下的若干小家庭组成的共同体，而国则相当于无数宗族家庭构成的共同体。在宗法制社会中，家族是以族长为轴心，而国则是以最大的宗族（皇族）为轴心。故而统治阶层经常称百姓为"子民"，俨然将自己视为民之"父母"。

在这种大环境下，汪辉祖的三观也具有鲜明的时代特征。他曾在《学治臆说》中说："余言佐治以尽心为本，况身亲为治乎？心之不尽，治于何有？第其难，视佐治尤甚。盖佐治者，就事论事，尽心于应办之事，即可无负所司。为治者，名为知县、知州，须周一县、一州而知之。有一未知，虽欲尽心，而不能受其治者。称曰父母官，其于百姓之事，非如父母之计儿女，曲折周到，终为负官，终为负心。"

汪辉祖坚信为幕佐治当以尽心尽职为本，自己做主官则更是要贯彻这一原则。相对于佐治他人，亲自打理公务要更加困难一些，如果办公不尽心，就根本不可能把政事治理妥当。

佐治他人只需要就事论事，把上司交待的任务处理得滴水不漏，就不会出现什么问题。但是自己当主官，操心的事情就要多得多。做师爷的只需要把自己负责的那一领域研究清楚就行了。但作为知县或知州，需要把一县一州的民情风俗全部了解清楚，如果有一个地方不熟悉，就算想尽心尽力推行善政，也是不可能实现目标的。

既然被世人称作"父母官"，就应该像熟悉家事一样熟悉民情。父母怎样替孩子考虑未来的长远之计，地方官就应该怎样替百姓考虑未来的长远之计。处理百姓的事要像父母守护儿女那样周全妥善，否则就对不起"父母官"的肩头重任。所以说，当官理应尽心尽责，千万莫做负心之举。

清谚有云：公门之中好修行。偏偏许多官员越修越忘记初心，不思上报国家、下利百姓，只惦记"三年清知府，十万雪花银"。他们的三观如此扭曲，自然不会为国家大事与庶民生计尽责，也不会为此感到良心有愧。就事论事，宁远县这个积弊丛生的烂摊子，正是历代主官不尽心施治所造成的恶果。

乾隆五十二年（1787年）三月，汪辉祖奉命出任时人视为苦缺的宁远知县。同年四月开始，他又兼署新田县长达一年。他一生中最辉煌的政绩，也恰恰出自这片穷乡僻壤。

一到宁远县，汪辉祖立即下令清理往年的档案。他发现当地积弊之多，果真叫人触目惊心。宁远县府积压的未决案件竟然多达四百余件，而且还有数百份新状纸。汪辉祖查阅卷宗之后，发现影响县治的主要问题有以下几点：

首先是流丐非常多（本地和外乡的都有）。这导致宁远的治安极度混乱。这些流丐完全不像武侠小说里的丐帮弟子那样侠道热肠，反而时常聚众扰民，无恶不作。他们平时到各地强行乞讨，若是乡民不给，就围攻强抢。每到邻县歉收之时，流丐数量又会激增。由于县府吏役不多，难以镇压规模多达六七百人的流丐团伙，此前的官员就只能干瞪眼。而有些乡民因不堪骚扰，就只得迁移到外地。

除了流丐之外，另一股扰乱百姓正常生活的势力就是讼师。

讼师就是古代的律师，以帮人写状纸和辩护为职业。这是一个素质参差不齐的群体，也是刑名师爷天生的死对头。汪辉祖在游幕期间主要担任刑名师爷，对讼师自然没什么好感，准确地说，他讨厌的是当时讼师中闹得最欢的讼棍。古代人受儒家思想影响深，能不打官司就不打官司，但宁远县的风俗稍有不同。假如当事人对县府的判决不满意，往往会向上级官府控诉，当地讼师往往趁此机会煽动乡民上诉，通过颠倒案情是非来渔利。

此举让司法不公问题雪上加霜。

地方恶霸固然是重要乱源，但衙门内部的腐败分子，更是让百姓叫苦不迭的蠹虫。

当时的宁远人很怕惹上"油火命案"。所谓"油火命案"，是流丐与衙门里的胥吏狼狈为奸祸害百姓的一种阴谋。由于流丐众多，时常有人死在路边，而地痞流氓就会借此机会故意用死尸讹诈乡里的富民。假如对方不从，他们就会到官府诬告，而衙门里有些胥吏中的败类就会与之勾结，设法阻挠验尸，害得乡民蒙冤破财。

宁远山多，道路僻远，前任主官都懒惰而不愿亲自去案发现场验尸，这就给胥吏掩饰真相创造了机会。乡民认为地痞匪类好比是"火"，胥吏好比是"油"，两者沆瀣一气，犹如火上浇油，更加伤人，故而把此类欺诈案称之为"油火命案"。

上述社会阴暗面并非只有宁远才有，但治理宁远之难也是时人所公认的。朝廷征调汪辉祖去收拾这个烂摊子，一方面是看中其出色的执政能力，另一方面也实在是无人愿意去那个事情难办又没油水可捞的穷乡僻壤。

汪辉祖没有被困难惊倒，反而迎难直上。他上任之初就开始办理死刑案件，虽然吏役们都说此时办案不吉利，但汪辉祖坚持及时查案，不得拖延。经过种种努力，汪辉祖把这三大恶习都成功解决了，当地父老因此尊其为"神君"。他们甚至在汪辉祖辞官归隐之后，还派代表去浙江萧山请汪公重新担任宁远知县，可见，宁远百姓已经把汪辉祖视为真正的"父母官"了。

对于"父母官"的职责，汪辉祖看得非常之重。

他曾在《学治说赘》中感慨道："国家之厚吏有常禄，有养廉，居官之日，皆食民之食，乃不以之求治，而博弈饮酒高卧自娱。民必怨，神必怨，如工何其不畏耶？余久食于幕而不愿子孙之习幕，尝试为吏而不乐于子孙之作吏，盖深怕其多缔孽缘，有亏先德也。一前说三卷无剿说邑言，不能更有所进，姑切措而畅言之。既老且病，言近于善，力疾书此，以谂亲知，不惟望求治者察此诚悃，倘子孙幸膺治之任，书此座有触目省心，庶上不负国，下不负民，天其佑之乎？"

在汪辉祖看来，国家给予官吏的待遇已经十分优厚了，除了常规的俸禄之外，还发放特殊津贴养廉银。这些钱都由国家财政拨款。而国库收入来自于老百姓上缴的赋税，从这个意义上说，士人做官的每一天，都是在吃老百姓给的粮食。世俗常说："食君之禄，忠君之事"。汪辉祖则认为，君禄取之于民，为官之人是在间接地食百姓之禄，故而应当对百姓负责。

有些官员不把安定百姓和处置政务放在首位，只顾自己饮酒下棋或者蒙头大睡，不干正经事。对于这样的官员，老百姓必然会心生怨恨，上天的神明也肯定会发怒，这种情况怎能让人不畏惧呢？

汪辉祖做了很多年师爷，但他不希望子孙继续从事这一工作。他曾经试着做过几年地方长官，却不赞同后代继续在官场里打滚。这并非否定自己的人生功德，而是担心后世子孙被官场陋习浸染，胡作非为，制造罪孽，从而令祖宗的德行蒙羞。

离开官场时，汪辉祖一身轻松，无所挂碍，倒是在退隐治学后，颇为忧虑。他自感年迈体衰，做不得太多事，便想给世人留下一些忠告建言。于是他亲自撰写《学治臆说》《佐治药言》《学治说赘》等幕学著述，想以此劝告亲友故知以正道立身和做官。

当然，汪辉祖并没立下不许子孙入仕的家规。他只是要求子孙将来学习治国安民之术时，把自己的幕学格言作为座右铭，时时谨记为官的责任，常常反省施政有无过失，做一个不负民心的"父母官"。唯其如此，方能上不负国家栽培，下不负万民期待。而汪辉祖相信，上天一定会保佑这种勤政爱民之人。

二. 保富安民是为治要道

　　春秋时期，齐国政治家管仲有个深刻的论断，叫作"民富则易治"。在他看来，老百姓富裕了，就会安土重迁，遵守礼义，畏惧刑罚，容易治理。假如老百姓穷得连饭都吃不起，势必会四处游荡，涉险求生，不把朝廷的律法放在眼里。因此，管子治齐国以富民为先。

　　清朝学者刘衡有着相同的观点。有一回，他在与客人交谈时曾说："或问：图治，以何者为先？曰：天下之患在忿，民穷无以为声，则轻犯法。吾儒生列仕籍，有牧民之责。到在恤民贫而已，能恤民贫，使无犯法，则治矣。或问：何以恤民贫？但谨握《周礼》'保富'二字而已。盖富民者，地方之元气也，邑有富民，则贫民资以为生。邑富民多，便省却官长恤贫一半心力，故保富所以恤贫也。"

　　国家的隐患在于民怨载道。民怨主要来自于生计穷困。读书人治国理民，应当以体恤民生贫苦为要点。富裕的民户是地方民生的元气，假如辖区内有富民的话，贫苦百姓可以通过为富民提供服务来维持生计；若是辖区内的富民数目众多的话，地方官员的恤贫工作也就能节省一半压力。因此，刘衡把"保富"视为"恤贫"的重要措施。

　　"民富则易治"的道理好说，实事却是难做。春秋时的齐国和清朝的经济民生及社会结构完全不同，所以管仲的富国之术无法全盘照搬到清朝。管仲在奖励耕织工商的同时，利用轻重之术来阻止财富过分集中于卿大夫与民间豪富手中，而清朝基本上是乡绅富户控制着基层社会，因此，清朝执政者的安民策略以"保富"为主旨。

　　汪辉祖在《学治臆说》一条中说道："藏富于民非专为民计也。水旱戎役，非财不可长民者。保富有素，遇需财之时，恳恻劝谕，必能捐财给匮，虽吝于财者，亦感奋从公，而事无不济矣。且富人者，贫人之所仰给也。邑有富户，凡自食其力者，皆可藉以资生。至富者贫，而贫者益无以为养，有公事必多梗治之思。故保富是为治要道。"

　　自古以来，"藏富于民"与"藏富于国"两种经济思想就在打架。汪辉祖是儒学出身，倾向于"藏富于民"的主张。不过，他对这种做法有另一番理解。

把财富藏在民间，并不只是为老百姓的生计考虑。假若不幸遇到了旱灾、涝灾以及战乱，除了财富的力量之外，没有什么东西能够真正保障老百姓的活路。如果平时保护了富民的合法财产，那么到了需要社会财富赈穷救急的时候，地方官员只要诚恳地说服大家，富户们就一定能慷慨解囊，接济穷困的灾民。哪怕是那种一毛不拔的吝啬鬼，也会由于受到他人义举的感动，从而纷纷听从地方官员的号召，捐献出自己所吝惜的钱物。如此一来，官府就没有什么事情办不成了。

清朝赋税大多上缴到中央府库，地方官府的财政状况往往比较拮据。官员想承办某些利民惠民之事，要么向朝廷申请拨款，要么说服当地乡绅出资赞助。汪辉祖之说从侧面反映了这个现实，而他也因此将富户视为治理一方的重要依靠对象。

管仲主持经济工作时主张保留一定的奢侈产业，其中道理正如刘衡所说，可以让一部分贫民以此为生计，汪辉祖也有相似的看法。他认为富户是贫民赖以生存的对象。假如当地有富户的话，那些自食其力的贫穷百姓，都可以依靠富户的工钱而得以生存下去。假若连富户都变得贫困交加，那些穷人更是雪上加霜，无所依靠。这样，他们的生计就难以维系了。

假如在这个节骨眼上恰好有什么公事急待办理，那么官府的行动将会遭遇很多难以逾越的障碍，甚至留下不少无法根除的隐患。

所以，汪辉祖在佐治或做主官时，力求保持治内富户的合法财产与正常生活，他认为这是地方官员处理好政事的主要办法，也是在官场稳站脚跟的一门技巧。

乾隆朝的水旱灾害不少，还常常对外用兵，中央朝廷需要大量银两来填补日渐空虚的国库，常常向各地方官府下达征发钱谷的新任务。而地方官府同样是靠百姓上缴的赋税来维持。为了完成任务，地方官府只得把压力摊派给百姓。穷人催得再急迫，也榨不出几粒米、几文钱，所以，地方官府主要是向富户来索取财物。

保全富户无疑是地方官员的务实之举。这种理念放在今天，也不无借鉴意义。贫富差距过大的社会固然难以保持安定，但富裕人家的财产得不到保障的社会，同样会导致百业萎靡，民生凋敝。

需要指出的是，汪辉祖主张保护富民，并不是与地方豪富勾结。明清两朝的乡里往往被地方豪富控制，不少地方官府与豪富勾结，坐视其横行乡里，为非作歹。而汪辉祖素来爱民，自然不会放任不法豪强祸害普通百姓，但他也注意到那些老实本分的富户，往往会受到地痞无赖的搅扰与欺诈，这不仅大大扰乱了地方治安，也让那些致力于勤劳致富的良民恐慌不已。

为此，汪辉祖特意在《学治臆说》中强调："官不洁己，则境之无赖偕官为孤注，扰富人以逞其欲。官利其驱富办，而讼可以生财也。阳治之而阴亮之。至富人不能赴诉于官，不得不受无赖之侵凌，而小人道长，官为民化矣夫！朝廷设官除暴安良，有司之分。怜暴是纵，惟良是侮。负国负民，天岂福之，故保富之道，在严治诬扰，使无赖不敢藉端生事，富人可以安分无事，而四境不治者未之有也。"

无赖地棍之所以敢于堂而皇之地敲诈富户，往往与地方官府的贪污腐败是分不开的。

假如为官之人自己本身就视财如命，鱼肉百姓，那么在他所辖区域内的无赖地棍就自然而然地把当地主官视为自己的靠山。他们以此为赌注，去敲诈勒索当地的富裕人家，以求捞取不义之财来满足个人私欲。而当地官府中也有墨吏试图从中渔利。无赖骚扰有钱人，有钱人到官府打官司，而贪官墨吏正好借助诉讼过程来获得好处。

正因为有这条肮脏的利益链条存在，那些腐败官吏表面上在整治无赖、保护富裕民户，实则在背地里故意放纵无赖们滋生事端，导致那些殷富之家不得不忍受无赖地棍的侵扰和欺诈。这种做法，无异于助长了那群卑鄙小人的气焰，本该造福一方的官府，反而变成了当地老百姓的仇敌！

汪辉祖认为，朝廷在各地区设置官署，根本意图就是铲除暴乱弊端，安抚善良百姓，这原本就是衙门应该担负的义务和责任。这种放纵歹人欺压善良的平民百姓的罪恶行径，上对不起国家，下对不起百姓，难道上天还会保佑他们吗？难道赏善罚恶的鬼神会放过他们吗？

基于这番认识，汪辉祖认为保持民生有序的重点是保护富民的合法权益。而保护富民的合法权益，关键在于严厉惩治那些地棍无赖的敲诈勒索。首先，官府要清理门户，不让那些墨吏与之狼狈为奸。其次，杜绝那些无耻小人通过诬告来牟取私利的现象。双管齐下，封死地棍们的活路，以保障富裕人家的安宁。

汪辉祖相信，只要能把保富之道落到实处，地方官员就一定能治理好自己的辖区。

敲诈富户的无赖主要是流丐与讼棍这两种人。汪辉祖担任宁远知县时，下大力气整顿当地的流丐与讼棍。经过种种惩治，流丐与讼棍自知难以在新知县治下闹事，纷纷远离宁远县。汪辉祖顺势兴利除弊，劝导县民广开生计。这不仅使富裕人家的合法权益得到了保障，而且也让许多穷苦人家通过不断努力改善了生计。

三. 举事以不让百姓破家为限

宁远县城早在明末清初就被战火毁坏，直到汪辉祖就任宁远知县时仍旧破烂不堪。在所谓的康乾盛世下，仍有经济民生如此凋敝的穷乡僻壤，这充分体现了社会的多面性。汪辉祖到达县衙时发现，县城西、南两个方向和乡村没什么两样，只有东门和西门设有一些杂肆。知县官署破旧，没有专门的仓库，每年所征收的赋税只得放在内宅。难怪许多人都不想来这里当官。

汪辉祖没有因此灰心丧气，而是一步一个脚印地除旧布新，整顿弊政。

汪辉祖先用自己的俸禄修建了三个仓库，用于存放赋税；又以朝廷发放给自己的养廉银子修理好官衙；为了修复城中各种祠堂神庙，他一面带头自掏腰包，一面劝说宁远富绅出资捐助。

经过一年多的努力，宁远县在乾隆五十三年（1788年）迎来大丰收。汪辉祖让三十六里的乡绅们捐资修缮城墙，在他的统筹安排下，胥吏们无法从严格的财务管理中克扣经费，而宁远城墙的修建工程也迅速以高质量完工。

古时候的科技与工商业不像今天这样发达，兴建大型工程不是靠企业的施工队，而是按照役册顺序无偿征发民夫服徭役。也就是说，除了管饭外，服徭役的百姓既要承担脱离生产的损失，又不能从官府公事中获得任何经济补偿。

由于监督机制不完善，官员、胥吏、乡绅都有许多贪污工程经费的手段。这不仅导致工程高价低效，还增加了普通百姓的负担。而汪辉祖爱惜民力，自然不允许有人趁机以权谋私。他在《学治臆说》中说："先儒有言，一命之士苟留心于爱物，于物必有所济。身为牧令，尤当时存此念。遇地方公事不得不资于民力，若不严察吏役，或又从而假公济私，扰累何堪，故欲资民力，必先为民惜力，不惟挥怨，亦可问心。"

古代的大儒曾经这样说过，作为一个士子，若能在爱惜物力这点上多多留心，那么对于获取物力一定能有所帮助。身为地方长官，更应该时时刻刻都抱有这种爱惜物力的观念。地方上有公务不得不借助老百姓的财力人力时，倘若不对官吏的言行严加督查，定然会有人趁火打劫、以权谋私，老百姓又如何能承受这些贪官污吏的骚扰与摊派呢？

所以说，为政者想得到民间力量的资助，就必须先替民众爱惜民力。这不只是为了消除百姓的怨言，化解社会矛盾，同时也为了让自己无愧于天地良心。

秦隋两朝虽然强盛绝伦，却因不爱惜民力而导致全社会崩溃。尽管有如此沉痛的教训在先，后世各朝依然免不了走上这条衰败之路。明末三先生之一的黄宗羲提出了"暴税"说。王朝初兴之时轻徭薄赋，国民得以休养生息；随着国力增长，徭役和赋税也渐渐增加，反而导致国家由盛转衰。为了增加用度，官府在正常税役之外又摊派新的税役，苛捐杂税不断叠加，最终形成"暴税"……

汪辉祖无力阻止这种情况在大清重演，只能尽力让自己的治下不出现滥用民力的现象。他曾感慨道："谚有之破家县令，非谓令之权若是。其可畏也，谓民之家恋于今，不可不念也。令虽不才，必无忍于破民家者。然民间千金之家，一受讼累，鲜不破败。盖子金之产，岁息不过百有余金。婚丧衣食，仅取足焉。为以五六金为讼费，即不免称贷以生。况所费不止五六金乎？况其家木皆于金乎？受牒之时，能恳恳侧恻剀切化诲，止一人讼，即保一人家。其不能不讼者，速为激结，使无大伤元气，犹可竭力补苴，亦庶几无乔父母之称与？"

清朝老百姓会讽刺某些地方官员是"破家县令"。所谓"破家县令"并非指县令有多大权力，而是说人们的身家性命往往掌握在县令的一念之间。县令的每一项施政举措，都可能导致百姓家业衰败，这不能不让父老乡亲们有所畏惧。因此，汪辉祖认为县令即使能力平平，也绝对不要做那些导致百姓家破人亡的事。

这么说也许太抽象，我们就来算一笔账。以积蓄千金之家为例，若是该户人家被卷入了官司中，很少有不破产的。积财千金之家，每年的收入也就是一百来金而已，扣除衣食住行、红白喜事的费用，资产余额也只是刚好足够日常零用开销。倘若为了打官司而花费五六金钱财的话，就不得不靠借钱来维持生计。问题是清代打官司要缴纳的费用名目繁多，五六金根本不够用。在当时，千金之家已经算小康了，更多家庭的财产还达不到这个水平。清代统治者要求各地官府力行息讼，多调停少打官司，未尝没有减轻诉讼者负担的考虑。

因此，汪辉祖无论为幕还是做官，只要一上任就竭尽所能地教育当地百姓不要以身试法。倘若有一人触法，也要注意保全其家人不受株连。能调解的纠纷尽量庭外调解，实在要打官司的，也要尽快结案了事，以免老百姓在漫长的诉讼过程中变得穷困潦倒。

官做到这个分上，才算是对得起"父母官"的名号。汪辉祖在施政治狱时，始终抱有这种信念。他不仅在处理案件时千方百计地替老百姓节省财力，在其他政务上也以爱惜民力为办事宗旨。

地方官府最主要的两大政务分别是司法狱讼和赋役转输。相对于狱讼，赋役转输给百姓带来的负担要沉重得多。官司未必年年打，但赋税和徭役若不是朝廷特许减免，家家户户每年都要应付。清朝摊派的赋税徭役不少，申请上级减免在大多情况下是不可能的，唯一能做的就是通过调整征收的方式来减轻百姓的负担。这也是最能反映执政官员是否"爱惜民力"的一个方面。

《官箴》有言："当官处事，常思有以及人。如科率之行，既不能免，便就其间求其所以使民省力，不使重为民害，其益多矣。处事者不以聪明为先，而以尽心为急；不以集事为急，而以方便为上。"

催科就是征收赋税。哪怕是康雍乾盛世，征收赋税都是地方官府颇为头痛的问题。一方面朝廷摊派的任务重；另一方面各地有时碰上灾害或者歉收，难以完成指标；此外，还有些贪官污吏在朝廷指标之外巧立名目搜刮民脂民膏。而《官箴》的作者认为，正直的官员在征收赋税时，应当开动脑筋尽量节省民力，以免造成百姓破产的悲剧。

这种具有浓厚民本色彩的执政观念，被汪辉祖全盘继承。他担任宁远知县时就非常注意减轻民众负担。

宁远县是个穷乡僻壤，乾隆五十一年（1786年）还出现了粮食歉收的困难。于是前任知县贴出告示暂缓催科。次年汪辉祖上任时恰逢奏销（地方官署向户部上报征收钱粮的实际数目）期临近。他认为一上台就催缴赋税，不是亲民之道，但朝廷的指标又不可不完成。于是他下令让百姓先交完过去所欠的赋税，而正常缴纳的钱粮先问富户讨要，让小户人家有时间从容筹集财物。五月青黄不接之时，汪辉祖开仓设厂，以平粜之法救济饥荒。待到秋收之后，米价下跌，家有余粮，再向百姓催科。此法巧妙地克服了农业生产周期性的矛盾，让百姓减少了许多不必要的负担，收入也逐渐增加。

汪辉祖根据自己的施政经验总结了一套清理税收的办法，他在《学治臆说》中说："花户欠赋，是处有之，顾亦有吏役侵收冒为民欠者。余署道州，因前两任皆在官物故，累年民欠不得不收，因创为呈式，令投谋之人，于呈面注明本户每年应完条银若干，仓谷若干。无欠则注全完。未完则注欠数，除命盗外，寻常户婚田土钱债细事，俱批今完欠，候鞫欠数，清完即为听断。两造乐于结讼，无不克输将，间有吏役代完侵蚀，字据可凭，立予查追，清款其无讼案者。完新赋时饬先完旧欠。行之数月，欠完过半。第此事必须实力亲诸，方有成效，倚之幕宾书交，总归无济。"

每个地方官署的花名册上都有欠缴赋税的民户。还有一种情况是，官吏贪污了收成，在账簿上伪造成老百姓拖欠了赋税。

汪辉祖调任道州知州时，前两任知州都在任上辞世，因此民间拖欠的赋税只能由他来负责收回。汪辉祖于是设计了一种新的催欠办法：他让催欠人在通知单上标明本户居民每年应缴纳的各项银两、粮食数额，然后再逐一进行登记。假如没有拖欠就注明已经全部缴清；若是未曾缴清，就写明该户还欠了多少。除了杀人犯与盗贼之外，普通百姓的田产、钱两等各种细目，必须注明"完"或"欠"。当官府收完了该户所欠的钱粮后，就在单据上批注为"完清"。

这种新办法简明易行，官民双方都觉得极为方便。在汪辉祖的辖区内，催欠一事几乎没有完不成的。尽管偶尔有吏役代替该户写"完清"或者侵吞这笔欠款的情况，但只要有字据作为凭证，主官很快就能追查个水落石出。汪辉祖在清理拖欠赋税的过程中没有发生什么讼案，在征收新赋税前，他让人们先完清旧账。新办法推行了几个月后，道州官府的催科任务，就完成了一半以上。不过，汪辉祖特别强调，这种事情必须主官亲自问监督才能有效，否则，如果全部丢给幕僚或书吏去办，新办法到最后也会因缺乏监督而流于形式。

总之，汪辉祖为了不让百姓破财破家，在每一件政事上都花费了许多心思，故而在他辞官回乡多年后，依然被时人称之为"湖南第一好官"。

四. 治以亲民为要，分当与民一体

欲得天下，必先得民心；欲得民心者，必先亲民。亲民的执政观念主要源于儒家思想。汪辉祖等清朝儒生平时诵读儒家《四书五经》，而且在科考中写的也是宣扬孔孟教义的八股文。可以说，他们浑身的血液中都浸透着儒家仁政的金科玉律。汪辉祖在断案、催科等老百姓比较嫌烦的事情上，也贯彻着亲民的精神。

所谓亲民，并不是微服私访、请穷人下馆子，而是要除去那些害民的弊政。汪辉祖在《学治臆说》中指出："在官者如采买、折收、征漕、浮勒及官价、民贴等事，在民者如地棍滋扰、讼师教唆及盗贼恶丐等事，皆为民害。各处情形不同，须就所官地方，相其缓急，次第整顿，得去一分，即民受一分之福。"

清朝的地方弊政基本上都在汪辉祖开列的条目中。他在宁远做知县时，就以惩治恶丐、讼师、地棍为要务，还在官府采办物品时又废除了远高于市价的官价。汪辉祖施政最为轰动之事，莫过于向上司申请让宁远百姓兼食粤盐。

清朝硬性规定各地食盐产销限制。宁远吃的是江苏产的淮盐，而邻县蓝山、临武吃的是广东产的粤盐。由于长途贩运不便，淮盐价格远超粤盐，故而宁远百姓私底下经常吃走私的粤盐。湖广总督毕沅打击走私，让宁远百姓吃盐困难。汪辉祖原本打算联络可以兼食粤盐的邻县申请缓禁，但同僚们并不支持。于是他单独向上级禀报，而且没等批复，他就在辖区内放宽了禁令，此举遭到了他人的弹劾。最终，虽然定制没能改变，但总督毕沅还是网开一面，放宽了十斤以下的粤盐贩卖，缓解了百姓的困难。

汪辉祖之所以不惜冒着丢官帽的风险为民请命，正是因为深入其骨髓的民本精神。

汪辉祖说："长民者，不患民之不尊，而患民之不亲，尊由畏法，亲则感恩。裕民之服教，非亲不可。亲民之道，全在体恤民隐，惜民之力，节民之财，遇之以诚，示之以信，不觉官之可畏，而觉官之可感，斯有官民一体之象矣。民有求于官，官无不应；官有劳于民，民无不承。不然，事急而使之，必有不应者。往往壤地相连，同一公事，而彼能立济，此卒无成，曰民实无良，岂民之无良哉？亲与不亲之分殊也。官事缓急何常？故治以亲民为要。"

为官之人不怕百姓不尊敬，就怕百姓不亲近。施政应当让百姓感恩，百姓感恩则能亲近官员。治国以亲民为关键。亲民之道贵在爱惜民力，节省民财，示民诚信，最高境界乃是官民一体。因此，为官之人无论做什么公事，都不能忘记以民为本的大原则。

喜赏恶罚是人的天性。当初，汪辉祖的两位母亲听到儿子在幕府做刑名师爷时也颇不赞同。汪辉祖接受两位母亲的训导，治狱时也常为民着想。例如有吏役禀报说有民人拒捕时，他从不轻信，必待查实而定。

汪辉祖在《学治臆说》中说："幕不见役而念民故意，常平；官未见民而信役，放气易激。役不得逞志于民，辄貌为可怜之状，或毁檄，或毁衣，以民之顽横面陈于官，从而甚其辞焉，谓其目无官法也，官未有不色然骇、勃然怒者。官怒而役狡行，民害生矣。大拒捕有罪人，尽知之为监臬、为盗劫，犯罪而求幸免脱，是以敢拒捕也。若催赋传讯，民尚无罪，何致拒捕？偏听而轻信之，一役得志群役转相效仿，民之得自全者几何？当役禀时，平心熟察，则装点之弊，自然流露。姑将原檄存销而止，以应办之事另缴改差及其人到官，事结，告以拒捕罪名及所以不速办拒捕之故。民知爱畏，即亦役不敢再前故技。"

师爷没有见到吏役，心中挂念着老百姓，所以心态比较平和。而主官未见百姓之前就听信吏役的的话，所以容易情绪激动。

有些吏役没能从百姓那里捞到油水，便故意在上司跟前装可怜。有的撕毁官府公文，有的扯坏自己的衣裳，故意对上司说这是刁民抗法造成的。在这种情况下，主官很少有不勃然大怒的。于是，被吏役诬告的百姓就要因此遭殃了。

没有人不知道拒捕是有罪的。但是，只有那些盗窃、打劫、走私的罪犯，为了逃避法律制裁才会拒捕。像那种催交赋税、官府传讯之类的常规事务，百姓们原本就没犯法，又何必拒捕呢？因此，主官轻信吏役的一面之词，必然会使得他们的奸计得逞，其他的吏役也一定会相继效仿。如此一来，又有几个百姓能够保护自己不被陷害呢？

针对这种情况，汪辉祖提出了一个对策。当吏役回报情况时，主官不要情绪激动，而是喜怒不形于色，仔细观察。这样的话，吏役们的夸张表演自然会露出马脚，遇到这种情况时，主官可以把原先的公文给注销掉，另外派人去带相关人等来公堂，等事情办完之后，再告诉他们拒捕之罪以及不立刻追究拒捕的缘故。如此一来，老百姓懂得了相关法律，就会学会自爱且敬畏律令，而吏役们也不敢诬告他人拒捕了。

当然，汪辉祖要体恤的都是遵纪守法的良民，对于那些为非作歹的刁民，他也毫不手软。在他看来，惩治刁民也是保护良民的一个重要措施。

汪辉祖曾在《学治臆说》中指出："剽悍之徒生事害人，此莠民也，不治则已，治则必宜使之畏法，可以破其胆，可以杀其翼。若不严治，不如且不治。盖不速治若辈，犹俱有治之者。治与不治等，将法可玩而气愈横，不至殃民，罗辟不止。道德之弊，酿为刑名。韩非所为与老子同传，而省待多盗。先圣薮子产为遗爱也。"

剽悍之人往往横行不法，制造事端，祸害百姓。这种刁民不治则已，一旦要处理，就必须让他懂得律法有多可怕、"错"字怎么写，而且让他从此以后再也没有嚣张跋扈的胆子。

对付这种人最忌讳宽纵。若是不能严厉惩治，还不如暂且不处理。如果暂不动作，刁民还可能担心官府有一天会收拾他们；若是整治和不整治一个样，那些刁民就会认为法律可以随意挑战，更加骄横放纵，直到做出足以判处死刑的害民之举，才会反省自己的一言一行。原本只是道德秉性的瑕疵，却可能由于官府的宽纵，最终让他们一步一步变成目无王法的恶徒。

汪辉祖在宁远整治老牌讼棍黄天桂时，手段就非常狠辣，这使得危害宁远多年的讼棍问题很快得到解决。然而在他对凶犯与恶棍行使霹雳手段时，却对犯人保持了一丝菩萨心肠。

汪辉祖在《佐治药言》中说："余在幕中，襄里案牍，无论事之大小，必静坐片刻，为犯事者设身置想，并为其父母骨肉通盘筹划，始而怒，继而平，久乃觉其可矜。然后与居停商量，细心推鞫，从不轻予夹秽，而真情自出。故成招之案，鲜有翻异。以此居停，多为上台赏识，余亦藉以藏拙，无赋闻之日。"

汪师爷辅佐幕主处置公务时，不管事件大小如何，都会先端坐静心，然后再从犯人的角度设身处地考虑。与此同时，也好好谋划一个能保障犯人家属和亲友今后正常生活的周全计划。

每次刚接到案子时，正义感极强的汪师爷都会十分愤怒，接下来才会渐渐平静下来，又过了一阵子才恍然大悟——可恨之人也存在值得怜悯之处。然后，他本着为犯人着想的态度，努力找出一个能兼顾律例和情理的最佳方案来。他细心审问犯人，从来不轻易刑讯逼供。通过娴熟的审问技巧，他总能从犯人嘴里问出事情的真相。因此，他审问过的犯人很少在供认犯罪事实后再翻供。

汪辉祖运用这种方法断案，常常能把案件处理得十分周全，故而得到了许多督抚大员的赏识。

汪辉祖主持刑名时被戏称为"汪七驳"，在做官之后被尊为"汪神君"。说到底，就是因为他断案如神，爱憎分明，与民一体。百姓也因此而尊敬和爱戴他。

汪辉祖在《佐治药言》中提到："亲民之吏，分当与民一体，况吾辈佐吏为治，身亦民乎？尝见幕友，位置过高，居然以官体自处，齿鲜衣轻，渐不知民间疾苦。一事到手，不免任意高下，甚或持论未必全是，而强词夺理，主人亦且曲意从之，恐其中作孽不少。"

亲民之吏指的是直接与老百姓打交道的地方州县官员。亲民之吏应当与老百姓打成一片，情同一家人。汪辉祖从来没有忘记自己原本也是小老百姓出身。有些师爷自以为高人一等，看不起老百姓，奢侈生活过久了，民间疾苦也全部抛之脑后。他们办事的时候，往往忘乎所以，随意高下。有时自己的观点明明不正确，却依然强词夺理，而幕主也不得不按照他们的意图来办。如此一来，恐怕做出了不少造孽之事。

为了达到"官民一体"的境界，汪辉祖总结了不少教化百姓的善政。例如在每个月的初一和十五点上香，宣告朝廷政令，与乡亲们一同喝酒，设宴招待德才兼备的士人，表彰各地的节妇与孝子等等。

让汪辉祖感到遗憾的是，大家都把这些施政经验当成耳边风。

汪辉祖刚到宁远工作时正值初夏季节。他派人贴出鼓励农桑的告示，同僚们竟然觉得十分诧异。他数次到乡里与百姓们一同喝酒，却发现主持宴会的司仪官竟然不懂得席间礼数，于是生性谨慎认真的汪辉祖顾不得旁人嘲讽，把所有的礼节全都示范了一遍。

宁远乡俗三四年后为之一变：刁民们纷纷痛改前非，重新做人；读书人也刻苦发奋，考取功名；女人们也树立了贞节观。汪辉祖认为自己出力并不多，没想到却收到了如此良好的效果，这让他更加信心百倍。

亲民之吏应当不辞辛劳，不畏繁琐，踏踏实实地做好每一件实事，这样自然能教化万民，得到百姓的亲近与信赖。

第九章

人治法治并举

——综合为上的吏治观点

惩恶去弊，整顿恶习，恢复清明吏治

大刹贪风，惩贪奖廉以此为鉴

治吏而不治民

综合为上，人治与法治并举

"法治"是一个现代政治理念，古代中国与之最接近的是法家"一断于法"的主张。"人治"是与"法治"对立的治国思想，两者的主要区别在于以什么为治理依据。"法治"是以宪法及其他法律为处理政事的准绳，而"人治"则以长官乃至最高领导者的意志为裁决标准。古人所谓的"以德治国"，实际上也属于一种"人治"手段，因为"道德"不像法律那样可以量化，是否符合"道德"（主要是儒家的伦理道德），更多凭借执法者的自由裁量。

自从汉武帝采纳大儒董仲舒"罢黜百家，独尊儒家"的方针之后，儒家的吏治思想基本上被历代王朝视为指导思想。此外，法家设计出的各种政治制度也随着时代不断变化。这就是古人所谓的"德主刑辅""霸王道杂之"。

每个朝代都有腐败现象，举凡有见识的政治家无不重视整肃吏治。他们一方面以严刑峻法反腐，另一方面通过道德教化倡廉，这等于把法治和人治（德治）两种手段结合到一起。

清朝人把学习幕学称之为"习法家言"。因为司法断狱之事不符合儒家"以德治国"的主张，仅仅被儒家看作是迫不得已的辅助手段。这种观念使得清朝官员大多倾向于"人治"的做法。

汪辉祖以儒家学问为根基，自然也赞同"德主刑辅"的主流观念。他在《学治臆说》中说："立法非难，任人为难，有治人，无治法。"法律是人操作的，社会治理得好依靠的是公正廉明的执法者，而不是法律本身。这就是所谓的"有治人，无治法"。

在今天的法治社会看来，这无疑是落后的观点。汪辉祖未能脱离时代局限，多少有些让人遗憾，但与同时期的官吏相比，他又非常重视法律，注意用"法治"手段来弥补"人治"理念的不足。这又是汪辉祖吏治思想中进步的一面。

一. 惩恶去弊，整顿恶习，恢复清明吏治

自古官场陋习多。清代官员贪污腐败的一个重要途径是书吏的"孝敬"。汪辉祖在《学治臆说》中指出："财赋繁重之地，印官初到，书吏之有仓库职事者，间有馈献陋规。若辈类非素封，其所馈献，大率挪用钱粮。一经交纳，玩官于股掌之上矣。无论不能觉其弊也，觉之亦必为所挟持，不敢据实究办。"

有些官员刚上任时，那些负责管理仓库的胥吏就时不时给主官送一点钱粮礼品。胥吏们的俸禄并不多，这些礼品都是从官府仓库中挪用的公物。主官一旦收下，就与胥吏同流合污了。胥吏利用职务之便攫取私利，主官要么不明就里，要么睁一只眼闭一只眼，不会依法治其罪。

如此一来，衙门上下人人唯利是图，蝇营狗苟，目无法纪。而各种以损公肥私为目标的陋规，也越来越多，层层相叠。

乾隆前期，上承肃贪严厉的雍正时期，有许多德才兼备的内阁大学士、尚书、侍郎、督抚大员在位，吏治比较清明。而汪辉祖年轻的时候，恰好见证了当时风气较为正派的官场，到了他晚年，吏治却越来越腐败，让他痛心疾首。也正是因为如此，他在晚年时期致力以弘扬幕学，推行善政，试图以此整顿恶习，让官场恢复清明吏治。

看过古装电视剧《宰相刘罗锅》的朋友也许有印象：广西官员带土特产荔浦芋头进京，刘墉担心乾隆皇帝从此会把进贡芋头变成常制，增加广西百姓的负担，所以就弄出了许多波折来……戏说归戏说，但这些情节也的确反映了清朝官场的冰山一角。

由土特产而引起的官场陋规，是汪辉祖去除弊政的一个重要内容。

各地方的土特产原本就不是上层官吏们应得之利，可是如果有人偶尔利用职务之便顺手拿一点，用于孝敬上司或者送给同僚，就有可能渐渐沿袭成为惯例。甚至后来，各官府动用官价来采购土特产。官价往往低于市价，这样做明显增加了辖区百姓的经济负担，而且因此产生的其他负面影响也是没完没了。

那要怎样才能够劝勉官吏们廉洁奉公呢?

汪辉祖建议官员适当减少那些沿袭已久的习俗。若是当地的土特产一直都不出名,就千万不要再轻易作为礼物赠送给官场同僚,因为一旦开了这个头,必然会给子孙后世留下弊政。

从土特产问题可以看出,官员的个人嗜好很容易引发连锁效应,最终引发新的腐败之风,故而汪辉祖在《学治臆说》中指出:"一人之身,侍于旁者,侯于下者,奔走于外者,不啻数十百人,莫不窥伺辞意,乘间舞弊。不特声色货利,无一可染,即读书赋诗,临池作画,皆为召弊之缘。当其兴到时,或试以公事,稍有不耐烦之色,即弊所从起也。人非圣贤,谁无嗜好,须力自禁持,能寓意于物,而不凝滞于物,斯为得之。"

每个官员身边都有形形色色的人,他们都在窥探官员的嗜好,以求投其所好,巴结逢迎。不少腐败分子最初并不贪财,但他们有的喜欢古玩书画,有的喜欢吟诗作对,在汪辉祖看来,这些嗜好都隐藏着弊端。那些沉溺于个人嗜好的官员,只要兴头一上来,就会疏于处理公务,于是逐渐渎职怠政,甚至沦为腐败分子。汪辉祖并不反对人们有自己的嗜好,只是不要让嗜好变成他人行贿的渠道,或者导致荒疏政务。

身为朝廷命官,亲民之吏,执政者应当洁身自好,尽心尽力地惩恶去弊。唯有如此,才能造福一方百姓。

汪辉祖每到一地,都会努力整顿官风民风,他在《学治臆说》中说:"地方风气以官为转移。地棍揣摩,即视官为迎合。官有善政,未始不资若辈。历阶如官徵赌博,则棍首局诱。官治小钱,则棍讦挽和。官清水利,则棍控侵占;官严斗殴,则棍饰伪伤;官禁锢婢,则棍告侵占;官细则棍讼业横。如此之类,悉数难终。大概有一利必有一弊,甚且利少而弊多。全在幕友因利察弊,力究冤诬,固不可因噎废食,断不宜乘风纵火,使好奸可戢。官法可行,则平民自安无事之福矣。官幕兴利除弊,固不易言。而因利察弊,每亦难处,惟就事理事,平明迅速,地方自有起色。"

俗话说:政道生民风。一个地方的社会风气,往往与执政者推行的举措有关,那些地棍会揣摩现任官员的一举一动,以寻求投机取巧的方式。

为官者想要做出令人称道的善政,未尝不需要借助这帮人。例如,当局下令禁止赌博,地棍们就会以自首为名揭穿赌局骗技;当局要清理盗窃犯,地棍们也会检举搅和;当局要整治水利,地棍们就会揭发豪强侵占百姓田产的劣迹；当局严打斗殴行为，地棍们就扮作被误伤的路人；当局禁止扣押婢女，地痞就投诉富户凌辱婢女的恶行；当局安抚贫困佃农，地痞就举报地主蛮横之举。诸如此类的事情，难以悉数说尽。

凡事有一个益处，就必然伴随着一个弊端，有时甚至弊多而利少，这就要靠佐治主官的幕友们仔细甄别。有利之处因势利导，对于弊端早些察明，诬告与冤狱更要竭力查纠，万万不可因噎废食，也断然不宜让地棍乘风点火，从中渔利。当官府的政令能得到推行时，老百姓自然可以享受安居乐业的福利了。

兴利除弊对于主官和幕友来说，并不是一件容易的事，就算是因利察弊也颇有难度。所以，为政之人应当根据具体情况理事，务求抓住一切机会，公平廉明且迅速地革除弊病，这样一来，地方治理的状况自然会有起色。

移风易俗和惩恶去弊的关键，都在于整顿吏治。吏治昏暗则陋规必多，上梁不正，下梁又怎能不歪？而整顿吏治的关键，就在于考察和甄别吏员。

通过多年幕府官场历练，汪辉祖总结了一些察吏用人的经验。而在《幕学举要》中，也有相关的论述："大臣以察吏为先。吏得其人，则民受其福，察吏所以安民也。人孰无过？私罪不可看，而公错所宜宽。或冒昧之过，或疏懒之过，皆可情恕，弃瑕录用，庶使群工观感自奋。若恣情贪酷，任性乖张，难以姑容。一路哭何如一家哭乎？"

大臣以考察甄别官吏的才能品德为首要任务。只有选择合适的人做官吏，老百姓才能真正享受福泽。所以说，大臣考察甄别官吏，完全是为了让老百姓生活安定。

哪个人没犯过错误呢？那种为了一己私欲而犯的错不能饶恕，但是那种为了公事所犯的过失，可以考虑适当宽宥。

有些人的过失是轻率莽撞，有些人的过失是疏忽懒惰。这种小过失都是可以酌情宽恕的。忽略他们的瑕疵而加以录用，就能让诸位官吏都感恩，从而自勉奋发。倘若是骄横放纵、贪污腐败、滥行苛政之人，就不能再姑息宽容了。北宋名臣范仲淹曾经说过，与其勉强让一个人做官，导致一方百姓都遭受痛苦，不如取消其资格，只让他一家人伤心。

汪辉祖在宁远做官时，建立了一套新的管理制度，让胥吏不敢也无法在自己的眼皮子底下徇私舞弊。例如他主持修建宁远城墙时，就通过明确的责任分配与严格的财务管理杜绝了当时官场常见的挪用公款现象。这不仅让百姓的负担大大减轻，也使得宁远城墙修筑工程很快以高质量完成。此外，他还淘汰了一批恶吏，选用了一批干练端方的老成吏役，让衙门队伍保持了清洁。

不少官吏退休之后，还继续与官场中的人情关系网同气连枝，但耿直廉洁的汪辉祖没有这么做。他在《双节堂庸训》中指出："幸而官成归里，当以谨身立行，矜式乡党。一切公事不宜干预，地方官长无相往还。遇有知交故旧，更宜引嫌避谢，稍可指摘，即为后进揶揄。"

在位时惩恶去弊，整顿吏治，告老还乡后主动与官场中人保持距离以避嫌，不让自己引发新的陋规，操行如此高洁，汪辉祖不愧为一代名幕良吏。

二. 大刹贪风，惩贪奖廉以此为鉴

无论在哪朝哪代，惩治贪官污吏都是吏治的第一大课题，也是吏治的第一大难题。在法治发达的美国，尚且无法让贪污腐败率变成零，何况是在腐败极其严重的大清王朝。

在康雍乾盛世中，水旱虫灾多发，不少地区经常需要朝廷赈济。赈济工作往往是腐败分子从中渔利的重要机会。他们欺上瞒下，克扣赈济钱粮，使得人祸之害远甚于天灾。

汪辉祖游历官场三十余年，对此感慨颇多。他曾在《学治续说》中说道："此不便言，且不敢言。然亦不忍不言。地方不幸而遇歉岁，自查灾以至报销，屑屑需资，不留余地。费从何出？不便言，不敢言者此也。但克减赈项以归私囊，被灾之户，必有待赈不得，流为饿殍者。上负圣恩，下伤民命，丧心造孽，莫大于是。此吾所为不忍不言也。"

汪辉祖亲眼目睹过官场黑幕。由于这种事不大方便说且也不敢公开说，所以让汪辉祖的良心倍受煎熬。最终，他在自己的著作里以不点名的方式将此道出。

汪辉祖觉得不好说且不敢说的问题，实际上是暗指衙门里的官吏层层贪污、中饱私囊。

汪辉祖曾在某个州县工作。当地在某年不幸遭遇了荒年歉收的困境，汪辉祖也参与了衙门的赈灾工作。从查明并核实受灾情况，到向朝廷申请赈灾款项，所有的过程汪辉祖都没有落下。层层上报与各种环节都少不了要用钱，从流程上看，其中不应该有丝毫做手脚的余地，可钱是何处得来的呢？这一直是一个谜团。

汪辉祖不无痛惜地叹道：把朝廷赈灾款项里的经费，暗中转移到私人腰包里，真是在作孽。虽说贪污能让自己多一笔银子，可是在那成千上万的颠沛流离的灾民之中，必然有望眼欲穿等待救济却没能得到钱粮救济的人。就因为贪官墨吏的一己私欲，遍野饿死的人中又要增加一缕冤魂。如此不法不义之举，上对不起朝廷的栽培，下残害了无辜百姓的性命。而丧尽天良，造孽无数的，就是这种见利忘义的无耻之人。故而，汪辉祖不忍心隐瞒此事，将其写在《学治续说》里。

恶有恶报，善有善报。汪辉祖认为那些贪污赈济款的腐败分子即使逃脱国法制裁，也必定到遭到天谴。与此同时，他也相信解民倒悬的清官一定会有福报。

济源卫公哲先生曾经在郑州做主官。有一回郑州闹了灾荒，他毫不犹豫地拿出了全部的赈灾款项来救济四方饥民，并为那些没地方住的流民修建了临时住所，还拨款供养那些因为灾难而不幸妻离子散的孤寡难民，这使不计其数家破人亡的灾民得以存活，功德无疑很大。然而，和卫公哲共同负责赈灾行动的官吏们却纷纷嘲笑他做人太过迂腐，太不懂得时务。然而最终，那些中饱私囊、嘲笑卫先生的腐败分子，绝大多数没有得到什么好下场，唯有所谓"迂腐不堪"的卫公哲先生，反而因办事得力被吏部提拔。没过多少年，卫公哲多次得到朝廷重用而升迁，先是当上了安徽巡抚，然后又升任工部尚书，最后被调到了中堂做大官。

大清文端公、雍正乾隆两朝名臣尹继善，对汪辉祖的影响并不比这件事小。汪辉祖曾亲眼见证了时任两江总督的尹继善是如何处理赈灾工作的。

尹继善曾经在官府公告的最后一条中向各级官吏发出警告"：要是衙门里有人胆敢克扣削减救济灾民的赈灾款装进自己的腰包，一旦被本堂部发现了，绝对逃脱不了刑法的制裁。纵然本堂部督查不周，有人侥幸没被查获，但我相信上天不会饶恕这种天理难容的败类。他的后世子孙将陷入极其悲惨的命运，哪怕连想做区区一个饿死鬼都办不到！"

尹继善的话说得是这样狠绝，可见他对受灾百姓的怜悯之深，对贪官污吏的憎恨之切。汪辉祖认为，看过这个告示的官吏如果还不积极救助身处水深火热中的灾民，那简直就是毫无人性，是在为子子孙孙种下祸根！

贪污腐败，祸国殃民，汪辉祖在自己的许多幕学著作中对此都提出了抨击。

汪辉祖在《学治臆说》中说："吏不可墨，固已。余则以为匪。惟不可亦且不必。数十年前，吏皆洁，谨拆狱以理。间以贿胜，深自讳匿。自一二亏帑之吏，藉口弥补，稍稍纳贿。讼者以贿为能，官推贿径不开，莫得而污之。偶一先检，墨声四播。盖家人吏役皆甚乐官之不洁，可缘以为奸。虽官非事事求贿，而若辈必曰：非贿不可假官之声势，实役之囊囊。官已受其挟持，不能治其撞骗，且官以墨著，讼者以多财为雄，未尝行贿亦昌贿名。其行贿者，又好虚张其数自诩。富豪假如费藏镪三百两，必号于人口五百两。而此三百两者说合过付吏役，家人在在分肥。官之所入不能及半，而物议讹传多以虚数布。闻上官之贤者，必被他事弹劾，即意甚怜才，亦必予以愧厉之方。其不贤者，则取其半以办公，而所出之数已浮于所入之数，不得不更求他贿，自补其匮，而上官之风闻覆至。故贫必愈墨，且愈贫，阳谴在身，阴祸及后。则何如洁己自守者。临民不作，事上无尤乎。"

毫无疑问，身为朝廷官吏不可以贪污腐化，收受贿赂。汪辉亲历了乾隆朝由清明转入腐败的整个过程，对官风幕道日下的局面可谓痛心疾首。

十多年之前，为官之人大多能洁身自好，能按照律例小心谨慎地处置各种司法案件。告状者中虽然偶尔也有依靠行贿官吏来打赢官司的，但他们都不敢对外声张，极为注意保密。然而，自从个别爱财如命的官员以弥补财政开支为借口，稍微收受了些许贿赂之后，打官司的人也开始把依靠行贿取胜当成自己有本事拿来炫耀了。

为官之人只有不打开行贿的方便之门，才不至于被乱七八糟的事情玷污了官场声誉。假如某一次受贿被他人察觉，那么受贿官吏的臭名就会很快传播开来。

也许，官员家里的人和他们身边的长随都喜欢这种手脚不干净的官员，因为这样一来，他们可借机施展阴谋诡计，索取不义之财。尽管官员也不是事事都索取贿赂，但家属和随从们肯定会认为：如果不接受贿赂，就不足以彰显出衙门的声威与权势，也没法充实部下的腰包。因此，为官之人一旦遭受行贿之人的挟持，就不可能再真正整治奸邪之徒的不法行径。

官员受贿往往是官商勾结的前兆。若是某位官员因受贿而闻名于官场乡里，那么肯定有财力雄厚的人在诉讼中得利，即便他们并没有真的行贿，也会假装打出已经行贿的招牌。

行贿送礼的都是些浮夸小人，他们喜欢夸大自己向墨吏行贿的数额，并以此感到沾沾自喜。比如某富豪之家如果用三百两白银作为赔礼，他肯定会在众人面前吹牛说自己出了五百两。

吹牛不上税的事情另当别论，关键是真正能被贪官污吏拿到手的银子，怕是也不足三百两。汪辉祖给腐败分子们算了一笔账：行贿者从谈妥价位到付钱，共交了三百两银子，这笔钱经过仆役随从和家里人层层分肥，最终到达官员手中的银子恐怕还不足一百两。可是坊间传闻一直是按虚数五百两来计算的，相当于该官员被坑了。

假如该官员的上司清正廉洁，肯定不会允许这种行为出现，就要找一些罪证去弹劾自己的部下。就算他很爱惜人才，也不得不将腐化堕落的部下绳之以法。假如上司也是个腐败分子，就会勒令部下拿出一半赃款来贿赂自己。如此一来该贪官送出去的钱财超过了原本所得的贿赂，为了弥补自己的亏空，就肯定会继续索取贿赂。从此以后，贪官越来越贪婪，却不想人在做，天在看，遭到人间的谴责与鬼神的惩戒，只是时间早晚的事罢了。

与其做个墨吏，不如清心寡欲，洁身自好。这样既不会被老百姓戳脊梁骨，又不会被上司责罚。汪辉祖为幕做官多年，都以此为信条。

想要克服贪欲并不容易，但汪辉祖自有修心之法。他在《学治臆说》中指出："俗所指美缺，大率陋现较多之地，岁例所入人人预筹分润。善入而善出，唯才者能之。或不善于入而不能不出，则转自绌矣。虑其细而入之，不谨，过不旋履。惧有祸而入之，稍慎又不足以应人之求。故美缺尤不易为。自好者，万不宜误听怂恿垂涎营调。白香山诗云：宾客欢娱童仆饱，始知官职为他人。今之为美缺者，饱僮仆而已，妻妾欢娱其名也，实且贻子孙之累为。"

人们经常说的"美差"和"肥缺"，实际上是指财政收入多且容易捞油水的岗位，至于那种无私利可图的岗位，则被称之为"清水衙门"。大多数人都眼馋美差肥缺，唯恐被朝廷分配到清水衙门，汪辉祖的看法却与众不同。

汪辉祖认为世俗所谓的好差事，无非是那种充斥着较多陈规陋习的地方。这样的地方，官府每年的财政收入，每个官吏都望眼欲穿，图谋分沾一点便宜，这是人之常情。可惜的是，不是所有的官吏都善于广开财路与巧妙理财。有些主政之人并不善于开拓财源、增加收入，却又不能不应付各种财政支出，这样一来，官府的财政肯定会落得个入不敷出的困境。而那些明知道支持经费不足却偏偏不能慎重处置财政收入的人，则马上就会祸患临头。恐惧祸患的结果，就是在财政收支方面变得更为谨慎些，但对于他人的需求，却又不能妥善应对。

所以说，世俗所谓的好差事，实际上并不容易做好。那些洁身自好的有德君子，万莫听从他人的怂恿，垂涎于各种眼前看似有利的"美差"。

白居易曾在一首诗中说道："宾客欢娱童仆饱，始知官职为他人。"如今那些做着美差和肥缺的人，只不过是把自己的童仆养肥了而已。他们拥有的宾客欢悦，也不过徒有虚名而已，看似很风光，实则给自己的后世子孙留下了累赘。

正因为抱着"美缺尤不易为"的观念，汪辉祖才甘于在破败的宁远县做官，励精图治，振兴民生。当他把宁远县改造富庶之后，也多次婉拒调到发达地区工作的机会。说到底，他所思所想，不过是真正为老百姓办几件实事而已，对他而言，只要能实现这个愿望，在清水衙门也甘之如饴。

三．治吏而不治民

中国古典政治多以外儒内法为指导思想。先秦法家学派对吏治问题研究极其透彻，例如《韩非子·外储说右下》中说："闻有吏虽乱而有独善之民，不闻有乱民而有独治之吏，故明主治吏不治民。"

当官吏们普遍贪污腐败胡乱作为时，百姓中还是有人能遵纪守法，独善其身。当老百姓全都作乱时，不可能有独善其身的官吏。所以，英明的执政者以治理官吏为重心，而不是以治理民众为重心。"明主治吏不治民"，堪称中国古典政治思想中最核心的内容之一。

清朝文学家、乾隆朝名臣纪晓岚在《阅微草堂笔记》中说："最为民害者，一曰吏，一曰役，一曰官之亲属，一曰官之仆隶。其四种人，无官之责，有官之权。官或自顾考成，彼则唯知牟利，依草附木，怙势作威，足使人敲髓洒膏，吞声泣血。"

胥吏、衙役、官员的亲属、官员的奴仆，这四种人在法理上并没有执政权力。但是，他们与官员关系密切，对政事的实际影响力不亚于官员本人。有的官员只是一心应付朝廷的绩效考核，不太注意约束这四种人。于是他们便有恃无恐，胡作非为，利用职务之便牟取私利，或者依附朝中权贵贪污受贿。毫不夸张地说，清朝官场腐败，大半原因在于这四种人做坏事。

汪辉祖的观点与纪晓岚基本相同。他在《学治臆说》中说："吾友邵编修晋涵曾经言：今之吏治，三种人为之，官拥虚名而已。三种人者，幕宾、书吏、长随也。诚哉，言乎官之为治，必不能离此三种人，而此三种人者，邪正相铝，求瑞人于幕宾，已什不四五。书吏间知守法，然视用之者以为转移。至长随则罔知义理，唯利是图，倚为腹心，鲜不偾事，而官声之砧，尤在司间。鸣呼，其弊非说所能馨也。约之获恐稽察难周，纵之必致心股并肆，由余官须自做之说而详绎之，其必有所自处乎？"

职司编修（史官的一种）的邵晋涵曾感言道：如今的官场事务实际上是由幕客、书吏、随从三类人操控，官员反倒是个台面上的摆设。

邵晋涵并非夸大其词，其言论完全切中清朝官场的实际。清朝官员在法理上有权处置公务，但在实际操作流程中却离不开这三类人。官府主要靠公文来颁布律例和传达政令，尽管那些进士出身的官员都有较高的文化水平与文学素养，但公文内容往往由幕客来草拟，公文的修改、抄录以及收发由书吏处理。而随从虽是官员的耳目爪牙，却随时可能用错误的情报误导官员。

当然，一竿子打死一船人是不对的。官员有正有邪，幕客、书吏、随从三种人也是有好有坏的。

不过，想从幕客中寻找像汪辉祖那样耿直廉平的人，十个里面不足四五个。书吏中也有遵守法纪的人，只是他们的作风随着主官的品行不同而变化。主官清廉爱民，书吏也正直善良；若是主官贪婪酷辣，书吏也会利欲熏心。随从基本上不通义理，唯利是图，自以为是主官的心腹，很少有不仗势欺人、胡作非为的。

汪辉祖认为对官员名誉破坏最大的还不是这三种人，而是那些看门的仆人。古代没有电话与网络预约，官员大多数时间在衙门里办公，外人想要觐见，必须通过看门人这一关。假如看门人刻意隐瞒，衙门里的其他工作人员也很难知晓门外的情况。

汪辉祖手下就曾有一个狡猾的看门人向来客索贿，给他制造了许多麻烦。

呜呼哀哉！上述几类人通过办公流程实际上控制了官场！虽说主官能发号施令和罢免这几类人，但只要用人不当或疏于督查，必定会被蒙蔽视听，进而断错案、造大孽。

尽管幕客、书吏、随从产生的弊病绝非三言两语能絮叨清楚，但官员施政却离不开他们，如何管理他们更是让主政者头痛的问题。想严加约束，又怕公务太忙，难以核查周全；若是放任自流，势必会让他们欺上瞒下，酿成大祸。汪辉祖认为，唯一的办法还是官员要勤勉于政务，亲自过问重要环节，更不能把办公流程完全丢给这几类人处理。

由此可见，整顿吏治最需要防范的就是官员左右之人。在那个信息传播手段落后的年代，只要控制了信息传播渠道，连皇帝老子都可能被架空，何况是普通官员呢？

为此，汪辉祖向各位同僚建言："给事左右之八，利在矇官舞弊，最惧官之耳目四彻。凡余所云款接绅士，勤见吏役，皆非左右所乐。必有多其术以相扰制者，须将简号房不得阻宾，及交役事应面禀之放开诚宣布，示贴大堂，研人人共见共闻，并于理事时随便言谕，庶左右不敢弄权，耳目无虞壅弊。"

官员的侍从主要通过欺瞒上司来捞取各种私利。所以，他们最恐惧的就是主官耳聪目明，督查工作无死角。汪辉祖指出，左右侍从最不喜欢的两件事，一是主官接待当地士人和乡绅，二是频繁接见下属吏员。因为这样一来，主官的耳目就不会被闭塞了。

他们为了控制主官，肯定会绞尽脑汁地从中阻挠。为了避免干扰，主官应当严令传达室不准以任何借口阻挠来客；下属吏员的事不得由他人转达，应该当面向主官汇报。汪辉祖认为应该当众宣布上述办法，并将之细化为规章制度，贴在众人每天经过的大堂上，让所有的人都能看到和听到。每次办完公务后，要随时强调这些规章制度。这样一来，左右侍从就不敢欺上瞒下，官员也不会被蒙蔽视听了。

还有一种情况也容易引发违法之事，那就是官员做甩手掌柜，把一切事务都交由心腹幕友处置。汪辉祖先为幕后做官，体验过两种角色的差异，故而比普通人更加清楚这种弊端。

汪辉祖在《学治臆说》中指出："署中翰墨，不能不假手亲友，至标吏办稿，签役行牌，虽公事甚忙，必须次第手治。若地处冲要，实有势难兼顾之时，不便留续以待。则难理词状，即付值日书吏承办。应差班役，可于核稿时填定姓名。总不可任亲友因忙代笔。开寅缘贿诡之渐。"

这讲的是师爷和胥吏弄权的一个途径。某些官员把公文全权交给自己亲近的师爷或胥吏处置。这些代理人趁机以权谋私，而主官也终因他们的过失而被牵连。因此，汪辉祖强调主官不要让亲友随意代笔，必须登记好当日工作记录，明确各自的责任。

但是，清朝地方官权力集中，办事的人又少，主官很难同时兼顾所有的工作。有时候，某些紧急公文不宜推迟处置，分身乏术的官员不得不请亲友代劳。

针对这种情况，汪辉祖建议主官先自己草拟一份大概意见的公文初稿，然后立即交给当天值班的书吏来办理。当天值班的人可以在主官核定稿子的情况下将姓名填写在公文上。这种关系重大的事情，不能总是让亲友帮忙，这也是为了避免给那些靠人情关系向上爬的人留下可乘之机。

做师爷的自然是希望能得到主官的信任与充分授权。若是幕主做不到这点，师爷就可以考虑不合而去了，但汪辉祖从吏治大局出发，点出了幕主过度依赖师爷的缺陷。他自己做刑名师爷时就小心谨慎，尽管得到了如平湖知县刘国煊等幕主的高度信任，却从来不跋扈专权，反而更加恪守法纪章程。

为幕之时谨守政德，为官之日整顿吏治。虽然汪辉祖没能像众多同时代大人物期待的那样成为朝廷要员，但他对大清吏治思想的杰出贡献却是有目共睹的。

四. 综合为上，人治与法治并举

早在周秦之际，官德吏道就成为各朝统治者积极倡导却又难以贯彻的主旋律思想。几千年来，无数政治家和思想家总结了不计其数的整饬吏治的办法，奈何吏治腐败现象如同伤寒感冒一样春风吹又生，就是断不了根。虽然实践与理论时常脱节，但古人的吏治思想并非没有值得借鉴之处，否则，汪辉祖的种种幕学著作，也不会对后来众多清朝名臣甚至近代伟人影响至深了。

古人整顿吏治无外乎从两个方向着眼：一方面大力推行吏德教育，让官吏们从思想上树立正确的价值观；另一方面靠完善法律制度，特别是不断调试监察制度来实现。而针对腐败分子发明的酷刑，对贪腐官员也起到了震慑作用。

从根本上说，古人的吏治思想基本上都是重"人治"而轻"法治"的。就算是在"法治"色彩最浓的秦代，也免不了出现权奸赵高玩弄律法这样的黑暗历史，更不必说法律制度常常被长官意志所取代的后世王朝了。例如清朝，虽有大清律例，但许多官员并不以此为断案依据，也不屑于学习律例，否则汪辉祖也不至于多次在著作中强调研读律例的重要性了。

就实而论，汪辉祖的吏治思想不同于当代依法治国的理念。他认为："立法非难，任人为难，有治人，无治法。"

法律是人制定的，但很难保证执法者会公平无私地执行法律。故而汪辉祖认为，关键在于执法者的素质，而不是法律制度本身是否完善。他并不赞同过于苛严的执法，因为那样有悖于儒家"德主刑辅"的法律思想。

汪辉祖在《学治续说》中感叹道："清特治术之一端，非能事遂足也。尝有洁己之吏，傲人以清，为治务严，执法务峻。雌黄在口，人人侧目，一事偶失，环聚而攻之。不原其祸所由起，辄曰'廉吏不可为'。夫岂廉之过哉！盖清近于刻，刻于律己可也，刻以绳人不可也。"

清正廉明不过是为官之术的一部分而已，做官吏并不是保持清正廉明就够了。汪辉祖曾经见过一些洁身自好的清官，把廉洁当成自己炫耀的本钱。他们决断政事时片面强调严厉，执法时一味追求严峻。他们的业绩和作为可谓有口皆碑，周围的人全部看在眼里，可是，只要他们出现哪怕一丁点失误，周围的人就会对其群起而攻之。这些因廉洁而自命不凡的官员，从不反思自己被众人攻讦的缘由，只是动辄抱怨做清官没有好下场。

事实上，这根本就不是廉政的错，而是他们自己为人处世的缺点！他们大概把清廉等同于刻薄了。做人对自己要求严苛不要紧，对待他人就不宜过于苛刻了！

汪辉祖批评的人疑似"酷吏"。秦汉有许多执法严苛的酷吏，一辈子都很清廉，但按照儒家观点，他们杀气太重，不讨人喜欢，难有善终。汪辉祖并非反对依法治吏，他只是觉得执法不宜太苛刻。假如能在用人之道上下功夫，选择才德兼备的人做官吏，就可以省掉许多严酷的刑罚。

汪辉祖曾撰文立论：做大臣的要点不是发挥个人能力，而在于用对人才。应当重用那些踏实稳重、办事干练的人，而不要用那些阿谀逢迎、见风使舵的人。每个人的能力大小是很容易弄清楚的，但其心性与操行，则不得不经过反复考验后才能鉴定出高下之别。有些人拙于言谈，厚重无华，却能担当大任，大臣不应该因其不善于表现自己而忽略他们。如果想寻找真正的人才，须经过重重艰巨的考验，切忌由于一两件事表现好或者某一句话符合自己的心意，就轻率地提拔某人。

一个最高只担任过道州知州的小官，对朝廷大员的用人思路指手画脚，怎么看都有些自大。不过，汪辉祖就是这样敢于直言的汉子。他认为："职无论大小，位无论崇卑，各有本分。当为之事，少不循分即干功令。凡用人、理财、事上、接下，时存敬畏之心，庶几身名并泰。"

大家都明白，汪辉祖一生恭谨，绝非狂傲之辈。他直言不讳，只是看不惯幕道日衰、官风日下，想为世人再尽一份力罢了。因此，他还特意研究了朝廷司法监察机构的工作技巧。

《幕学举要》中提到："院司为法纪之宗，要在持平不可苛细，以察为明，以刻为能。上司之意旨一开，则通省之风气靡然纵之，不可问矣。大吏体统，不患不尊，若再尚客气，震作威权，则下情不能上达，耳目之壅蔽多矣。故接见属吏，如父兄之于子弟。恤其不知而匡其不逮，则和衷共济，吏治必有观者。"

国家大事，千万条都发端于州县基层官府。当政事到达府、监司、都察院的级别时，基本上都已有详细方案，只需要审查情节是否属实，斟酌律例是否适用，弥补其不完善之处即可，从这个角度看，府、司、院等部门的工作相对容易一些，但他们的责任比州县更为重大。况且，院司府汇总各下级官署的公文卷宗，公务头绪更为繁杂，假如检查批示偶有纰漏，就容易造成很多错乱，因此办事更需谨慎！

正如汪辉祖所言，都察院与监司都是朝廷扬明法纪的根本。其执法原则贵在公正持平，做事不可以太繁琐苛刻，不可以把吹毛求疵当成明察秋毫，不可以把刻薄寡恩视为能干。院司的政令会演化为全省各地的风气，所以不能不给基层官署做好榜样。

都察院与监司的主要职责是督查和指导下级官署办事，所以他们必须要棋高一筹、先人一步，才能驾驭好自己的部下，处置好头绪纷繁的政务。假如院司主官优柔寡断，缺乏主见，仅仅是听任幕客、书吏等人来处理公文、拟定批示，自己闭着眼睛同意照办，那就如同太阿倒持一样授人以柄，而许多官场弊政也自然如杂草般蔓延丛生。

在汪辉祖看来，朝廷的高级官员如果能带头做表率，可以很快让官场风气为之一变。

大官位高权重，不怕地位不尊显，假如因此有傲慢之气，倚仗权势耍威风，那么基层的情况就无法顺利上呈，官员的视听也会被蒙蔽。所以说，大官在接见下属吏员时，应当像父兄对待子弟那样亲切随和，让他们能够畅所欲言。身为朝廷大员，应当体恤下属某些不够明智之处，匡正其工作中的错漏，这样一来，上司与下属和衷共济，彼此的政绩就相当可观了。

汪辉祖在宁远施政之时，就贯彻了这个准则。结果宁远县的大小官吏无不以汪知县为榜样，肃然敬事，奉公守法。经过数年操劳，汪辉祖让这个人人避之不及的穷乡僻壤改换了面貌，官场和民间都赞其为"湖南第一好官"。

尽管与当代法治思想有些出入，但这并不意味着汪辉祖忽视了制度建设的重要性。恰恰相反，他无论在幕还是为官，都十分重视完善当地官府的规章制度。如前所述的种种监督幕僚书吏的举措、防止衙役诬告百姓拒捕的手段、督办工程与赈济的工作流程，都是在通过制度设计来整顿吏治。其中，对今天最有借鉴价值的是他的管账办法。

自古贪污多出自财务环节，汪辉祖对此感慨良多，他在《续佐治药言》中说："署中银钱出入，其任甚重，其事甚琐，不惟刑名幕友不可越俎，即钱谷职司会计亦止主簿，籍之成完赢细之数而已。出入经手非其分也。盖既经手银钱，势不能不计较节啬，其后必为怨府。况权之所归，将有伺颜色逢意旨者，而公事多碍，人品因之易坏。且出入簿记，一时难以交卸。虽有不合亦不能去，如之何其自立耶？"

官府的财务收支工作责任重大，注意事项也很繁琐，不光是刑名师爷不能越俎代庖，就算是钱谷师爷职司会计工作，也不过是根据账簿来管理钱财进出的数目罢了。钱财的出入经手并非钱谷师爷分内之事。管理财务之人必然会节约开支、斤斤计较，日后定会因此被其他人所嫌怨。况且，会计支出银钱的权限大小，主要看上司的好恶和意图。尊奉上司的私人命令，对公事多有妨碍，也会败坏自己的人品。与此同时，账簿只记银钱的出入状况，一时难以交卸清楚，虽然有不合理之处，也无法抹掉，这难道是自己巧立的吗？

于是汪辉祖在《学治说赘》里提出一套新的财务制度——分别设置正入、正出、杂入、杂出四类账簿。

正入簿专门记录应该征收的银粮和各种杂税等财政收入细目。

正出簿专门记录应押解、支付、发放、垫付的钱粮和官府中人的俸禄、养廉银、脩金等财政支出细目。

杂入簿专门记录钱粮盈余以及某年的陋规收入等细目。这笔收入常常被官吏挪用贪污，所以要用专门的账簿登记。

杂出簿专门记录应该捐赠钱粮的项目以及日常开支等细目。

通过这四类账簿，官员可以明确每一笔收支的来龙去脉。当正入的钱粮稍有亏损或借垫时，先以杂入来弥补。四本账通常在十天或半个月结算一次，以流水细账的形式，落实责任人。汪辉祖利用这种办法理财，不仅大大减少了财政浪费，也在一定程度上抑制了衙门里的各种猫腻。

大体而言，汪辉祖的吏治思想以人治为主，以法治为辅。虽然这存在不少时代局限性，但其细致的制度设计与对官德的论述，对今天的我们也不无启迪。

第十章

修德以为先

——天道宿命的哲学观念

天道宿命，源于自身行为

为善去恶，作恶多端者终有因果报应

守身为大，夕惕若厉

事亲至孝，百善以孝为先

齐家需从妇女起

女秉一心，以节为重

儒家、道家、佛家三教合流，是为中国传统文化的主干。其中佛家鼓吹因果报应，道家倡导天道轮回，这种宗教色彩颇浓厚的宿命论，对包括汪辉祖在内的清朝知识分子影响极深。

天道轮回说与因果报应论的核心精神很简单——举头三尺有神明，天人之间有感应，善有善报，恶有恶报。这套说辞虽然充满了封建迷信色彩，但也从另一方面劝导世人积德行善，不要作恶，就算不信因果轮回的人，大多也不否定这种神秘兮兮的社会思潮。汪辉祖一生积德修阴功，除了本心刚正良善外，信奉祸福报应也是一个重要原因。

汪辉祖毕生敬畏鬼神，常常算命求卦，但他始终牢记一点——做人以修德为先。平时积德行善，自然能得到福报。有趣的是，他对普通人极为重视的风水堪舆之术反而不太相信。他认为：吉凶在人事，而不在风水。先世阴德积得多，子孙才会繁荣昌盛。为恶之人就算能选到风水大吉的墓地，也不能得到什么善报。

汪辉祖在《双节堂庸训》中说道："上之可为圣、为贤，下之至为奸、为慝，贵之可为公、为卿，贱之至为乞、为隶。在人之自为，而天无与焉。"人一生的功过是非，都是自己努力的结果。上天是公正的，不会随便给人福报。人必须顺应天道，惩恶扬善，才能得到真正的福报。倘若不思修德改过，只是一味地烧香拜佛，根本得不到上天的庇佑。

汪辉祖的人生哲学，熔儒、道、佛三家精华于一炉，在笃信天命的同时，立足于人事为本，不坐等天命，不逆天而为，可以说，既有积极进取的事功精神，又有洒脱旷达的超然心态。

一. 天道宿命，源于自身行为

汪辉祖以幕学官道名满于天下，他的幕学至今都被奉为圭臬。其实不单是幕学，他的哲学思想也是非常值得人探讨的，在他的事业功绩背后，隐藏着许多值得思考的人生哲理，只不过他在幕学方面的成绩太过耀眼，以至于让他的哲学思想俨如布帛菽栗一般朴实无华，被后人忽视。

天与人之间的关系，是古代哲学的一大命题。诸子百家曾经围绕此题展开激烈论战。古代农耕社会靠天吃饭。人们既控制不了风雨雷电，也防不住旱涝虫灾，无法掌握自己的命运，使得古人常常祈求皇天上苍与各路神祇的庇佑。

历朝历代的统治者们，以天命自居，让人民相信自己的皇位是上天所授。而那些反抗朝廷的势力，也常常制造出各种天命预言，以动摇当局的统治根基。因此，天道宿命、因果报应等思想，在古人的精神世界中根深蒂固（甚至直到今天还在以不同的形式影响着民众）。汪辉祖自然也脱离不了时代背景带来的局限。一方面，他笃信天道宿命，认为自己一生的功过祸福早有定数；另一方面，他又相信公道自在人心，个人努力可以让自己活得更好、更有价值。总而言之，汪辉祖的人生哲学是以天道宿命论为基础的。

"检点身心七十年，平陂倚伏总由天"，这是汪辉祖回顾人生时所发的感慨。他多次就馆，又多次离馆，辅佐了多位幕主。他的活动轨迹看似杂乱无章，实则也有某些规律可循。汪辉祖的友人鲁仕骥曾为其算过一命，结论是他一辈子"运利于水"。汪辉祖对此毫不怀疑。他的游幕生涯虽然一波三折，却始终不脱离江浙一代。

汪辉祖的幕业人生起始于常熟，历经长洲、秀水、平湖、仁和、钱塘、乌程、宁波、龙游等州府县，最终止于归安县。中间那一串地名不是直接有"水"，就是带上了三点水旁，或者倚靠大江。至于表面与水无关的常熟，有个古名叫"琴川"，"川"字代表水；乌程旧称苕溪，又隶属于湖州，双重沾水；归安县也隶属于湖州，"湖"有水旁。

后来，他又到湖南宁远县当知县。宁远是潇江之源，古名冷道（两点水）。汪辉祖认为自己在宁远施政能得心应手，也是有天命水运保佑。至于后来被调任道州，与"水"隔绝，果然接连碰到跌伤、被诬、遭弹劾等不利之事。故而汪辉祖对自己"运利于水"之说深信不疑。

与此同时，他认为读书人参加科举考试，也是"功候即到，得失有命"。当官的人能不能升职，是"饮啄前定"，"谋而得，不谋而亦得，愈谋而愈不得，有定命焉"。一切皆是命中注定，不可不努力追求，但也不可强求。天决定着人的命运，能不能成功全由上天决定。

在汪辉祖看来，上天对人为努力的褒奖也许难以预料，但对作孽之人的惩罚却更容易显现。

"福善祸淫，天有显道"，多行不义必自毙。只有自身行为不善，才会导致上天的惩罚。汪辉祖在《学治说赘》中指出："天之报施，捷于响应"，"果尽心奉职，昭昭然造福于民，即冥冥中受福于天，反是则下民可虐，自作之孽矣。"

读书人在官场上能不能官运亨通，最后能不能名留青史，看的就是自身修为如何，对百姓的态度如何。对百姓好的官吏，上天自然会在冥冥中帮助他，施福于他，名留青史被百姓赞扬；反之，即使得到了一时的好处，最终的命运也是遗臭万年，上天自然会惩罚他。自身命运的如何，是由自身行为的好坏决定的。

汪辉祖不但信天道，还颇迷信鬼神。他常常自谓平生无所畏惧，唯独敬畏"鬼神"。

在做师爷的数十年里，每次到馆的第二天，汪辉祖都会斋戒沐浴，然后到城隍庙祷告。他庄重地向本地的城隍老爷诉说自己为什么要入此府为幕僚的原因，然后在神像前暗自发誓——假如自己有一点点苟且侥幸的念头，就让神佛夺走自己的魂魄。所以，他在幕府工作时一直兢兢业业，从来不做那些不能入庙的龌龊事。

汪辉祖在宁远做官时，只要遇到大旱或大涝，就会诚心向鬼神祈求降福。令人惊叹的是，他每次祈祷都能应验，这又让他对鬼神的信仰更进一步强化。他严于律己，勤于政事，敢于直言，务求让自己所做的一切都对得起鬼神的质问。敬天明鬼，惩恶扬善，中国传统神秘文化的精神被汪辉祖发挥得淋漓尽致。

按照常理来说，科举考试应当离鬼神之事最远。偏偏汪辉祖却相信，考场之中也有鬼神存在，不可以不敬畏。

古代科举考试，落第榜上有不少文化名人，科考入仕之难，由此可见一斑。若论幕学成就，汪辉祖早已是官场公认的达人；论政绩，他也已经办了不少疑难案件，得到了几位督抚大员的赞赏；但他的考试运的确不佳，乡试八连败。

到了乾隆三十三年（1768年），39岁的汪辉祖终于迎来了好运。针对自己的好运，他在《梦楮病痕录》中的回忆颇有玄幻色彩。

这是他第九次参加乡试。考官在批阅试卷时，突然有瓦片坠落，恰好压住了汪辉祖的试卷。在考官睡下之后，汪辉祖的试卷又莫名其妙地出现在案几上。考官后来复阅时，给他的考卷评了高分。原本考官认为汪辉祖的成绩最优，打算定他为解元，后来由于种种因素，改为第三名举人。在此之前，汪辉祖的庶母王氏虔诚地祭拜了鬼神。因此，全家人都认为，他这次中举一定是老天爷垂青勤奋之人。

考场之事，七分靠实力，三分看运气，还勉强可以看成是有天地鬼神在冥冥中相助，治狱断案讲究的却是律法和证据，需要极度理性的思考。所以，古代许多著名的治狱高手都不大相信什么虚无缥缈的鬼神之说，但汪辉祖是个例外，他相信在判案之时，也在鬼神的关注之下。

乾隆六十年（1795年）十二月二十四日至嘉庆元年（1796年）正月十四日，汪辉祖因生病而时常昏睡。期间，他梦见自己被鬼神请去协助断案，梦中画面与自己平时在公堂审案的情景完全一致。汪辉祖甚至还梦见了因口角被自己判为自尽的秀水虞氏向天神投诉他判案不公，没有将调戏自己的犯人许天若判处死刑……

在今天看来，这只不过是汪辉祖精神世界的碎片集合而已，并非真的灵魂出窍飘到神界，但汪辉祖十分肯定鬼神的存在。正因如此，他无论做人还是断案，都慎之又慎，不敢作死造孽，做出有违良心及鬼神之事。至于存在争议的秀水虞氏一案，汪辉祖自认为问心无愧，故而不被梦境扰心。

其实，古代中国人的天命观具有一种微妙的弹性。例如周武王灭商之前占卜不吉，姜太公一脚踏碎卜卦用的龟甲，向众人高呼"枯骨死草，何知吉凶？""吊民伐罪，天下大道！当为则为……"然而，周武王病重之时，姜太公却与周公旦、召公奭一起求神占卜。天道不以人之意志为转移，但有德有为之人，可以得到上天的垂青。反之，放纵作恶之人，就算有天命在身，就算祖坟占据了龙兴之地，福祉也会流于无形，灾厄迟早会降临。

汪辉祖显然比百无禁忌的姜太公更加信仰天命鬼神。他时常测字算命，卜问吉凶。例如友人鲁仕骥测算出他"运利于水"的卦辞，他便一生以此作为游幕做官的指路标。

算命之术的最大缺陷是模糊性，成也说得通，败也说得通，不成不败还是说得通。换言之，怎样解释都可以穿凿附会，自圆其说。然而，对于笃信天命的人来说，这种模糊性也许更有利于保持信仰稳定。

汪辉祖经历了许多事后，认为自己求过的签都十分灵验，更加证明了天道宿命的存在。当然，也不是没有算卦失准的情况。鲁仕骥曾为汪辉祖占卜寿命，说他在嘉庆五年（1800年）九月辞世，享年七十一岁。然而，那一年十二月，他还与当朝首辅王杰书信来往，直到嘉庆十二年（1807年）三月他才去世，享年七十八岁。

通常而言，卦辞越具体就越容易出错，预言不准之时，求卦者往往会质疑占卜问吉凶的可靠性，或者质疑算命先生的业务水平。汪辉祖倒是有趣，认为鲁仕骥算的卦象原本是准确的，只不过自己坚持行善积德，家人也分担了一部分天谴，故而上天延长了自己的寿命。正是这种思考方式，使得汪辉祖无论看到多少卦象不准的情况，都没有动摇对求神问卦的信赖。

不过话说回来，汪辉祖虽然相信天命有定数，却又同时认为一辈子做好人就是顺天应命，而为非作歹祸害他人就是逆天抗命。

他常常对家人说："贫富贵贱，降才已定。但天不与人以前知，听人之自尽所为。人能居心仁恕，作事勤合，久之必邀天鉴。机械变诈之人，剥人求富，倾人求贵，幸得富贵，辄谓人力胜天，可与命争，不知营谋而得亦有命所当然。心术徒坏，天谴随之。向使循分而行，固未尝不得也。"

这套理论让汪辉祖的天命观比普通人又多了一份积极进取之心。

普通人只知富贵在天、命数难改，却不能心怀仁慈、勤奋敬事，以求顺应上天好生之德。许多人只是被动地随波逐流，虚度光阴，更有一些狡诈邪恶之人，为求自己富贵，不择手段地迫害他人或掠取财富。可笑的是，逆天行恶之人往往非常重视祭拜神佛，企图以上佳风水来护住自己不应得的运势。这样的人在汪辉祖看来恰恰是妄与天命抗争，必遭天道谴罚。

天命不可强求，贫富贵贱皆有定数。天道不可违背，唯有遵循公理道义来做人做事，才能得到上天护佑，这比求神问鬼看风水，更能得到福报和善果。举头三尺有神明，为恶之人烧香再多，鬼神也会对其罪行明察秋毫。因此，一个命数不好的人唯有迁善改过，才能改变自己的不利运势，减少自己的劫厄；即便是命运皆好之人，也不可以弃善从恶，惹得天怒人怨。

尽管许多人相信天道宿命论，但谁也不知道自己的人生剧本究竟写成什么样，不会提前知道自己的最终结局，如此一来，无论是否笃信天命，实际上都免不了要通过人为努力来生存和发展。既然天意难料，何不恪守人间正道，在尽心尽力之后，坦然接受一切命运呢？

汪辉祖认为，"神不自灵，灵于事神者之心"。只要不断学习，不断积德，普通人也可以向圣贤的境界靠拢。

二.　为善去恶，作恶多端者终有因果报应

自从汉代以后，儒、道、佛三教逐渐合流，成为中华文明的主干。虽然每一个中国人所奉行的人生哲学有所差异，但都或多或少打上了这三大学派的烙印。其中，佛教与道教的因果报应学说，就是中国人为人处世的重要指导思想，这在无神论没有上升为主流意识形态的古代社会中，表现得尤为明显。

凡事有因也有果。种恶因则得恶果，种善因则得善果。正所谓"恶有恶报，善有善报"，古代大部分老百姓都相信头上三尺的神明是赏善罚恶的，假如某人为非作恶，是迟早会遭到天谴的。

当然，我们可以找出许多反例来证明——逍遥法外的恶人屡见不鲜，如若果真是"恶有恶报，善有善报"，社会不公现象早就应该从世界上绝迹了。虽然看起来天地鬼神也靠不住，但人们照样能以因果报应理论来解释这种现象——"不是不报，时候未到"；"善恶终有报，天道好轮回，不信抬头看，苍天饶过谁"。把时间轴拉长，再把恶人子孙所受之劫难与善人子孙所得之鸿运统统算入因果轮回之中，善恶薄上的总账就能算平了。

无论理论本身是否存在缺陷，佛道两家以因果报应之说劝导世人扬善弃恶，都契合了人类社会生产发展的需要，特别是在一定程度上满足了为人们的精神世界建立某种秩序的社会需求。命硬势强之人，可以因果报应之说告诫自己惕厉自省，不要坠入邪道；命弱运舛之人，则能以因果报应之说安慰自己以苦作乐，等待来日转机。也正是出于这个原因，这套人生哲学才能经久不衰，至今影响不绝。

汪辉祖对因果报应深信不疑，做人讲正气，做事讲良心。这与其家族世代传承的训诫是分不开的。

汪辉祖小时候，经常跟着祖父汪之瀚去看戏。汪之瀚总会借着戏曲的剧情向小孙子灌输因果报应的观念。汪之瀚十三岁时开始独立门户。他敬贤好学，急公好义，曾为邻里调解纠纷、为同乡平反冤狱，在乡里颇有名望，人称

"朝三翁"。祖父的义举不仅让汪氏一族树立了声望，也对汪辉祖今后的为人处世产生了极深的影响。

十五岁那年，汪辉祖整理先祖藏书时，翻出一本道教经典《太上感应篇注》。《太上感应篇》认为天地之间有赏善罚恶的司过之神，会根据每个人的日常表现来计算过错并扣除相应的福报。福报被减损时，人会变得贫穷多患，遭人厌弃，灾厄横生；当福报被扣尽之时，此人就会死去。该书列举的善行有二十余条，恶行则多达一百多条，由此可见，为善之不易，除恶之艰难。

《太上感应篇》以佛道因果报应为核心主张，又融合了儒家对君子的要求，而当时的人又以三教合流为理想境界，故而少年汪辉祖对此书顶礼膜拜，几乎每天起床后都要虔诚地诵读一遍，说话办事也不敢背离此道。他在晚年曾感叹道："历五十年，幸不为大人君子所弃，盖得力于经义者犹鲜，而得力于《感应篇》者居多。故因果之说，实足纠绳。"

汪辉祖少年时生活困顿，与其父汪楷有很大关系。汪楷曾经做过刑名师爷，可干了不到两年就弃幕从商了。后来，他又以所攒积蓄捐资入仕，做了一个体制内级别低得不能再低的淇县典史。清朝典史的合法年薪不过三十余两银子，根本不够养家糊口，但汪楷为吏八年，一直正直清廉，从不与墨吏同流合污，后又为赡养老父而辞官。不料其弟汪模贪杯滥赌，把兄长的百亩田产全数变卖，还欠下累累赌债。汪楷为人宽仁，不忍心送弟弟进监狱，故而没有打官司追回自己的田产，反而替其偿还赌债。汪家因此家道中落。后来，汪楷也在奔波谋生的路上染病而亡。

尽管如此，汪辉祖也没觉得父亲是行善得恶报，相反，他时刻牢记父亲对自己的教诲。

汪楷也曾考过科举，但他告诉儿子，不要以当官为读书的目标。他语重心长地对汪辉祖说："儿误矣。此（求做官）读书中一事，非可求者。求做官，未必能做官；求做人，既不官，不失为好人。逢运气当做官，必且做好人，必不受百姓诟骂，不贻毒子孙。儿识之。"这是雍正五年的事，当时汪辉祖年仅十一岁，正过着颠沛流离的日子。

在古人看来，道德主生，刑罚主杀。尽管司法刑罚最能体现一个社会的公平与正义，但定罪量刑之事毕竟与儒、道、佛推崇的宽仁好生之德不是一个路数。干这一行的看惯了世间丑恶，有权对他人定罪量刑，作孽很容易，造福却困难。按照因果报应理论，主杀者几乎没有福报，反而损害阴功。

因此，当时大部分人都不愿意从事既得罪人又折损阴寿的司法工作。就算是从事司法职业的人，也只有少数不信鬼神者不在乎什么因果报应，大多数还是担心自己判错案件而遭致恶报的，就连致力于研究断案技巧的汪辉祖，也有类似的心态。

在这种观念的影响下，幕业中人奉行"救生不救死"的原则，极力避免判人死刑，有时甚至千方百计为罪犯开脱减刑。他们以此为"救生"功德，以抵消自己招来的怨恨。

汪辉祖认为，因果报应论宣扬的是上天会根据世人的行为来决定人的福祸，而鬼和神则是报应的实施者。鬼是当事人或与当事人有密切关系的人，断狱者如果有失公正，必定遭遇恶鬼的报复。神则是鬼蜮幕友的仲裁者，专司替天行道。

清朝的师爷们把城隍神视为自己的行业神。汪辉祖每到新的工作地点，都会去拜祭当地城隍，以求城隍老爷来保佑自己，为每一次的断案判案奠定心理基础，以免自己因为害怕因果报应而纵容罪犯。

汪辉祖在晚年所著的《梦痕录余》中这样写道："余阅事五十余年，所见牧令及幕客，善不善，报应无纤毫爽者，每录于《燕谈》以示来许。尝曰：人得服官即命可自造。书曰'自作孽'，诗曰'自求多福'。爱百姓乃真爱其子孙，念子孙当兼念百姓。长记此语，当不敢动辄造孽。"

公门中人握有权力，更容易作恶。造孽越多，恶报越狠。汪辉祖在自己的著述中记录了不少案例，以印证因果报应的存在与为善去恶的必要性。

龙游县的卢标案是一桩冤案。死者卢标真正的死因是伤寒，而不是被案犯余某踢死。奈何臬司和衢州的王知府、处州的杨知府固执己见，判处余某绞刑。结果，杨知府在那一年无缘无故猝死；次年，王知府因为抚军犯法被牵连，被长期囚禁于刑部大牢；臬司升职为抚军，但很快就被撤职，不久便去世。在汪辉祖看来，这就是错断案件招致冤魂报复的结果。

汪辉祖认为自己"三十余年累人不少，诅者必多，天不逸余以康宁，殆非无自"。所以他平时更加注意行善积德，为善去恶。他曾在《善俗书》中写道："国法不言报应，而稗官说部所载果报不爽。即以宁远合邑而论，唯下队墟、火烧墟、盘石墟等处，总少丰年。细问其故，因彼地毗连临境，他处窃盗牛只，多借彼处宰消，独干天地之和，遂致阴阳之戾。既无绅士，常病歉收，报应已经显著。"

牛一直都在帮助农民耕田犁地，对人们有着不小的贡献。因此，农耕社会把牛视为重要的生产资料与战略资源，轻易不吃牛肉。而宁远县有几个地方，经常宰杀偷牛偷贼窃来的耕牛。汪辉祖认为，那几个地方粮食经常歉收，就是滥杀耕牛导致的报应。尽管这种认识毫无科学依据，但却反映了汪辉祖对因果报应说的迷信程度。

光是依法行事，不能完全避祸就福。假如掺杂了不正当的邪念，就算不构成刑罚条件，也难免遭到天谴。

吴桥县令孙尔周曾聘用了一个姓叶的治狱老手做刑名师爷。某天晚上，叶师爷喝酒时突然晕倒在地，口吐白沫，只有一丝若存若亡的气息，两个时辰后才苏醒过来。第二天，叶师爷闭门斋戒沐浴，又在一张黄纸上写下陈词，亲自到当地城隍庙里烧纸拜祭。谁知平安无事了六天之后，又出现了之前的症状。叶师爷惊恐不已，向幕主孙尔周请求搬到外面居住。孙尔周询问缘故，才知叶师爷是被冤魂纠缠。

八年前，叶师爷在山东馆陶做刑名师爷，有个读书人状告一名恶少调戏自己的妻子。叶师爷查核之后，打算传命调停，只处罚那个恶少，无需让读书人的妻子到公堂对质。这时，叶师爷的好友谢师爷插嘴道："此女能被恶少调戏，说明姿色颇佳。何不传唤她来公堂一看？"叶师爷觉得此举没有违背律例，并无不妥，于是同意了这个请求。谁知，被调戏的女子被传唤后没多久，就上吊自尽了，恶少也因受害人之死而被处死。

接下来的剧情有点玄乎。恶少死后在阴间状告叶师爷。他认为该女子如果不自缢，自己也不至于被处死，而该女子愤而自杀并非因为自己调戏，完全是因为衙门传唤所致。

于是城隍神发出拘捕书，把叶师爷传讯到阴间质询原委。叶师爷之所以昏迷吐沫，就是因为魂魄正在阴间受审。叶师爷辩称，按照人间的法律规定，那名被恶少调戏的女子是当事人，应当到公堂对质，况且，传唤她讯问的想法是谢某提出的。城隍神认同了叶师爷的自我辩护，下令送他回来。那几天安然无恙，也是因为这个缘故。

然而，六天之后，城隍神再次传唤叶师爷到阴间受审。这次原告是那位上吊自尽的女子。她向城隍神表示，当时丈夫已到官府状告恶少，自己没有寻死的念头，而被官府传讯之后，才感到激愤难当，了无生意。而衙门传唤她对质的本意是想看她长什么样，而非诚心替她讨回公道，邪念虽是谢师爷挑起的，但最后的决断实际上是叶师爷做的。既然谢师爷已经被带往阴司受罚，那么叶师爷也不可以饶恕……

叶师爷认为自己难逃一死，故而想搬出衙门到外面居住。孙尔周同意了。果然，叶师爷才在外面过了一晚就突然暴毙了。

孙尔周是汪辉祖的老师，此案给汪辉祖带来了极大的震撼。律例允许传唤妇人，但因为传讯者动机不良，便不能逃脱来自阴间的惩罚，更何况依法不可以传讯的人呢？

为此，汪辉祖告诫幕友，佐治不但要依法行事，而且要做到不在其位不谋其刑。职责之分就是因为担心不懂此事的人会犯错误，耽误了别人。不是这个职位的人，一时之间难以明白其中的是非曲直，所以一定要口舌谨慎，不能挟怨报复，以免恶祸临身。除此之外，有善事却不去做，也可能会造成冤屈。"

汪辉祖在《善俗书》中说："吾幕食三十余年，何敢为过河拆桥之语，然谚语'刑名吃儿孙饭'，吾母尝不许，吾立誓入幕，尽心力为之，如非义财，吾父不享及不长子孙者，必不放入橐。故游幕以来，必诚必胜，念念以百姓为事，怨劳不辞。"

汪辉祖信奉的因果报应之说，对其后世幕业的影响颇深。许多刑名师爷在执法治狱之时，也多本着修德以获善报的心思来办事。

汪辉祖佐治为官一辈子，常以因果循环、轮回报应之说为处事依据。正因为相信报应的存在，所以他严正律己，立品清心，忠恕待人。需要明确的是，汪辉祖并非把对人生的期待，完全寄托于上天的赐予，而是在心中确立"惩恶扬善"的道德准则，并使之成为自觉的内在价值观，约束自己的一言一行。

三. 守身为大，夕惕若厉

道家天命观劝导世人顺天应命；佛家因果论训诫世人为善去恶。做人做事的大原则已经明了，至于读书人应该怎样修身养德，主要是以儒家修身律己之道为根本。

如果说佛道两家对应着"成事在天"，那么儒家思想则立足于"谋事在人"。从孔夫子创立儒家学派以来，儒者就有一种明知不可为而为之的精神。春秋战国不是儒家可以施展抱负的舞台，但孔孟两位宗师都坚持自己的理念，硬是把儒家学派发展壮大。若非薪火相传，儒家也不可能等到董仲舒说服汉武帝推行"罢黜百家，独尊儒术"这一方针的命运转折点。大概正是这段漫长的低谷期锤炼出了儒家士子修身律己的功夫。

惕厉自省、文质彬彬、克己复礼的儒家君子，成为古代中国人心目中的一种理想人格的模板。汪辉祖饱读诗书，一辈子遵循着儒家的守身之道。

汪辉祖是大义汪氏四代单传的独子，少年之时便不幸丧父。若非生母徐氏和庶母王氏含辛茹苦地操持家业，体弱多病的汪辉祖恐怕难以熬过穷困的童年而长大成人。

汪辉祖感念两位母亲的大恩大德，便以守身之义回报两母的爱护。

儒家亚圣孟子在《孟子·娄离上》中说："事，孰为大？事亲为大。守，孰为大？守身为大。孰不为事？不失其身而能事其亲者，吾闻之矣；失其身而能事其亲者，吾未之闻也。孰不为事？事亲，事之本以，孰不为守？守身，守之本也。"

儒家弘扬忠孝节义，事亲为孝道之本，守身是为了事亲尽孝。人们只有保障好自己的事业发展，才有条件去奉养双亲。

汪辉祖在苦读儒家四书时领悟了"守身"的重要性。他说："《大学》《中庸》《论语》，言身甚详。诚身为始事，致身为终事。而孟子独言'守身为大'。"只有知道自己需要坚守的是什么，才能慎重对待时运穷通与性命寿夭。由此可见，守身的第一层内涵是爱惜自己的身体。身体健康是成家立业的基础。汪辉祖少时体弱多病，没少让两位母亲操心，所以他长大之后，他一直远离声色犬马的放纵生活，洁身自好，修养身心。

假如把"守身之道"仅仅理解为养生健体，未免太过狭隘，若是如此，做个修炼导引之术的逍遥闲人即可，何必入幕佐治劳心苦思呢？又何必连考九次乡试以求功名呢？

爱惜身体不过是"守身之道"的基础，孟夫子真正的目标是坚持自己平治天下的理想与顶天立地的大丈夫人格。假如只是保养身体而不坚守节操和人格，那就背离了"守身"的本义；假如只顾保养自己的身体，而不思为社会做贡献，那就白读了这么多年的圣贤书。

汪辉祖认为：两军之前不能奋勇战斗，也是一种不孝。而为了取义成仁而牺牲，并不是亏待父母所赋予的身体，而恰恰是守身之人应当做的事。圣贤认为，爱惜自己的身体，主要是指不轻易拿性命冒险，不做出招致刑戮的违法犯罪之举，该急流勇退时退隐，平时则敏行讷言，这些都是守身之人理应坚持的道义。

贯彻守身之道，可以立身扬名，成就一番事业。在古人的观念中，功成名就才能光宗耀祖，才是孝的最高境界。这就是为什么古人一边说"父母在，不远游，游必有方"，一边却告别双亲四处闯荡的主要原因。而待到功成名就之时再衣锦还乡，让操劳一辈子的双亲过上富贵荣耀的晚年生活，这种想法也许很俗气，却是各行各业古代人的共同的心愿。

然而，真正能做到改换门庭、光宗耀祖的人从来都是少数，哪怕是读书人阶层也免不了被居高不下的科举考试淘汰率打落到人生低谷。但汪辉祖认为，这并不代表守身之道失去了意义，恰恰相反，在不太顺利的人生道路上更应当坚持守身。要常想着不要为非作恶，不要挑战国家法律与社会道义，不要沦为千古罪人。当自己度过平平凡凡的一辈子时，能被人们盖棺定论为"一个好人"，这样虽算不得什么光宗耀祖，却也可以告慰祖先的英灵了。

总之，守身为大，穷而在下之时，谨言慎行，不要放弃自己的操守；幸而通显之时，要记得高处不胜寒，不可忘却守身之道义。汪辉祖生平将守身作为事亲第一要义。他曾在《梦痕录余》中说到："一日不启手足，则守身之事就一日未了。"

汪辉祖的确做到了这一点。他的友人王宗炎这样称赞他："其大者在于守身。君自以少遭悯凶，蹎跋困厄，中更疾病，屡频自危。高祖以下，死丧离析，无一存者，单嫠孤子，所系甚重，稍不检饬，恐至损越。怀刑慎独，懔于屋漏，入幕服官，小心抑畏，若负芒刺。以微罪行，不见愠色，曰：'今而后可奉身全归矣。'"

汪辉祖的祖父与父亲早逝，他作为一脉单传的男丁，是家族延续香火的希望。所以，其生母徐氏与庶母王氏对他爱护有加，他自己也不敢不戒惧戒慎，唯恐自己变成导致大义汪氏绝嗣的罪人（按照儒家的家族观念而言）。无论是入幕府做刑名师爷，还是在宁远县做知县，汪辉祖都怀着一颗慎独之心，谨遵律法，恪守道义，律己立品，唯恐自己遭遇不测，让亲人担心，有辱先人之名。

至于守身具体应该如何操作，汪辉祖曾对好友汤金钊说："守身两个字，是我一生都在修炼的功力。出身不同，守身的境界也自然存在差异。唯一相同的是脚踏实地，无论遇到什么样的遭际，总可以安之若素。我有差不多五十年的世事阅历，所接触过的官场中人也不在少数，大概能走这条道路的人，他的理论学说都是完全正确的，不会被驳倒推翻。因而我的见解是守身以存诚务信为本，扩充的话可以效法贤人，简单运用也可让自己变成一个端正的人。所有功名事业的根基都是如此，全都可以自立。"

在汪辉祖看来，为官之道和做人之道是相通的，最重要的一点，就是坚持"以存诚务信为本"，不要贪图捷径，要踏踏实实遵循人间正道，这样才能真正实现功成名就的目标。

汪辉祖非常推崇孔子在《论语·里仁第四》中的一段话："君子怀德，小人怀土；君子怀刑，小人怀惠。以约失之者，鲜矣。君子博学与于文，约之以礼，亦可以弗畔矣夫。"

这段话的意思是，君子的做人境界应该高于普通人，要对法律有敬畏之心，要用礼义来约束自己，要加强自身道德的修养。在这种观念的指导下，汪辉祖一踏入师爷行当，就以"怀刑"二字告诫自己。他在《续佐治药言》中感慨道："悚然于法不可试，利之不可近，贞初志以迄今，未尝见见于大人先生。盖数十年来，得力全在'怀刑'二字也。"所谓怀刑，就是时时敬畏律法，凡事都守法奉公，从而避免遭受法律制裁。

为幕佐治之道，首在尽心尽言，而守身之道，同样以尽心为本。

孟夫子曰："尽心其者，知其性也，知其性，则知天矣。存其心，养其性，所以事天也，夭寿不贰，修身以俟之，所以立命也。"

孟夫子相信人性本善。儒家弘扬的"仁、义、礼、智"都在人心之中，只要人们尽心求道，常思行善，那么就能知道回归自己仁善的本性，领悟天下大道，然后就可以效法天道来修身立命。

汪辉祖对孟子的"尽心"说推崇备至，在《佐治药言》《学治臆说》《双节堂庸训》三部著作的开篇，无不以"尽心"为标题。由此可见，他对"尽心"之意是何等重视。

汪辉祖在《双节堂庸训》中这样说："心宰万事，人之成人，全恃此心。为此一事，即当尽心。于此一事所谓尽者，就此一事筹其始，以虑其终而已。人非圣贤，乌能念念皆善？全在发念时将是非分界辩得清楚，把握得定，求其可以见天、可以见人，自然去不善以归于善。不特名教纲常大节所系，断断差不得念头，即细至日用应酬，略一放心，便有帖妥贴处。亡友孙迟舟（辰东）尝语余曰：'朱子言：人同此心，心同此理。今竟有事出理外者，心有不同乎？'余应之曰：'同此理方为心，同此心方为人。若在理外，昔人谓之全无心肝，即孟子所云禽兽也。'我辈总当于同处求之，故惟事事合于人心，始能自尽其心。"

汪辉祖相信，做人做事应当先学会分辨是非曲直，这样才能有脸面见天，有脸面见人。让不善的人回归于善，才能筹其始终，才能使每件事都合乎人心，这样才是真正做到了尽心。因此，幕友佐治之时要"以尽心为本"，拿着别人的俸禄，却做一些对他不忠不义之事，那么上天怎么还会赐福于你。做官的人如果不尽心尽力办事，那么吏治又有什么用处？处理百姓之事的心，如果不能做到像父母处理儿女之事的心一样的曲折周到，那么就是有负官名，有负其"尽心"之名。

汪辉祖始终相信，做人应先由诚心、正意做起，使自己的心能合于人心公理，天意自然可鉴明心意。他写的著作《守身箴》中有言："吉士守身，严于处女。远嫌甚微，动循规矩。轻蝇玷圭，辱不再巨。宁介勿随，勿狂于腐。小人所饥，君子所取。徇物则愚。人贵自树。"

从汪辉祖一生的表现来看，他为人做事都是时刻保持小心谨慎，坚持高洁的操行，确是做到了守身有道。

四．事亲至孝，百善以孝为先

困苦的少年生活磨砺了汪辉祖的意志，也让他对养大自己的生母徐氏与庶母王氏十分感激。他曾经感叹道："使吾素丰，事两母每食得具鱼肉，吾何忍远游。"这也就是说，假如汪辉祖家财万贯，餐餐有鱼肉吃，也许他就会留在家中伺候两位母亲，而不会选择背井离乡，觅馆为幕了。

两位母亲为了抚养儿子成材，可谓呕心沥血。汪辉祖的父亲汪楷去世后，徐氏和王氏不但要替赌棍小叔子汪模偿还累累赌债，还要担负起养活一家八口的重任。她们把振兴家业的希望全寄托在汪辉祖身上，故而对其教育很严。汪辉祖也曾耐不住读书的枯燥而偶有懈怠，但每次被察觉时，徐氏会令儿子跪在亡夫汪楷遗像前，王氏则以荆条笞打。打到最后，全家人哭成一团，汪辉祖也"知耻而后勇"，发愤读书。

儒家五常之中有"孝"，汉朝学者将《孝经》与五经并列，孝文化在儒家思想中的比重可见一斑。作为饱读《四书五经》的儒者，汪辉祖也是儒家孝道的躬行者。

孔子曰："夫孝，德之本也，教之所由生也。复坐，吾语汝。身体发肤，受之父母，不敢毁伤，孝之始也。立身行道，扬名于后世，以显父母，孝之终也。夫孝，始于事亲，中于事君，终于立身。"

大雅曰："无念尔祖，聿修厥德。"

儒家把孝行视为一切道德的根本。假如一个人连孝都做不到，那么其他一切的忠、义、悌、节就全都是妄谈。故而古代统治者无不标榜自己忠孝治国，哪怕他们为了争夺皇位不惜手足相残。

孟子认为只要懂得了孝悌之义，每个普通人都能有机会成为尧舜二帝那样的圣贤。行孝的基本要求就是尊敬和赡养父母。汪辉祖的孝心孝行不仅受孔孟先师的教诲，也与其母亲的言传身教密切相关。

汪辉祖在其著作《双节堂庸训》中说："人能孝顺也，只尽得子职，原不应望报于天，亦无望报于天而后勉为孝顺之理。然天道于此，报施最分明，最迅速，不待他证也。吾曾祖生子三人，吾祖父、祖母独善事吾曾祖母，故止钟福于吾祖一支。吾祖生吾父暨吾叔父二人，吾父、吾二母独善事吾祖父、祖母，吾生母尤力为其难（详徐太宜人行述），故吾以伶仃孤苦之身，得至成立。念吾祖母遗言，吾生母自当有后。知吾生母之必当有后，则知事亲者，不可不奉吾生母为法矣。"

汪辉祖的生母徐氏非常孝顺婆婆沈氏。自从汪之瀚去世后，年迈多病的沈氏由汪楷和汪模两个儿子轮流奉养。在众儿媳中，沈氏更喜欢汪模的妻子。汪楷死后，汪模举家搬迁至外地。接下来十多年里，沈氏由徐氏、王氏两位儿媳赡养。徐氏告诫汪辉祖一定要体谅祖母，恭谨伺候。徐氏一生孝顺老人，给儿子起到了很好的示范作用。而汪辉祖在侍奉亲人方面，也始终以生母徐氏为榜样。

按照因果轮回观念，孝行也是能带来善报的美德，不孝之举则可能招致祸害。

汪辉祖在《双节堂庸训》中指出："孝能裕后，前已切实言之。今复申以此条者，盖孝量无尽，而不孝易见。孩稚稍有知识，父母即取坊本刻像二十四孝故事，为之讲解，冀迪其良知，又费几许心力，方得授室成人。世风浇薄，一有室家，即置父母于不顾，专为妻子。惜力靳资财如性命，视手足为途人，甚且发于声，不仅诽于腹。纵为父母者隐忍不言，天能不夺其魄乎？故有孝而不报者，未有不孝而不报者。孝而不报，必孝有未至；不孝之报，则其子眼见其父之所为，必且过之。孙则更甚于子，一再传之，后欲求一不孝之子孙，亦不可得。余不逮事父二母，又不获安一日之养，天地间大罪人也。唯念吾祖、吾父，并以孝友著闻，微末之躬上承三世，故禀二母之教，不敢不孝。今有男子五人矣。尽解此义，勉承先泽，吾之幸也。苟或不然，吾祖、吾父实昭鉴之，讵肯令不孝子克蕃厥后哉！"

古人以二十四孝的典故给子女灌输孝道。在汪辉祖看来，不好好孝敬父母的人，是天地之间的大罪人。虽然世上可能存在孝子无好报的情况，但不孝之子不遭恶报是从来没有过的事情。况且，没得到善报的孝子，很可能是在某个环节还没能贯彻孝道。而那些不孝之人，其子女从小耳濡目染，将来也会用同样的办法来对付自己的父母，甚至有过之而无不及。

大义汪氏素来以孝悌闻名乡里，汪辉祖受到祖父汪之瀚、父亲汪楷、生母徐氏、庶母王氏以及启蒙恩师的影响，将这一传统发扬光大。

由于家庭环境的特殊性，他对奉养鳏父寡母有自己的一番见解："寡居之母，虽有妇可依，有女可侍，然妇有子女，女有夫婿，不能专依膝下。疾病饮食，苦有不能言者。至于父老鳏居，真茕茕矣。向见吾族某翁，中年丧偶，至八十余岁，寝食孑然。尝语余曰：'吾拭面巾久如败丝瓜，求换一方不可得'，言已泣下。余焉伤之。曾告其诸子，皆弗顾也。未几，子亦身历其境，穷且过之，天鉴不远，可不畏哉！"

这段话的大意是说，单独一人居住的寡母，虽然有媳妇相伴，有女儿可以依靠，但是媳妇也有子女，女儿也有夫婿，所以不能专门侍奉膝下。如若在疾病饮食上遇见了难事，也会是有苦难言。至于老夫鳏居，更是真的苦恼。汪氏族中有一老翁，中年便死了妻子，到了八十岁，睡觉吃饭依然是孤身一人，他曾经对汪辉祖说："我擦拭的面巾已经用得非常久了，就像那发烂的丝瓜一样，想要换一换却无处可换。"言及此便潸然泪下。

汪辉祖为族中父老的遭遇感到悲伤，也曾经告诫过其子女，但那些白眼狼全都没有理睬。过了没多久，他的儿女也经历了这种情况，困顿之状甚至超过了他。上天的惩罚很快会来的，能不畏惧吗？

在汪辉祖看来，那些不孝的人，一旦有了自己的家室，便置父母于不顾，只想着自己的妻子儿女，像这样的人都会遭到报应。

那么怎样才算是事亲至孝呢？汪辉祖认为，孝不如顺，尽孝当以顺为先。

汪辉祖在《双节堂庸训》中说："盖孝无形而顺有迹。顺之未能，孝于何有？如谓父母亦有不当顺之故，则几谏一章自有可措手处，王紫阳'愉色婉容'四字，何等委折？天下无不是之父母，必先引咎于己，方能归善于亲，一味憨直，激成父母之过，即所谓不顺也。若欲与父母平分曲直，以己之是，形亲之非，不孝由于不顺，罪莫大焉。"

"孝"是抽象的概念，"顺"则是具体的行为。孝顺的关键在于顺应父母的心意。有时候父母可能会有过错，子女不得不劝谏。但应当注意方式方法，不可对父母横加指斥。应当学会先孝顺父母之意，然后再找机会心平气和地向父母解释其中的是非对错。

汪辉祖的父亲汪楷是个大孝子，凡是得到食物，都是先给父母享用。有一回，幼年的汪辉祖见家中有两个薄炊饼，就拿了一个来吃。汪楷得知后怒斥儿子说："婆婆还没吃，你就先吃，肯定会折损你的福寿的。"

在父亲的影响下，汪辉祖也是当地出了名的孝子。有一回，他得知生母徐氏得了重病，便请假从秀水县急忙赶回。由于急切间找不到回乡的船只，他竟然徒步奔跑回老家。徐氏去世后，汪辉祖在幕中蓄发一百天，足不出户，以示哀悼。得到庶母王氏去世的消息后，他甚至头顶酷暑、不远千里从北京赶回萧山奔丧。

尽管当时家境并不富裕，但他毅然为两位母亲建了双节坊。后来他有钱了，又购买土地重建了双节坊。甚至将住所命名为"双节堂"，将家训命名为"双节堂庸训"，以纪念两位母亲的大恩大德。

汪辉祖曾替两位母亲祷告上天："奉启再拜，缕述前事，辄涕泗夹颐，座客多为感动。有遗书远乞者，必向寄书之人稽首再拜，如见所乞者。每得一篇，反复额诵，喜见颜色，当食或为之废箸。或数求之未得，皇皇然如有隐忧。暮年心益切，尝恐不得亲见之，中风以前所得诗文皆手自庄录。诸老或有点定，易书至再至三不厌。"

字里行间，无非是孝子对双亲的思念。

官场与民间的朋友，都对汪龙庄先生的孝行肃然起敬。由于汪辉祖的大力宣扬，徐氏与王氏获得了朝廷的褒奖，并有幸载入了《清一统志》。根据记载，《清一统志》新增节妇的篇章，每个县按惯例只能选择一人，用大篇幅记叙其生平事迹（大书），其余的都是用略写记载。而汪辉祖的庶母王氏与生母徐氏破例都得到了"大书"的资格，这在萧山县还是第一次，堪称非常之荣耀。

汪辉祖告诫子孙后代一定要行孝道，并将《赠言集录》二十八卷、《续集》二十二卷，作为汪氏族人的律己准绳和治家处世的必读之书。

做人不但要孝顺父母，如果身为家中长子，更是要肩负起家中重任。长子出生之时，父母均属壮年，到父母最小的一个儿子出生，长子已经成年，所生子女的年纪已与弟妹相当。在穷苦人家，分担劳动、创造事业，责任都在长子身上，不应该觉得家中之事都由自己承担，对弟妹与自己的子女就有分别。如果幸运地生在富贵之家，则能受到保护，子女也会承起荫福。等到父母衰老年迈，就要像父母保护自己一样去保护弟妹。如果只图自己过得安逸，只知道自己的子女，却不照顾父母的子女，那父母怎能安心？如果这种事情不能为父母做到，那其他的事做得再好又如何？要知道，让父母不安是最不能容忍的事情。

身为弟弟也要尊敬兄长。兄长和父亲是一样的，古语有云，"长兄如父"，兄长的年龄比弟弟大很多，那阅历也要丰富很多。身为弟弟，应该接受兄长的训诫，尊敬兄长所做之事。如果每件事都秉承其兄长，对弟弟自然会有帮助，如果凡事反抗兄长，这不是身为弟弟该做之事。

所以汪辉祖才会一直强调"长兄如父"。尊敬兄长，就是尊敬父亲；尊敬兄长也就可以让父亲少操一些心。虽然汪辉祖是独子，既没有兄长，也没弟妹，但是他一直告诫自己的子女，一定要明白长子有长子的责任，弟弟有弟弟的责任，这不单是身为家庭一分子的责任，也是子女对父母的一份孝行所在。

五．齐家需从妇女起

女性在封建社会中的地位不高，更遑论与现代的女性一样，有平等的工作机会，平等的教育机会，与男子平起平坐。汪辉祖虽是一介儒生，深受儒家思想的熏陶，但他的妇女观却与当时的一些腐儒不同。他认为，首先，要重视妇女在社会、家庭中的地位和作用。

汪辉祖在《善俗书》中指出："夫妇为五伦之首，一与之醮，终身偕老，故贫贱相保，患难相依，疾病相扶持。今以家贫细故，夫弃妻如敝履，妻亦去夫如路人，人道丧矣！"

所谓"五伦"，是指古代人最重视的五种人际关系——君臣、父子、兄弟、夫妇、朋友。汪辉祖把夫妻关系视为五伦之首，可见妻子在家庭的地位有多么重要。在以小农经济为主导的清代社会，夫妻关系和睦是维持社会最小生产组织——个体家庭——正常运转的客观需要。汪辉祖认为夫妻之间应该互敬互爱，从一而终，白头到老。丈夫绝不能因为妻子家较为贫困就将妻子看作敝履，否则，妻子也会将丈夫当作路人，离家而去。而劳燕分飞，夫妻离弃，是丧失了人道的。

相对于过分强调夫权威严的清代性别观念，汪辉祖的认识显然具有一定的进步性。他提出："妇人不良咎在其夫"，"男子之能孝悌者，其妇必不敢不孝不睦。妇之不良，大率男子有以成之"。

尽管没有推翻"夫为妻纲"的封建道德观念，但汪辉祖已经把治家不力的主要责任归结为丈夫的素质不良。

汪辉祖在《双节堂庸训》中指出："妇人以夫为天，未有不愿夫妇相爱者。屡憎于夫，岂其所性？唯言之莫予违也，驯至喋喋不休。为之夫者，御之以正，无论明理之妇，知所自处；即不甚明理者，亦渐知感悟。故吾谓男子之能孝弟者，其妇必不敢不孝不睦。妇之不良，大率男子有以成之。"

丈夫不讲究孝悌之义，那么"以夫为纲"的妻子势必也会背离仁义道德。倘若丈夫能起到榜样作用，带头遵守孝悌之义，那么妻子也不敢不力行孝悌。如果妻子不良善，不孝顺父母，不能持家有道，其责任也是在于丈夫。如果丈夫是个孝顺长辈、爱护弟妹之人，那么妻子肯定不敢不孝顺长辈，不爱护弟妹。

而汪辉祖与许多有识之士一样，希望社会与朝廷都大力表彰那些节孝贤淑的妇人。

有些家庭因种种不幸的原因而丧失了男主人，家庭处境岌岌可危，但那些节妇为一家老小毅然牺牲了个人幸福，独立支撑起原本应该由男人承担的养家重担。她们替亡夫赡养公婆，将子女培养成材，不但保持了家庭的安定，还使得家族香火延续不绝。

按照当代社会的多元化观念来看，这种做法也许不够人性化，也有些欠缺变通，但是，在推崇贞节牌坊的清代社会，这些都属于女子的贤德。汪辉祖高度赞扬她们对家族与社会所做出的无私贡献，也算那个时代的开明之士。

汪辉祖对妇女的贡献为何会有如此之深的感触呢？那是因为，他的两位母亲都是节孝贤淑妇女的代表。汪辉祖的父亲汪楷早逝，其生母徐氏与庶母王氏含辛茹苦地抚养汪辉祖长大，若非她们克尽万难，撑持家业，体弱多病的汪辉祖很可能在贫困中悄然离世。如果是这样，"汪七驳"这样一位名幕良吏也就不复存在了。可以说，汪辉祖的两位母亲身上有着中国传统妇女身上的一切美德，所以，汪辉祖才有着与那个时代士人不同的妇女观。

在"男主外，女主内"的传统家庭分工格局中，女主人的持家能力在很大程度上决定了家族治理的状况。中国历史上并不缺少长于治国的男子，但是，假如没有贤内助的鼎力支持，英雄的家室也很容易二代而衰。要知道，破产绝嗣的家族远比灭亡的王朝要多得多，所以，对于普通百姓而言，治家能力远比治国能力重要得多。

汪辉祖在《双节堂庸训》中指出："米薪琐屑、日用百须，男子止能总计大纲。一切筹量赢绌，随时督察，惟妇人是倚。"

家里的琐屑之事，如柴米油盐，日常所需，男子只能做到大致的估量，而要做到细心打算，随时督察，只有妇人才能做到。汪辉祖认为，妇女勤劳持家是家业兴旺的重要保证，妇女的才能操行对家庭传承有着深远的影响。

娶妻必选贤妇，否则可能耽误家业。汪辉祖十分重视"范家"的重要性。他在多年佐幕及做官生涯中，目睹了不少同僚的蜕变。官场中有很多官员想要做廉洁之官，但是他们的妻子却奢靡败家，最终使他们一步一步走上了墨吏之路。可见，只有妇女持家勤劳节俭，男子才能没有后顾之忧地做一个清廉爱民的好官。

此外，妇女在家庭教育中的作用也是非常重要的。如果做母亲的是个贤明之人，那么她所教育的子女也多半是端庄、懂得是非黑白之人；如果做母亲的是个爱计较、做事毒辣之人，那么她所教育的儿子则很有可能做错事而让宗祠断了后，女儿则很可能会是个耽误丈夫仕途的人。

汪辉祖在《双节堂庸训》中这样说："子与母最近，子之所为，母无不知，遇事训诲，母教尤易。若母为护短，父安能尽知？至少成为习惯，父始惩之于后，其势常有所不及。慈母多格，男有所恃也。故教子之法，父严不如母严。"

古人大多推崇"严父慈母"的家教理念。但丈夫主要在外打拼事业，往往将家事全数交给妻子主持，包括对子女的教育。孩子与母亲是最为亲近之人，子女的所作所为，做母亲的肯定知道。假如子女出现某些行为偏差，那么母亲也是最适合的教导者。如果母亲为子女遮掩护短，那么做父亲的肯定就不知道子女日常的行事作为。当子女染上了恶习之后，父亲再想要纠正就来不及了。由于母亲的掩护，子女就会有所依仗而无法无天。所以在教导子女方面，父亲严厉还不如母亲严厉。

汪辉祖此说与其成长经历有关。祖父汪之瀚很慈祥，父亲汪楷很严格，但两人在汪辉祖还没长大成人时就去世了。在思想与性格走向成形的青少年时期，汪辉祖几乎完全是受两位母亲的影响。庶母王氏颇有节气，多次抵挡族人对他们孤儿寡母的欺负；生母徐氏勤劳和善，在家中粮食不足时，总是以生病没胃口为由，将食物留给子女与长辈。汪辉祖也曾像普通小儿一样厌学，但被两位母亲强力纠正。因此，他始终认为自己的成就全赖两位母亲的严格教诲。

所以说，齐家必须从妇人做起，子女在妇人的教导下养成良好的习惯后，再由男子传授更高层次的知识与德行。而当家主母对女儿的教育内容应以妇道为主，甚至于身边的婢女，也应该严加教导。

汪辉祖说："婢亦室女，特其父母贫窭，及幼失所亲，不得自居于事耳。他日或为人妾，或为人妇，总望其有所成就。"

妇道尤以勤为主。汪辉祖认为，要知道妻子贤不贤惠，看他丈夫的衣裳就可以知道；要知道她是不是好母亲，看她儿子的衣服就可以知道。"入门欲识妇勤惰，只看衣裳完与破"。这样说来，古代的妇人要多学习缝纫之事是有必要的。

清朝的女子基本上没有独立的财产继承权，但汪辉祖却认为："生女虽不如男，而鞠抚无异"。他甚至主张"嫁女亦须体恤"，而且即使要让男子继承大部分的财产，对女儿也不能太过偏颇。在平湖的时候，汪辉祖就将殳凤于遗产百亩判给了已嫁之女，争夺其继承权的其他族人，则是连一文钱都不给。由此可见，他对女子的权益是极力主张予以保护的。

清代才女梁德绳可以说是清代女子的代表，她不但才华横溢，续作《再生缘》，诗文佳作颇多，而且身上具有多种中国妇女的传统美德。

梁德绳之夫许宗彦亦是清代有名的才子，潜心学问，但是只活了五十一岁便去世了。许宗彦去世那年，梁德绳才四十八岁，两人过了三十年的恩爱光景。丈夫的去世对梁德绳打击很大，此后的十余年她都无法平静，但她在悲伤之余，并没有忘记自己身上所背负的责任，继续管理家务，并担负起教育子女的责任。与此同时，她还完成了《再生缘》的续作，以此来抒发对夫君的思念之情。

梁德绳是个大度之人，对于夫君纳妾之事，从来都不介意，并且以不妒忌为美德，这与古代许多正室的想法一样。她甚至还认为，这样做能够为自己所生之子积德。在她之后，许宗彦又先后纳了三个妾室，这三位妾室都为许宗彦生下不少子女。但梁德绳对此并不介意，反而将他们都视如己出，对妾室子女的教育也十分看重。

由于梁德绳的贤惠，在妻妾纷争颇多的古代，许宗彦的家里却是难得的妻妾和睦。许宗彦的嫡子与庶子都是才德颇佳之人，这都得归功于梁德绳的大度，以及她对子女的教养有道。

世人对梁德绳评价颇高，赞其不但是个难得的才女，还是个持家有道的当家主母，是真正的才德兼备之人。当然，这种道德观念有着鲜明的时代特征，与今天的法律和伦理大相径庭。

尽管在某些方面比较开明，但汪辉祖毕竟是典型的清代士大夫，也不可避免地具有重男轻女的观念。

汪辉祖认为，闺中女子大多都不识大体，妇人所说的话不可听信，认为"盖妇人之性，多有偏蔽"。他还在遗嘱中特别强调：今后祭拜祖墓时，妇女不可以上坟。他甚至还有些轻视下层劳动妇女，认为凡是女婢，全都缺少知识，是愚钝之人，而且天生懒惰，如果不是主人命令，鲜少有尽心做事的。

虽然受社会舆论与历史背景等因素的局限，汪辉祖的性别观念远不能与主张男女平等的现代性别观念相比，但他还算是一个尊重妇女、注意保护妇女权益、比较肯定妇女社会地位和作用的开明士子。而这在清代，实属难得。

六. 女秉一心，以节为重

在男尊女卑的中国古代社会中，广大女性基本上扮演着被压迫、被歧视的角色，哪怕是大家族中的女主人，甚至一代女皇武则天，都没有改变男权社会的游戏规则。男权社会给女性最大的精神枷锁，就是单方面要求女性守节的贞节观。

《周易·恒·象传》最早提出了"妇人贞吉，从一而终"的思想。但这仅仅是思想家提倡的伦理观念，并没完全成为普遍的强制性要求。此后，历代王朝都表彰过一些节烈妇女，哪怕最不屑儒家礼教的秦始皇也为贞妇"寡妇清"修建了怀清台。总体而言，唐朝以前，社会风气比较开放，并不歧视改嫁的妇人，而注重理学的宋朝，则大力宣扬女性以死守节的思想。宋代理学家朱熹鼓吹"饿死事小，失节事大"，把女性的贞节拔高到超过生命的地步，从此以后，贞节观被各朝统治者奉为至高无上的道德规范，任何不遵守贞节观的女性都会被舆论抨击为有失女德。

而清朝旌表制度之严密，节妇规模之庞大，远远超过以往历朝。上自大清皇帝，下至地方官绅，都不遗余力地表彰节妇，以求树立一批教化万民的榜样。

据汪辉祖所著的《善俗书》记载："孀居在三十岁以内，守节至五十岁以上；或年逾四十身故，而守节已逾十五年者，朝廷皆旌表之。建坊于里，祀主于祠，所以章其志行，即所以风励人伦也。"在这种社会激励机制的影响下，贞节观念在清朝社会愈演愈烈，"从一而终，夫死不嫁"几乎变成了要求全社会妇女遵守的教条。而自杀殉夫、未婚守志的现象在当时也屡见不鲜。

清朝是贞节观最为强烈的朝代。康熙中期，仁和县的林烈女之事就足以证明，贞节观在当时已经真正地渗透进人们的骨髓之中。

林烈女本姓曾，福建同乐人，嫁给当地人林邦基为妻。曾氏很有才华，通文墨，能写诗，嫁给林邦基之后，她孝顺公婆，伺候丈夫，所以夫妻两人的感情很好。后来，她随夫家迁居杭州，入籍仁和县。

结婚十二年，曾氏都未曾诞下一子。婆婆不幸去世后，林邦基悲伤成疾，死前问曾氏："如果我死了，你能不能跟我一起去死？"曾氏含泪答应了丈夫的请求，但是林邦基仍睁眼不语，直到曾氏指天发誓后，才含笑而去。

丈夫死后，曾氏做了两副棺材。安置了丈夫后，她几次自杀，皆被家人救下。公公林朝汉几次劝说，无奈曾氏不听，最后林朝汉为了保住儿媳妇一命，将她告到了县令那里。县令判曾氏要代夫行孝，并且要求林家为林邦基立下一个后人。林朝汉拿了判词去劝曾氏勿寻死，但曾氏却对公公说："公公还有其他的儿子、儿媳妇，何愁供养。"于是，她又吞金自杀，但最终还是被救了下来。林朝汉赶紧把此事上报到衙门，就怕枉送曾氏一条性命。县令命令林家立即给林邦基立下子嗣，并且答应捐资抚恤曾氏，甚至还赐匾表彰。

林朝汉将林邦基兄长的一个儿子立为林邦基的后代，交给曾氏抚养。但几天后，曾氏自己写了状子告到县官那里，声称"大人命令我养亲育子，这本是节孝两全之事，但公公还有其他的儿子，而养子的生父也还在，不需要靠我来抚养。我一生重视承诺，已向丈夫发誓要为他殉葬，怎能在这种大事上失信呢？"

县令回复说："慷慨赴死易，从容守节难。现在已为林邦基立下子嗣，那就是你的儿子，不要因为一个小小的承诺而耽误了大事。"

县令劝说曾氏后，立即捐资赠匾，大书"节孝双全"，以表彰曾氏奉养公公、养育幼子之事。曾氏在无奈之下，只得暂时答应了县令的要求。

五年后，公公林朝汉病逝，曾氏与家人一起为其办理了丧事。事后，曾氏说："这次我真的可以实现我对丈夫的承诺了。"之后，她焚烧诗稿，绝食14天而亡。

曾氏在丈夫死后，几次殉身未果；林家多次告到县衙中，县令也不是昏庸之辈，屡次进行劝诫，并且为之安排了"节孝两全"之法；但在公公死后，曾氏还是绝食而死，以身殉夫……

曾氏说，自己之所以屡次寻死，是因为自己重承诺。以身殉夫是当时非常普遍的贞节观念，曾氏也将这个观念作为自己的人生追求，可见，在当时的人们心中，贞节观是何等重要之事。

"再嫁耻辱"的婚姻观念，让许多清代女性对守节诚惶诚恐，常常主动牺牲个人幸福，选择更为艰苦的孀居生活。

汪辉祖的两位母亲就是典型的清代节妇。在汪辉祖的父亲病逝他乡后，汪辉祖的庶母王氏与生母徐氏硬是共同支撑起了八口之家。王氏秉性方严，徐氏为人宽厚。而汪辉祖入幕之后，直到三十岁时，每年的脩金也不过一百两。王氏忍着饥饿，劝儿子不用寄太多钱回家；徐氏则日夜织布换粮食，生病了也不休息。

两位母亲的辛劳，汪辉祖一直感念在心。每当遇到寡居节妇时，他不免生出感同身受的怜悯之心，这也使得他尽力推广贞节观念，以褒扬两位母亲的功德。

汪辉祖在《双节堂庸训》中说："妇人嫠居而能矢志不贰，或抚孤，或立后，其遇可矜，其行可敬，虽有遗资，总当善遇。若遭贫窭，更为无告，房族不幸而有是人，必须曲意保全，俾成完行。吾母两太宜人，艰难植节，吾所身亲。具官宁远，习俗不重贞节，会有茂才孀妻，贫难自立，谆谕族长于祭祀中，节赢资膳，坚其壹志。其后他族闻风式法，守节遂多。因知妇人立节，不可不思所以曲全之道。"

在汪辉祖看来，那些能守节的寡居妇人，行为可敬且生活不易，应当设法保障其生计，成全其善意。在湖南宁阳县做官时，汪辉祖发现，当地习俗并不太重视贞节观念，有些孀居妇人贫困不堪，难以自立。于是，他会要求当地族长时不时用族产资助节妇，以保全其从一而终的节操。此后，宁远各地家族纷纷效法，守节妇人日渐增加。

当然，比起"饿死事小，失节事大"的迂腐理学家，汪辉祖在推广贞节观时不主张强制要求守节。

汪辉祖曾在《双节堂庸训》中指出："秉节之妇，固当求所以保全之矣。其或性非坚定，不愿守贞，或势逼饥寒，万难终志，则孀妇改适，功令亦所不禁，不妨听其自便，以通人纪之穷；强为之制，必有出于常理外者，转非美事。"

守节是一条艰辛的路。并不是所有的妇人都能耐得住这等寂寞与辛劳，有些寡居女子或者出于感情需要，或者为了维持生计，会选择改嫁他人的生存方式。这当然不符合当时社会的主流贞节观，但朝廷律令并无明文禁止女子的改嫁行为。

汪辉祖认为，没必要强迫她们为亡夫守节至死，不妨顺其自然，听其自便为上。假如像完成考核指标那样强制执行，就会生出有悖于人性和常理的事端，反而变成了一桩坏事。但是对于那些愿意守节的妇人，自然要千方百计成全其"大义"。由此可见，汪辉祖虽然提倡贞节观，但并不一刀切地反对女子改嫁。

为了给世人树立榜样，汪辉祖耗时十年，搜集了绍兴府四百多名节妇的生平事迹，整理出《越女表微录》六卷。

此书汇集了绍兴地区几百年来被官史堙没的贞媛节妇。汪辉祖为了搜集这些普通百姓的故事，或是从家人亲戚那里收录，或是去访问一些绍兴的老师和儒生，或是记录老一辈的叙述，或是整理民间流传的轶闻。此外，他还请求督抚大员按照这个名册下令各州府县地方官为本地节妇树旌祠祀。

汪辉祖做宁远知县时，在当地修建了节孝祠，还专门颁布节孝告示，大力褒奖节妇；同时，他还编写了一部《舂陵褒贞录》；辞官回到萧山后，他又在《元本史证·正遗十三·列女传》中，补充了四十二位妇人的事迹。

汪辉祖在上述两部著作中表彰的节妇主要有以下四类：

一是战乱时以身殉难的烈妇，或是反抗强暴的义女；

二是终身尽心侍奉公婆的孝女或孝妇；

三是未婚夫死后，终身为其守节的贞女；

四是像汪辉祖的两位母亲那样奉养公婆、教诲子女的孀居节妇。

以当代的观念来看，汪辉祖所表彰的妇女，有些是愚孝和不通人性的案例，比如，宁远县的姜孝月为了赡养母亲，甚至不惜毁容，至死不嫁；有一个孝妇袁氏被婆婆虐待了二十几年，却始终无怨无悔地为婆婆治病……这些极端案例无疑是封建糟粕。

但是，汪辉祖褒奖节妇之举，仍有不少值得肯定的地方。例如那些生逢战乱的女子，不惜以生命捍卫人格尊严；那些孀居节妇凭借一己之力抚养幼子的高尚情操，直到今天也有很多借鉴意义，不宜以封建糟粕将之全盘否定。

需要指出的是，汪辉祖的妇女观有许多时代局限性。比如，他在《善俗书》中一方面要求室女去充当继室，丈夫死后应当守节；另一方面却认为绅士丧妻后可以续娶，并且不能以寡妇为继室。他还在《双节堂庸慎》中说："妇人义止从一，故能以夫为天。既已贰之，妇德乖矣，分不宜娶，不待智者而知也。然或家贫而不能备礼，或丧偶而已近衰年，非醮妇莫为之室者，欲延祧祀不得不权宜迁就，大非幸事。此与室女有间，尽可从容访问，以家贫性顺，无子女者为尚。不然，慎毋草草。至贪其膝资，尤为大谬。"

这显然带有浓厚的男尊女卑色彩，充斥着对女性的歧视。

汪辉祖虽然不强制反对妇女改嫁，却又在《善俗书》中强调："改嫁之妇，唯不能叨夫之荣，即亲生子孙贵显，亦不能邀请封典。"

妇女不是不可以改嫁，但改嫁的女子将自动丧失许多妇女应有的权利与待遇。而那些未婚守志、孤老终身的少女，汪辉祖并未怜悯其心之苦，反而褒奖其为贞女，这何尝不是一种间接的歧视。

大体而言，汪辉祖的妇女观基本符合清代的主流社会观念——妇人守节光荣，改嫁可耻。尽管他不硬性要求寡妇守节，也不人为干预她们改嫁，但通过树坊立传等方式，极力打造有利于维持节妇"美誉"的生存环境。相比迂腐的理学家，汪辉祖还算顾及中下层丧偶妇人因生活困难而改嫁的社会现实，但他却发自内心地希望减少这种情况，宁可通过朝廷表彰与乡族接济等方式，让她们继续保持为夫守节的孀居状态。